Christa Agnes Tuczay
Geister, Dämonen – Phantasmen

Christa Agnes Tuczay

Geister, Dämonen – Phantasmen

Eine Kulturgeschichte

marixverlag

Bibliografische Information der Deutschen Nationalbibliothek
Die Deutsche Nationalbibliothek verzeichnet diese Publikation in der
Deutschen Nationalbibliografie; detaillierte bibliografische Daten sind
im Internet über
http://dnb.d-nb.de abrufbar.

© by marixverlag in der Verlagshaus Römerweg GmbH, Wiesbaden 2015
Covergestaltung: Network! Werbeagentur, München
Bildnachweis: Die Hölle. Mosaik von Coppo di Marcovaldo,
um 1225 – nach 1274
© Domingie & Rabatti – La Collection – ARTOTHEK
Satz und Bearbeitung: SATZstudio Josef Pieper, Bedburg-Hau
Der Titel wurde in der Palatino Linotype gesetzt.
Gesamtherstellung: CPI books GmbH, Leck – Germany

ISBN: 978-3-7374-0972-8

www.verlagshaus-roemerweg.de

»Wer die Seele tötet,
weckt die Dämonen.«

Saul Bellow

Inhalt

VORWORT

Schon als Kind liebte ich Gespenstergeschichten. In Sommernächten und Winterabenden hat eine Nachbarin aus ihrem damals reichen Repertoire an Gespenstergeschichten geschöpft. Von aus dem Grabe auferstandenen Geistern, von Wiedergängern war die Rede, glühende Totenköpfe trieben ihr Unwesen, und ich habe nach diesen Gruselstunden immer unter mein Bett geblickt, um zu sehen, ob sich darunter nicht etwas Unheimliches aufhalte. Dennoch wollte ich immer wieder solche Geschichten hören, und ich erfuhr das erste Mal die Lust am schönen Gruseln, jener Faszination des Grauens, die heute noch das Genre des Horrorfilms äußerst lebendig erhält. Als ich die gehörten Geistergeschichten viele Jahre später aufschreiben wollte, konnte sich die mittlerweile betagte Nachbarin nicht mehr daran erinnern. Meine Erinnerung hat aber mein Interesse für diese Erzählungen wach gehalten. Meine Unterrichtspraxis hat auch gezeigt, dass, wenn Geister und Wiedergänger zur thematischen Auswahl standen, nicht nur österreichische Studenten sich für das Thema erwärmten, sondern auch z. B. thailändische, wie überhaupt die höchst lebendige asiatische Gespenstergeschichte das Horrorgenre immer wieder mit neuen Sujets und Motivkombinationen befruchtet.

In der heutigen, oberflächlich betrachtet, säkular ausgerichteten Zeit scheint es aber nach wie vor eine dunkle Unterströmung zu geben, denn das Geister- und Gespensterthema, das wohl so lange diskutiert wird, wie es Menschen gibt, bleibt im Fokus, wenn auch hauptsächlich im Medium Film. Noch heute aktuell sind die Fragen, ob es ein Jenseits gibt, uns schützende Engel unser Leben lang begleiten, die Verstorbenen noch mit uns kommunizieren können und ob das Böse vielleicht doch sichtbar und greifbar auftreten kann. All diese Natur- und Kulturgeister in eine Systematik bringen zu wollen, war ein schwieriges, wenn nicht nahezu unmögliches Unterfangen. Auch die große Spanne von der Antike bis zur Gegenwart in Längs- und Querschnitten zu bewältigen, musste viele durchaus interessante Details vernachlässigen. Dass mein Forschungsschwerpunkt sich hauptsächlich auf mittelalterliche Literatur und Kultur konzentriert, war bei diesem Thema von Vorteil, da der abendländisch-christliche und damit europäische Geister-, auch Naturgeister- und Dämonenglaube sich in der Referenz zur Antike im Mittelalter herausgebildet und christlich kontextualisiert wurde. Freilich hat sich u. a. mit der Säkularisierung und Aufklärung die fiktionale Geistergeschichte entwickelt und im 18. bzw. 19. Jahrhundert als eigenständiges Genre durchgesetzt, geht man davon aus, dass vorher die Gespensterscheinungen nahezu unhinterfragt als (Alltags-)Realität angesehen wurden. Die Analyse der zwar aus der Volksvorstellung sich speisenden, aber rein fiktionalen Geistergeschichte konnte hier nicht geleistet, sondern nur gestreift werden.

Dass das Thema nach wie vor ungebrochen fasziniert, lässt sich u. a. daran erkennen, dass die grundlegenden Forschungsarbeiten (von der nahezu unüberschaubaren populären Literatur zum Thema einmal abgesehen) zu Hausgeistern und Gespenstern von Leander Petzoldt, Jean-Claude Schmitt und Claude Lecouteux immer wieder neu aufgelegt werden und Letzterer in englischer Übersetzung einem breiteren Publikum zugänglich ist. Die fiktionale Gespensterliteratur ist sehr gut aufgearbeitet, weshalb ich dieses riesige Feld nur in groben Zügen zusammengefasst und im jeweiligen Kapitel auf einschlägige literarische Werke verwiesen habe.

Das vorliegende Buch kann die angeschnittenen Themen freilich oft nur skizzenhaft vorstellen, da eine tiefer gehende Analyse den Rahmen sprengen würde. Die Literaturliste verweist im jeweiligen Kapitel auf die verwendete und weiterführende Forschungsliteratur.

Obwohl ich ursprünglich einen Überblick über die europäischen Traditionen der Natur- und Kulturgeister mit Ausblick auf orientalische und asiatische Vorstellungen zumindest angedacht hatte, musste ich nach den ersten Analysen erkennen, dass eine Beschränkung auf den europäischen Bereich, insbesondere das deutschsprachige Gebiet, unumgänglich ist. Eröffnet sich doch allein bei den Hausgeistern ein überaus weites, variantenreiches Feld von zwar allgemein sehr ähnlich charakterisierten Gestalten, die jedoch im Detail nicht nur in ihrer Benennung deutlich voneinander abweichen.

In der Überschau wird deutlich, dass rätselhafte Erscheinungen und die damit verbundene Annahme einer Wirkmächtigkeit von Geistern und Dämonen ein Thema darstellen, bei dem naturwissenschaftliche, psychologische und grenzwissenschaftliche Erklärungen und Erkenntnisse religiösen und esoterischen Glaubenssystemen (oft unversöhnlich) gegenüberstehen, aber an Faszination keineswegs eingebüßt haben, ganz im Gegenteil.

Wien 2014   *Christa Tuczay*

Einleitung

Spricht man heutzutage von Geist bzw. einem Geist, wird schnell klar, wie viele unterschiedliche Inhalte der Begriff abdeckt. Der Begriff »Geist« kann je nach Kontext Verstand, Idee, Gemüt, Gefühl, aber auch Gespenst, also Spukerscheinung bedeuten. Im heutigen Sprachgebrauch verwendet man den Begriff einerseits, um menschliches Verhalten bzw. den menschlichen Charakter (geistreich, geistlos), andererseits aber auch, um Gruppen von Menschen und deren »Zeitgeist« zu umschreiben, Zeitstimmungen einzufangen. In den Begriffskomposita Totengeist, Schutzgeist, Spukgeist etc. steht Geist als zweiter Teil des Kompositums für ein meist aus dem Jenseits kommendes Geistwesen, der Inhalt dieser Begriffe erweist sich aber als inhomogen und divergierend. In der religiösen Terminologie nehmen Geister einen besonderen Stellenwert ein. Gott ist nach biblischer Definition der oberste (Schöpfer-)Geist, und nach der neutestamentlichen Theologie erhalten die dritte göttliche Person, der Heilige Geist und seine Gaben vor allem in der Frömmigkeitsgeschichte besondere Relevanz.

Die Volkskunde, die sich seit den Brüdern Grimm der Thematik gewidmet hat, bezeichnet mit Geist ein übernatürliches Wesen. Geist ist also ein Sammelbegriff für höchst unterschiedliche Phänomene. Schwierig ist die Differenzierung zu anderen Jenseitigen wie z. B. den Dämonen, aber auch zu den Gespenstern bzw. Spukgeistern. Die Begriffe, »Geist«, »Gespenst« und »Dämon« werden vielfach synonym verwendet, wobei die Verwechslung sich hauptsächlich auf den Gebrauch des Begriffes Geist in Bezug auf Ortsgeister bzw. Lokaldämonen, aber z. B. nicht auf Totengeister bezieht. Alle diese Geistwesen unterschiedlicher Provenienz subsumiert die Volkskunde unter der sogenannten Niederen Mythologie. Die Schwierigkeit, die Geister- und Dämonenwelt in eine adäquate Systematik zu bringen und dabei die historische Entwicklung miteinzubeziehen, wird zwar von jeder wissenschaftlichen Studie angesprochen, eine die Vielgestalt der Geister umfassend abdeckende Einteilung kann es vermutlich jedoch nicht geben. Röhrichs Unterscheidung von Kultur- und Naturgeistern ist praktikabel, die verschwimmenden Grenzen, Überlagerungen und Überschneidungen zum Begriff Dämon bleiben aber bestehen.

Die Naturgeister sind in den verschiedenen Elementen verortet: Feuer-, Luft-, Erd-, Wassergeister. Hinter Naturerscheinungen wie Bergen, Bäumen, Flüssen und Tieren, aber auch Wetterphänomenen wie Nebel, Wolken und Gewitter wurden vielfach diese schützende (wie z. B. der Berggeist Rübezahl), aber auch diese erzeugende Geister vermutet. Die erwähnten Begriffe neigen zu zahlreichen Überschneidungen und Übergängen und umfassen daher auch viele Brüche und Widersprüche. Viele Geister passen nicht in das erwähnte Raster wie z. B. jene Schutzgeister, die den Menschen begleiten, ebenso wie die Krankheitsgeister, Schatzgeister und Poltergeister. Letztere gehören zur Großgruppe der Totengeister, die den Teil des Menschen bilden, der den Tod überdauert, der aber nicht immer mit dem Begriff der (armen) Seele identifiziert werden darf.

Die Geistererzählung bzw. Geistergeschichte hat sich in Antike und Mittelalter aus meist didaktisch-programmatischen Quellen, also lehrhaften nicht-literarischen Schriften gespeist und noch kein eigenes Genre ausgebildet. In den Volkserzählungen, Sagen und Märchen sind Geistererscheinungen und deren Funktionsweise thematisiert, besonders die Sagen – und hier sowohl die historischen als auch die modernen Zeitungssagen – berichten gehäuft von Spukphänomenen. Die Geistergeschichte als eigenes literarisches Subgenre hat sich vor allem im Roman des 19. Jahrhunderts etabliert.

Obwohl Geistererscheinungen auf der ganzen Welt dokumentiert sind und die in den Berichten enthaltenen Erzählmotive und Typen, unabhängig vom kulturellen Kontext, viele Gemeinsamkeiten aufweisen, werden die Erscheinungen je nach Tradition unterschiedlich erfahren und benannt. Wenngleich man Totengeistwahrnehmungen als hellseherischen Akt verstehen kann, beweist dieser noch nicht die Realexistenz eines Geistes. Umlaufende Geistergeschichten, ebenso wie auch andere mündliche Erzählgenres, berichten uns weniger über Geister selbst als über die Beziehungen der Diesseitigen zu Jenseitigen. Geistererscheinungen können auch als wichtige Dokumente für die Bewusstseinsentwicklung, der Phantasieleistung, verstanden werden, wie schon Freud die Geistergeschichte als erste theoretische Leistung des Menschen definiert hat. Noch einen Schritt weiter ging C.G. Jung, der die Frage stellte, von wem und unter welchen Bedingungen ein Spukerlebnis erfahren wird. Spukgeschichten deutet er als Psychogramm der Erzähler.

Die Entwicklung des Geisterbegriffs der Gegenwart lässt sich vor allem an seinen Rationalisierungen ablesen. Der immer noch geläufige Begriff Inspiration rekurriert, obgleich er den Geistbegriff enthält, nicht mehr wie ursprünglich auf Geistbesessenheit, sondern auf einen Moment übersteigerten Bewusstseins, das einen »Geistesblitz« beschert. Die plötzliche Eingebung geht nicht auf einen Geist zurück, bezieht sich also heute weder auf vorchristliche Geistbesessenheit noch auf das Pfingstwunder, sondern bleibt metaphorisch-abstrakt.

Die heute zu beobachtende Kommerzialisierung der Geisterheimsuchungen und heidnisch-christlichen Totengedenktage manifestiert sich beispielsweise in den seit den 90er-Jahren des vorigen Jahrhunderts aus den USA rückimportierten Halloweenfeiern ebenso wie in der flächendeckenden Verbreitung esoterischen Gedankengutes. Letztere repräsentieren nur scheinbar Neuentwicklungen, bei genauerer Untersuchung erweisen sie sich als Überformung und Umdeutung älterer Traditionen. Um eine echte Neuerung handelt es sich beim im 20. Jahrhundert entstandenen Mythos von den Außerirdischen, den Aliens, der aber auch zahlreiche Parallelen zum Feen- und Naturgeistglauben aufweist.

Mit dem Spiritismus im 19. Jahrhundert kommen neue wichtige Impulse der Geisterlehre hinzu, wobei der religiöse Kontext nicht mehr allein den Diskurs bestimmt, da die Naturwissenschaft, Psychologie und Grenzgebiete wie die Parapsychologie beginnen, sich das Thema anzueignen. Der »wissenschaftliche Spiritismus« – im Unterschied zum religiösen – hält auch den Einfluss von Personen für möglich, die nicht an einen physischen Körper gebunden sind. Eine solche wird oft mit dem Akronym IPA (= incorporeal personal agent, also: körperfreier persönlicher Handlungsträger) bezeichnet. Ein Beispiel dafür wäre der Geist eines Verstorbenen.

Schon in den Anfängen des Films bei Georges Méliès (*La Caverne Maudit* 1898) wird die Geistererscheinung zum wichtigen dramatischen und auch dramaturgischen Element. Vom Plot her greifen die Drehbücher sowohl auf traditionelle Geistergeschichten als auch auf die Neubildungen der Esoterik zurück. Das Gespenstergenre erfreut sich internationaler Beliebtheit.

Eine ähnliche Definitionsunschärfe ist beim Begriff Dämon zu konstatieren. Der griechische Begriff Dämon stammt aus der Religionsgeschichte. Homer in der Ilias (1, 222; 3, 4209) spricht hier von einer Gottheit, die aber keinerlei Kultus und Ritus hat. Die Etymologie des Wortes Dämon ist umstritten, vermutlich aus δαίεσθαι = teilen, zuteilen, was besagt, dass der Dämon als ein Wesen verstanden wurde, das das Böse bzw. Gute zuteilte. Später wurde der Begriff δαίμων zur niedrigen Gottheit, die als Mittler zwischen Göttern und Menschen fungierte. Allerdings war auch eine niedrigere Gottheit fähig, auf das Welt- und damit Menschengeschehen Einfluss zu nehmen, vor allem auf das menschliche Schicksal. Den Begriff Dämon übernahmen Religionswissenschaft, Ethnologie und Folkloristik für Wesen der niederen Mythologie und es kam dadurch zu Überschneidungen mit den Begriffen »Geist« und »Gespenst«. Eine Abgrenzung zu Letzterem gelingt nicht immer. Die Ordnungs- und Systematisierungsbestrebungen der Geisteswissenschaften versuchten sich bereits im 19. Jahrhundert, wenig erfolgreich, an der Klassifizierung der Dämonen. Der Begriff steht daher nach wie vor für jenseitige, übernatürliche Wesen, die hierarchisch unter den Göttern bzw. Gott angesiedelt sind.

Der oft zitierte und erwähnte Dämon des Sokrates ist als sein wohlwollender Schutzgeist zu verstehen, keinesfalls als bösartiger Dämon. Xenokrates hat in seiner Dämonologie Götter für ihre bösen Taten entschuldigt und diese den Dämonen angelastet. Mit der Zeit des sogenannten Neoplatonismus verändert sich die Einschätzung der Dämonen, die nun als durchweg böse Geistwesen verstanden werden.

Daher werden diese auch in der späteren Religionswissenschaft als übermenschlich, untergöttlich und böswillig definiert. Während der griechische *Daimon* ein zwischen Göttern und Menschen verortetes Naturwesen war, das sich als Stimme manifestieren und auch mit dem Begriff des Schutz- oder Folgegeistes, also mit dem persönlichen Dämon eines Menschen zusammenfallen konnte, erfuhr der Dämon im Geniusglauben der Römer eine Sonderentwicklung. Während sich der Geniusbegriff zu einem wichtigen Erklärungsmodell für menschliche herausragende Leistungen entwickelte, übernahm die Schutzengelvorstellung einige der Charakteristiken des älteren vorchristlichen Schutzgeistkonzeptes.

Wenngleich ihnen ursprünglich sowohl benevolente als auch Schaden stiftende Eigenschaften zugeschrieben worden sind – wie z. B. noch in den frühen Bibelübersetzungen zwischen guten und schädigenden Dämonen unterschieden wird –, setzt sich einerseits die Identifizierung der heidnischen Götter mit den teuflischen Dämonen im Mittelalter, andererseits mit den Scharen des gefallenen Engels Luzifer durch. Die Aufgabe der Dämonen ist es, die Menschen zu versuchen und zu prüfen, aber auch Verstöße gegen christliche Gebote zu bestrafen.

Genauso wie das Gespenstersujet erfreuen sich die Wirkweise der Dämonen und deren Bekämpfung vor allem in Fantasyromanen, Filmen und Fernsehserien bis jetzt enormer Beliebtheit.

Literatur:

Ahn, G. (1987). Grenzgängerkonzepte in der Religionsgeschichte. In: Ahn, G./Dietrich, M. (Hg): Engel und Dämonen. Münster. Biedermann, Hans: Dämonen, Geister, dunkle Götter. Graz (1989); Böcher, O./ Wanke, G./ Stemberger, G./ Tavard, G. (1981): Dämonen. I. Religionsgeschichtlich. II. Altes Testament. III. Judentum. IV. Neues Testament. V. Kirchengeschichtlich. In: Theologische Realenzyklopädie 8 (1981), S. 270–300; Herkommer, H./Schwinges, R. (2003). Engel, Teufel und Dämonen: Einblicke in die Geisterwelt des Mittelalters. Basel; Lecouteux, C. (2000). Eine Welt im Abseits: Zur niederen Mythologie und Glaubenswelt des Mittelalters. Dettelbach; Lecouteux, C. (2001). Das Reich der Nachtdämonen. Düsseldorf; Lecouteux, C. (2001). Die Geschichte der Vampire. Düsseldorf. Petzoldt, L. (1990) Kleines Lexikon der Dämonen und Elementargeister. München; Röhrich, Lutz (1981) Dämonen. In: Enzyklopädie des Märchens III 223–259. Göttingen; Röhrich, L. (1987). Geist. In: Enzyklopädie des Märchens V 909–922; Schmitt, Jean-Claude: (1994). Die Wiederkehr der Toten. Geistergeschichten im Mittelalter. Stuttgart.

I. Zwischen Göttern und Menschen

Begriffsklärungen

Ab dem Mittelalter ist der Begriff Dämon ausschließlich negativ konnotiert. Das ist sicherlich als Ergebnis der christlichen Auseinandersetzung mit dem antiken Dämonenglauben und dem neutestamentlichen Dämonenbild zu werten. Die Vieldeutigkeit der Etymologie des Begriffes stellt die moderne Interpretation dieses archaischen Begriffes vor enorme Schwierigkeiten. Etymologisch wird das griechische Wort *daímōn* mit dem Verbum *daíomai* = »teilen« bzw. »zuteilen« verbunden. Ein *Daimon* ist also eine Entität, die etwas teilt oder auch zuteilt. Da die Etymologie nicht sicher ist, lassen sich daraus für die antike Charakteristik des *Daimon* keine sicheren Schlüsse ziehen. Der Sinn muss also dem jeweiligen Kontext entnommen werden.

Auf den ersten Blick eröffnet sich eine Fülle von unterschiedlichen Bedeutungen und auch Varianten zu häufigen Konnotationen. Dennoch gibt die Etymologie einen ersten Hinweis, nämlich dass *Daimon* eine unverständliche Macht bezeichnet, die ins menschliche Leben eindringt, ohne dass ihre Herkunft feststeht. Der griechische Begriff Gott, *theós*, ist eindeutig bestimmbar als Bezeichnung für eine individuell mit Namen benennbare Gottheit, so kann diese Definition für *Daimon* nicht in Anspruch genommen werden. *Theos* und *Daimon* waren zu keiner Zeit deckungsgleich, jedoch gab es durchaus Überschneidungen.

Erschwerend zur Darstellung hinzu kommt die forschungsgeschichtliche Einordnung. Die ältere Forschung und ihre bedeutendsten Vertreter Tylor, Wundt und Frazer, haben versucht, Ursprung und Entwicklung der Dämonen nachzuzeichnen, indem sie die Geister und Dämonen als Vorstufen der Götter interpretieren. Damit stufen sie die Geister als historisch älter als die Götter ein. Diese These lässt sich in der heutigen religionswissenschaftlichen Forschung nicht aufrechterhalten. Da die Zwischenwesen mit einem evolutionistischen Ansatz nicht zu erklären sind, muss man eine Klassifizierung ins Auge fassen, die zwischen positiven, negativen und neutralen bzw. ambivalenten Zwischenwesen unterscheidet.

Das ägyptische Pantheon verfügte über eine große Anzahl von Dämonen, das diese in Erde, Luft und Wasser lokalisierte. Ebenso gab es die sumerische und babylonische Götter- und Geistervorstellung, die neben himmlischen Geistern auch ortsgebundene verehrte, die sich auf und in der Erde aufhalten. Im indischen Pantheon sind die Dämonen Gegenspieler der Götter und depotenzierte Götter. Es existieren verschiedene Dämonenstämme, die *Daityas*, *Danavas* und die *Rakshasas*, die in tierischer Gestalt, aber auch als hässliche menschenähnliche Riesen dargestellt werden, die auf Begräbnisplätzen hausen und Menschen aufhocken, also den Vampiren ähneln.

Eine Systematik der Dämonenlehre ist von den Persern bekannt, die dem Schöpfergott Ahura Mazda sieben *Amschaspands* und *Ahriman*, dem obersten Zerstörer, neben den sieben *Daevas* noch zahlreiche Dämonen unterordnete. Die altiranische Dämonologie sah vor allem in Krankheit, Unglück und jeglicher Unbill das Wirken von Dämonen. Die *Daevas* oder auch *Druj* – aus dem altavestischen *druj* bzw. *drug* – von Lüge, Trug abgeleitet – kennzeichnet ihr Wirkungsfeld in Bezug auf die Menschen. Sie betrügen diese und verblenden sie. Der oberste Herr ist Ahriman, der Volksglaube kennt die bösen Paris und Yatus, die die Menschen täuschen. Im Zoroastrismus ist die Dämonin Drug die Personifikation der Lüge und des Betruges. Das Laster des Zornes vertritt der später unter dem Namen Asmodeus bekannte Dämon *Aesma Deava*. Die zoroastrische Dämonologie beeinflusste die jüdische und indirekt die christliche in ihren dualistischen Vorstellungen von bösen Dämonen.

Das Judentum kennt die *Schedim*, das sind Halbgötter oder Geister. Das Lehnwort aus dem Akkadischen bezeichnet eine gute, beschützende Macht. Psalm 106, 37 erwähnt, dass den Dämonen von heidnischen Völkern Opfer dargebracht wurden, aber auch das Volk Israel betete immer wieder zu Götzen.

Literatur:

Böcher, Otto. Art. Dämonen (»böse Geister«): Religionsgeschichtlich. In: Theologische Realenzyklopädie 8. Berlin (1981) S. 270–274; Böcher, Otto: Dämonenfurcht und Dämonenabwehr. Ein Beitrag zur Vorgeschichte der christlichen Taufe. Stuttgart (1970); Frey-Anthes, Henrike: Unheilsmächte und Schutzgenien, Antiwesen und Grenzgänger. Vorstellungen von »Dämonen« im alten Israel. Göttingen (2007); Lurker, Manfred: Lexikon der Götter und Dämonen. Stuttgart (1989); Petzoldt, Leander und S. de Rachewiltz (Hrsg.): Der Dämon und sein Bild. Berichte und Referate des dritten und vierten Symposions zur Volkserzählung. Brunnenburg/Südtirol 1986/87. Frankfurt a. Main (1989). (Beiträge zur Europäischen Ethnologie und Folklore: Reihe B, Bd. 2), S. 85–102; Petzoldt, Leander: Das Universum der Dämonen und die Welt des ausgehenden Mittelalters. In: Mittelalter Mythen, Bd. 2. Dämonen, Monster, Fabelwesen. Hg. v. Werner Wunderlich und Ulrich Müller. St. Gallen (1999) S. 39–57; Petzoldt, Leander: Kleines Lexikon der Dämonen und Elementargeister. München (1990), 2. Aufl. (1995); Rosenberg, Alfons: Engel und Dämonen: Gestaltwandel eines Urbilds. München (1967) S. 47–137 und 144–187; Winter, Franz: Zwischenwesen: Engel, Dämonen, Geister. In: Handbuch Religionswissenschaft. Religionen und ihre zentralen Themen. Hg. v. Johann Figl. Innsbruck-Wien (2003) S. 651–662.

DÄMONEN BEI GRIECHEN UND RÖMERN

Die homerische Zeit bezeichnet mit *Daimon* das Wirken eines Gottes, der konkret nicht immer genannt wird bzw. nicht genannt werden kann. Die negative Bedeutung, die dem Begriff eignet, ist auch in der Doppelmacht der olympischen Götter zugrunde gelegt. Diese behandeln die Menschen teils wohlwollend, teils grausam. Es zeigt sich, dass sowohl den Göttern als auch den *Daimones* jeweils beide – maligne als auch benigne – Eigenschaften in Bezug auf die Menschen zugeschrieben werden. In nachhomerischer Zeit wird der Glaube an besondere Heils- und Segensgötter entwickelt, auch Kulte aus anderen Kulturkreisen finden Eingang ins griechische Pantheon. So werden beispielsweise Pan, Serapis, Isis, Kybele, Dionysos, Eros, Leto, Apollo, Nemesis usw. *Daimones* genannt. Außerdem treten die chthonischen Gottheiten, also die Unterweltsgötter, in den Vordergrund. Hinzu kommt, dass alles Übel, besonders der Tod, nicht mehr dem Wirken eines bestimmten Gottes zugeschrieben, sondern als Eingriff einer göttlichen Macht, einer Schicksals- und Todesmacht umgedeutet wird. So schreiben die nachhomerischen Griechen den Tod entweder dem *Daimon* oder der Schicksalsgöttin *Moira* zu.

Dass *Daimones* den Göttern wesensverwandt sind, darf angenommen werden, sie werden wie diese verehrt und erhalten Opfer. Ebenso wie die Heroen sind *Daimones* Mittler und Fürsprecher des göttlichen Willens, insbesondere an Orakelstätten, wie die dort gefundenen Anfragen bezeugen. *Daimones* und Heroen sind aber klar getrennt, denn Heroen unterscheiden sich in einem wichtigen Punkt von den *Daimones*: sind Abkömmlinge von Göttern und Menschen.

Schon Hesiod hat den *Daimon*-Begriff eingegrenzt, nur noch selten werden die olympischen Götter mit *Daimones* identifiziert, und der Begriff trägt im Singular immer mehr einen pejorativen Akzent. Abweichend von Homer (2. Hälfte des 8. Jh. v. Chr.) hat Hesiod (vor 700 v. Chr.) *Daimones* als Menschen des vergangenen Goldenen Zeitalters verstanden, die nach ihrem Tod zu Wächtern der Lebenden werden und ihnen Reichtum bringen. Die in Inschriften genannten *Theioi Daimones* sind Seelen der Verstorbenen, und zwar bei den Orphikern jene besonderen Seelen der Geweihten, die nach ihrem Tod zu *Theoi* erhoben werden. Davon ist die zur selben Zeit entstandene Konzeption der Begleit-*Daimones* der Verstorbenen zu unterscheiden. Als Schutzdaimon ist dieser dem Einzelnen beigegeben, kann ihn aber verlassen und ein anderer *Daimon* an seine Stelle treten. Dadurch kann aber auch ein übler *Daimon* vom Menschen Besitz ergreifen. Betrachtet man die Daimones als etwas, das positiv bzw. negativ auf den Einzelnen wirkt, so hat sich daraus das Konzept eines persönlichen *Daimons* entwickeln können. Die Vorstellung eines Begleitdämons der Lebenden existierte nur in Ansätzen, während die Vorstellung eines (Begleit-)*Daimons* Verstorbener einen wichtigen Stellenwert einnahm. So hat sich die Vorstellung eines persönlichen Schutzgeistes, der die Lebenden führt und bewacht, folglich erst aus dem *Daimon* der

Verstorbenen entwickelt und seine Verehrung ähnelt dem Kult der chthonischen Götter.

Die Bezeichnung *Daimones* ist folglich für die Seelen der Verstorbenen und für die Toten selbst in Gebrauch. Nach Unterscheidung der Götter und anderer Kräfte kann erst die Aufteilung in gute und böse erfolgen. Das Unheil wird den *Daimones* zugeschrieben. Schon in der Frühzeit werden diese, worunter vor allem die chthonischen Götter zu verstehen sind, angerufen. Unter deren Schutz steht der Tote nach der Bestattung. Daneben gibt es die *Daimones,* die als Begleiter der Toten diese ebenso schützen. Darüber hinaus ruft man *Daimones* an, die als Totenseelen für die Bestrafung von Grabschändern auftreten, bzw. überhaupt Rachegeister, die Verbrechen sühnen. Aus den individuellen Mächten, die als *Daimones* angesehen werden, entsteht durch Vermischung unterschiedlicher Vorstellungen ein neuer Gattungsbegriff der *Daimones.*

Ursprünglich umfasst der Begriff also gottähnliche Wesen, unabhängig ob wohlwollend oder Schaden bringend. Im Christentum ist ein Dämon hauptsächlich ein böser Geist und gehört zu den Heerscharen Satans. Die Etymologie der griechischen *Daimones* wird von manchen Forschern auf »ich lerne«, »ich werde belehrt« zurückgeführt; das Wort *Daimon* bezeichnet demnach ein issendes Wesen. Bei den Griechen ist ein Gott der größte und mächtigste *Daimon,* als zweites Bedeutungsfeld beinhaltet der Begriff die vom Körper getrennte menschliche Seele. Am häufigsten wird *Daimon* als Mittler zwischen Gott und den Menschen aufgefasst.

Antike und frühchristliche Meinungen zur Beschaffenheit und Funktion der Dämonen sind keineswegs homogen. Die nachplatonische Dämonologie sieht sie als Mittler zwischen Göttern und Menschen, die mächtiger als die Menschen, aber nicht so rein wie die Götter sind. Xenokrates (395–313 v. Chr.) unterscheidet zwischen guten und bösen Dämonen. Einen Teil betrachtet er als Menschenseelen vor oder nach der Wiedergeburt. Die Dämonenlehre der Stoa denkt sich die Dämonen als sterbliche Wesen mit menschlichen Empfindungen, während sie für den Geschichtsschreiber Poseidonios (135–51 v. Chr.) unsterblich sind, er setzt sie mit den Seelen gleich, die den Körper verlassen haben.

Die Platoniker ordnen alle Entitäten mit Vernunftbegabung und Seele drei Gruppen zu: den Göttern, Dämonen und Menschen. Zwischen Göttern, die an oberster Stelle sind, und den Menschen stehen die Dämonen. Diese sind wie die Götter unsterblich, besitzen aber wie die Menschen Affekte. Der Neuplatoniker Apuleius (125–180) nennt die Dämonen beseelte Wesen, sie sind affektiv und vernunftbegabt, sie haben einen luftigen Körper und sind unsterblich. Die Dämonenlehren der Platoniker Plutarch (45–125), Maximos (ca. 310–372), Apuleius und Kelsos (2. Hälfte 2. Jh.) sind synkretistisch und lassen außerdem Volksvorstellungen mit einfließen. Plutarch behauptet, wie auch Xenokrates, ihre Zwischenstellung. Er hält die Dämonen für langlebig, aber nicht unsterblich. Dieser Punkt ist von den jeweiligen Platonikern unterschiedlich beurteilt worden.

Porphyrios (233–305) begründet die Lehre von den guten und bösen Dämonen neu und verknüpft sie mit der Pneumalehre. Die Dämonen binden sich an das Pneuma, worunter ein feiner, luftähnlicher Stoff verstanden wird, den die Seele beim Abstieg durch Sphären aufnimmt und den sie beim Aufstieg wieder verliert. Mit dem Pneuma umgeben sich die Dämonen, es kann Materie resorbieren und ihre Träger sichtbar werden lassen. Die Einteilung der Dämonen in gute und böse ergibt sich aus deren Verhältnis zum Pneuma. Die Bösen werden durch das Pneuma beherrscht und sind mit der Materie verhaftet, sodass sie erscheinen. Obwohl sie keine festen Körper besitzen, können sie je nach Dichte des Pneumas dennoch eine wahrnehmbare Form annehmen. Der von der iranischen, jüdischen und frühchristlichen Dämonenvorstellung beeinflusste Porphyrios führt als erster Philosoph der Spätantike den Teufel als Herrscher der Dämonen in die spätgriechische Philosophie ein.

Die Lehre des mystischen Philosophen Iamblichos (4. Jahrhundert n. Chr.) stellt die verschiedenen göttlichen Wesen in unterschiedlichen Entwicklungsstufen dar, ihre Funktion besteht darin, die äußersten Pole Götter und Menschen durch eine große Zahl von Zwischenstufen miteinander zu verbinden. Ein Charakteristikum der höheren Wesen ist, dass sie nicht über einen Körper verfügen, aber an der körperlichen Welt teilhaben können. So gibt es keine höheren Dämonen, denn Äther, Luft und Wasser sind die Elemente, in denen sich die höheren Wesen offenbaren. Das Geschlecht der Dämonen grenzt an die Götter an, ist aber weniger vollkommen. Er kennt Elementar- und Stoffdämonen, die ohne Vernunft und deshalb böse sind. Die Stoffdämonen leben und wirken in Tieren, Pflanzen und Mineralien. Proklos (411–485) übernimmt die traditionelle Ansicht von der Mittelstellung der Geister, Engel und Dämonen: Sie besitzen Seele und Intellekt, haben aber keine Körper. Neben den Dämonen nennt er auch noch die menschliche Seele, die zu den Dämonen aufgestiegen ist. Alle Dämonen stammen aus dem Göttlichen, sind aber in drei Klassen eingeteilt, weil sie nicht das gleiche psychische Wesen besitzen: Die höchste Gruppe ist vernunftbegabt, die zweite besitzt Verstand, zur dritten Gruppe gehören rein materielle Wesenheiten ohne Vernunft und Verstand. Sie sind das Bindeglied zwischen Göttern und der sichtbaren Natur. Proklos unterscheidet Feuer-, Wasser-, Luft- und Erddämonen sowie unterirdische Geister.

Literatur:

Cancik, Hubert: Römische Dämonologie (Varro, Apuleius, Tertullian). In: Die Dämonen. Hg. v. Armin Lange u. a. Tübingen (2003) S. 447–460; Lurker, Manfred: Lexikon der Götter und Dämonen. Stuttgart (1989); Petzoldt, Leander und S. de Rachewiltz (Hrsg.): Der Dämon und sein Bild. Berichte und Referate des dritten und vierten Symposions zur Volkserzählung. Brunnenburg/Südtirol 1986/87. Frankfurt a. Main (1989). (Beiträge zur Europäischen Ethnologie und Folklore: Reihe B, Bd. 2), S. 85–102.

ENGEL UND DÄMONEN IN DEN ABRAHAMITISCHEN RELIGIONEN

Die Religionswissenschaft geht davon aus, dass der Engelsglaube auf dem altorientalischen Götterpantheon bzw. Götterrat fußt. Ugaritische Texte unterscheiden zwischen Göttern und göttlichen Wesen, die den Göttern als Boten dienen. Welche Stellung der Engelsglaube in den unterschiedlichen Perioden der jüdischen Religionsgeschichte, also im biblischen (70 n. Chr. – 2. Jh.) und Talmudischen Epoche (6. Jh. – Gegenwart), eingenommen hat, wird kontrovers diskutiert. Einigkeit herrscht darüber, dass der Engelsglaube vorbiblischen Ursprungs ist. Da der kanaanitische Gott El oder der Meeresgott Jam feste Wohnsitze haben, benötigen sie Boten für ihre Mitteilungen und senden *ml'km* oder *mal'akim*, die von den Israeliten in ihr Gottkonzept eingegliedert werden. Die Babylonier bezeichnen die Götterboten oder Diener der Gottheit als *angulu* oder *kar*, sie glauben an wohl- und übelgesinnte Geistwesen. Im Judentum kann sich die Vorstellung von einem Engel Jahwes trotz des heidnischen Ursprungs durchsetzen. Dieser Engel hat in den religiösen Texten sogar fast göttliche Züge angenommen, ist aber nicht mit diesem identisch, sondern gewährleistet die Reinheit des Gottesbegriffes.

Neben den Botenengeln spricht das Alte Testament noch von den Cherubim, den Seraphim u. a. Diese Geistwesen besitzen keine menschliche Gestalt, sondern sind geflügelte Mischwesen, wie die in Genesis 3, 24 erwähnten Paradieswächter. Die älteren Bücher des Alten Testaments lassen Gott noch sichtbar auf Erden erscheinen und mit den Menschen kommunizieren. Mit der Entwicklung der Gottesvorstellung als Himmelsherr schwindet der Gedanke an das persönliche Erscheinen Gottes, und Jahwe rückt in unzugängliche Distanz. Diese Stelle nehmen nun die Engel ein, die die Kommunikation zwischen Gott und den Menschen regeln, seinen Willen und sein Wort offenbaren.

Der Engel Jahwes nimmt im Alten Testament eine Sonderposition ein und entwickelt sich zum Schutzwesen des Volkes Israel. Zahlreiche Texte handeln von seinem Wirken und Eingreifen in die Geschicke der Stämme Israels. Seine Gegenwart äußert sich in Visionen, Auditionen und Träumen. Der Gerichtsengel verteidigt die Menschen vor dem himmlischen Gerichtshof vor den Anschuldigungen Satans. Der Gerichtsgedanke ist in allen altorientalischen Religionen anzutreffen. Die Götter richten die menschlichen Taten und ordnen ihnen dementsprechende Schicksale im Jenseits zu. Das Alte Testament hat dieses Motiv übernommen, und Thomas von Aquin begründet im Mittelalter die Lehre vom Partikulargericht, das nach dem Tod die individuellen Taten der Menschen beurteilt.

Die Engel nehmen in der Prophetie eine eigene Stellung als Sprecher und Gottesboten ein. In der nachexilischen Zeit kommen sie nicht mehr sichtbar zu den Menschen, sondern nur in deren Visionen. Der Engelglaube, d.i. die Angelologie, hängt also mit dem Ende der Prophetie in der persischen Zeit und der Wiederaufnahme der Engelwesen als Gottesboten zusammen. Vorher hat es keines Gottesboten als Mittler zwischen Jahwe und dem Volk bedurft. Das Aufkommen einer systematischen Engellehre geht mit einer Verschmelzung der Boten- mit der Thronratskonzeption einher, wie sie die Propheten geschildert haben. In der prophetischen Überlieferung ist die Vorstellung vom himmlischen Thronrat in Jes 6 und 1 Kön 22 erkennbar. Die Mitglieder des himmlischen Thronrats übernehmen die Funktionen und Charakteristik des Boten. Geister und Engel haben in der Theologie des nachexilischen Judentums besondere Wichtigkeit. Den Propheten Daniel und Sacharja kommt hier eine Schlüsselstellung zu. Nach Zerstörung des ersten jüdischen Tempels schwindet das Gottvertrauen trotz der Rückkehr nach Jerusalem und des Tempelwiederaufbaus und motiviert das Ideal des himmlischen Jerusalem als wichtige religiöse Idee. Die Diener des im himmlischen Heiligtum thronenden Gottes sind nicht mehr die Priester, sondern Engel. Die irdischen Verhältnisse versteht man nun als dämonisches Machwerk, das Gott in der Endzeit auslöschen werde. Die zunehmende Bildung eines Monotheismus führt zum Ausbau des Engelssystems. Der als fern im Himmel thronend gedachte Gott braucht Engel, die Visionen und Offenbarungen vermitteln und auch deuten, zudem auch als Begleiter und Führer bei Himmelsreisen.

Hinzu kommt, dass schon in der alttestamentlichen Vorstellung der Himmel als eine Versammlung von Sternwesen oder *Elohim* aufgefasst wird, also eine Verbindung zwischen himmlischen Wesen und Gestirnsgeistern knüpft. Die vorher bekämpfte antike Astralfrömmigkeit erhält nun Zuspruch. Die in der jüdischen Literatur auftretenden Wächterengel entstammen möglicherweise ebenso dem astralen Kontext. Der Engel Uriel, der den Propheten Henoch führt, lenkt den Lauf der Himmels-

körper. Henoch hat auch eine eigene Engelhierarchie eingeführt, zuoberst herrschen die Engel über die vier Jahreszeiten,
dann über die 12 Monate und schließlich über die 360 Tage. Gemäß dem göttlichen Plan garantieren Engel als Hüter der Zeit
die zeitliche und kosmische Ordnung. Man hat diese Verwal-
tungstätigkeit der Engel und ihre Hierarchie mit der zoroastrischen Göttergruppe der Unsterblichen verglichen, die dem
obersten Gott Ahura Mazda untergeordnet sind. Im sogenannten Slawischen Henochbuch findet sich auch eine erste Topographie des Himmels, der sich in sieben unterschiedliche Him-
melsräume gliedert, die Henoch in seiner Himmelsreise in Begleitung der Engel Samoil und Raguiel bis vor Gottes Thron
unternommen hat. Im ersten Himmel befindet sich die meteoro-
logische Sphäre, in der sich 3 bis 6 Engel, die für Sterne und Planeten zuständig sind, befinden. Im 2. Himmel befindet sich der
Strafort der gefallenen Engel, im 3. Paradies und Hades, im
4. Sonnen- und Mondbahn, die von 11–17 bewaffneten Engeln
überwacht wird, im 5. und im 6. Himmel verwalten 19 Engel alle astronomischen und irdischen Aufgaben und im 7. Himmel
sind der Thron Gottes und sein Hofstaat mit 20–22 Engeln verortet. Obwohl in den Schriften des Spätjudentums zahlreiche
Engelnamen in Vierer- oder Siebenergruppen gelistet werden,
haben nur wenige eine eigene Charakteristik, wie z. B. die bedeutendsten Michael und Gabriel. Die Urengel besitzen eine höhere Qualität, was schon in ihren Namen kenntlich wird. Denn
der Name ist nicht nur im Alten Testament, sondern auch im Alten Orient Aussage darüber, was den Engel oder eine Sache aus-
macht. Die Endung *el* in ihren Namen bezieht sich auf ihre Verbindung mit dem sie hervorrufenden und sendenden Gott. So
bedeutet Michael »wer ist wie Gott«, Gabriel »die Stärke oder
Zeugungskraft Gottes«, Raphael »Gott heilt« und Uriel »Gott ist
Licht« oder auch »Licht Gottes«. Die vier Erzengel bewachen die
Tore des Lebens, Anfang und Ende des Menschen, halten Gericht über Satan und seine Scharen und stürzen Satan in den
Abgrund. Michael sitzt über dem besten Teil der Menschen, also über dem heiligen Volk und dem Chaos. Obwohl er »der
Barmherzige« und »der Langmütige« heißt, ist er der rang-
höchste Engel und führt das Engelheer gegen die gefallenen En-

gel zum Sieg an, geleitet die Seele über die Grenze von Leben und Tod, steht ihnen bei Gericht bei und verteidigt sie gegen die Anklagen des Satans.

Gabriel ist jene Macht, welche alles keimende Leben beschützt, da er mit dem Zeugungsprozess verbunden ist, Raphael ein Menschenfreund, Uriel der Führer der Sterngeister und ein Wächter der Opfergaben. Das Henochbuch nennt Gabriel, Michael, Uriel und Raphael als Fürsprecher der Menschen. Die Qumran-Schriften unterscheiden zwischen dem Engel des Lichts und der Finsternis, bzw. dem Engel der Wahrheit und des Irrtums. Das Neue Testament misst dem Engelsglauben

Engel tötet Drachen

keine selbständige Bedeutung bei, Engel treten in bestimmten Schlüsselszenen auf, interpretieren aber nur, da nun Christus in den Fokus rückt.

Jeder Engel hat ursprünglich eine besondere Zuständigkeit, wie z. B. der Todesengel, der die Seele vom Leib löst. Letzterer hat sich zu einer selbständigen Größe entwickelt und trägt im Alten Testament noch Züge des kanaanitischen (aus Kanaan = Galiläa) Unterweltgottes. Die Rabbinische Literatur setzt den Todesengel mit den Dämonen Satan und Samuel gleich. Aufschlussreich ist die im Buch Tobit niedergelegte Geschichte des jungen Tobias, des Sohnes des Tobit, den der Engel Raphael als sein Schutzengel in magische Praktiken einweiht. So leitet er ihn an, einem Fisch Herz, Leber und Galle zu entnehmen und auf-

zubewahren. Der Engel klärt Tobias darüber auf, dass Fischherz, -leber und -galle gegen Besessenheit durch einen Dämon
helfen. Mit diesem Ratschlag kann Tobias auch eine Braut für
sich gewinnen, die von einem eifersüchtigen Dämon bewacht
wird. Er verbrennt Fischherz und -leber und der Dämon flieht
nach Ägypten, der Engel fesselt ihn dort und lässt ihn nicht
mehr entkommen.

Farben differenzieren nicht nur Gottheiten, sondern auch
Engel. Aus den vielschichtigen Farbensymboliken der Antike
hat sich die christliche sakrale Farbsymbolik entwickelt und
damit auch die Zuordnung der Farben der Engel. Die Voraussetzung ist, dass alle Farben aus dem Weiß ihres Ursprungsor-
tes kommen. Je mehr sie sich vom Weiß wegbewegen, desto
dunkler werden sie. Zum Weiß des göttlichen Lichts gesellt sich
sehr bald das feurige Rot, wie auch die Gottheit mit einer rot-
glühenden feurigen Aura umgeben ist. Grün als Engelsfarbe
taucht spät auf, obwohl Grün eine jahrtausendalte Symbolge-
schichte besitzt. Grün ist im griechischen Mythos die Farbe der
Meergottheit, im Islam gilt Grün als Symbol der Erkenntnis
Gottes.

Engel treten auch im Neuen Testament zahlreich in Erscheinung; sie begegnen in allen Schlüsselstellen der Lebensge-
schichte Jesu: nach seinem Tod, in der Apostelgeschichte, den
neutestamentlichen Prophezeiungen und Jenseitsreisen. Von
großer Bedeutung für die Engelsystematik waren die Schriften
des sogenannten Pseudo-Dionysius Areopagita, einem unbekannten Autor, der nicht mit jenem Dionysios identisch ist, den
Paulus bekehrt haben soll. Er schöpfte aus dem sicherlich zu seiner Zeit reichen Material, das über die Engel vorhanden war. Im
Wesentlichen nimmt er drei Engelsklassen an, die wiederum in
drei Unterklassen geteilt werden – hier folgt er dem neuplatonistischen Denkmodell des Plotin –, die die heidnischen Götter
und Geister in dreifachen Triaden geordnet hatten. Die triadi-
sche Ordnung ist zwar unveränderlich, doch kann sie sowohl
als Stufenfolge als auch als System von drei Ringen aufgefasst
werden, die den Thron Gottes umgeben. Die oberste Triade besteht aus Seraphim, Cherubim und den Thronen, die mittlere
aus den Herrschaften, Mächten und Gewalten, die untere aus

Fürstentümern, Erzengeln und nicht näher definierten Engeln. Demnach stehen die Seraphim Gott am nächsten, die Engel der neunten Klasse sind am gottfernsten und näher an den Menschen angesiedelt. Die Seraphim werden abgeleitet aus dem hebräischen *Ser* = Schutzengel und *Rapha* = Heiler: Pseudo-Dionysius nennt sie Entflammer, da sie aus Licht bestehen. Sie stehen in direkter Verbindung mit Gott, sie umkreisen seinen Thron und singen und preisen Gott. Jeder der Seraphim besitzt sechs Flügel und eine feurige Beschaffenheit. Cherubim – der Name bedeutet »Fülle der Erkenntnis« – haben nur vier Flügel, aber vier Köpfe, sie tragen den Thron Gottes. Die niedersten Engel dieser Triade, hebräisch *Galgallin*, sind die Throne. Ihr Name leitet sich ab von Auge oder Rad, und sie sind der Wagen Gottes, wie das *Äthiopische Henochbuch* erklärt. Die zweite Triade steht in der Mitte zwischen der ersten und der dritten, und dementsprechend sind sie auch Vermittler zwischen den Triaden. Die Herrschaften oder *Kyriotes* bewahren die Buchstaben des heiligen Namens Gottes auf. Die Mächte oder *Malkim* oder *Tarshshim* sind mit den irdischen Geschehnissen enger verbunden und greifen auch in diese ein. Sie sind auch die Schutzengel der menschlichen Heroen und stehen jedem zur Seite, der für Gott kämpft. Als Engel bewerkstelligen sie die Himmelfahrt Christi. Die Engel Michael, Gabriel und Raphael regieren sie. Aus ihrem Rang stammt auch Satanael, der gefallene Engel. Die Gewalten oder *Dynameis* sind Grenzwächter zwischen erstem und zweitem Himmel, die die Grenzen gegen das Eindringen der Dämonen verteidigen. Sie müssen auch die zwischen Gut und Böse schwankende Welt im Gleichgewicht halten. Regiert werden sie von Camael, der über die martialischen Straf-, Rache- und Todesengel regiert. Die Fürstentümer dienten ursprünglich als Schutzherren der Völker und Städte und werden von Anael regiert.

In der mittelalterlichen Zeit hat zuerst die hl. Hildegard von Bingen, die Benediktinerin und Visionärin, eine neue Engelsystematik vorgelegt. Sie schildert in ihrer 6. Vision die Engelchöre, die ebenfalls nach einer Rangordnung gegliedert sind und schon aus den Schriften des Pseudo-Dionysius bekannt sind. Die Geister im ersten Chor sind am menschenähnlichsten und für die Umsetzung des Willens Gottes zuständig. Der zweite Chor besteht aus den geflügelten menschengesichtigen Erzengeln. Der Unterschied zu Pseudo-Dionysius Engelsystematik besteht darin, dass auch zwischen niederen Engeln und Gott eine direkte Verbindung besteht. In der mittelalterlichen Visionsliteratur ist die Bedeutung der Engel als Führer ins Jenseits, oder aber als Verkünder von Gottes Wort zentral.

Abgesehen von anderen Angelologien und Systematisierungsversuchen hat erst Swedenborg eine neue Systematik geschaffen. Er ist, wie die Visionäre vor ihm, überzeugt, dass die Geistwesen sich den Menschen in Traum und Vision offenbaren.

Sowohl Engel als auch Dämonen besaßen der mittelalterlichen Vorstellungswelt nach (zumindest luftige) Körper. Die Theologen diskutierten über die Beschaffenheit der Engelkörper, so z. B. war Rupert von Deutz (1070–1129) der Meinung, Engel hätten einen Luftkörper, während Honorius Augustodunensis (1080–1150) sich einen Feuerleib vorstellte. Das IV. Lateran-Konzil definierte die Engel als spirituelle Wesen. Die spätmittelalterliche Sicht der Engel verbildlichte sie so, wie sie uns bekannt sind: als kindliche Gestalten. Die Engelverehrung, wie sie heute in gewissen esoterischen Zirkeln üblich ist, betraf lediglich den Erzengel Michael.

Auch die dritte der abrahamitischen Religionen, der Islam, kennt Engel als Vermittler der göttlichen Gnade im Unterschied zu den Dschinn, die den göttlichen Zorn verwalten. Die Engel sind mit zwei, drei oder vier Flügeln ausgestattet, können lehren und für andere handeln. Der Prophet Mohammed soll etwa einen Engel, der als attraktiver Mann aus Mekka erschien, erblickt haben.

In der persischen Poesie findet sich das Bild von den beiden Schutzengeln, die die guten Taten der Menschen niederschreiben, bei den bösen aber warten, um den Menschen Gelegenheit zur Reue zu geben. Ebenso wie in jüdisch-christlicher Vorstellung sind auch im Koran Engel Botschafter und Begleiter zum Offenbarungswissen, werden als gut und böse, als Engel und Dämonen (Dschinn) beschrieben und besitzen Einfluss auf die Handlungen und Taten der Menschen.

Besonderen Einfluss auf das christliche Konzept übte die platonistische und neuplatonistische Kosmologie aus. Die persönlichen Gottheiten der Antike wurden von der Vorstellung einer unmittelbaren Hilfe durch Gott, der besonderen Vermittlertätigkeit der Heiligen und mit der Hilfe der Engel abgelöst. Seit dem 9. Jahrhundert lässt sich die besondere Verehrung des Schutzengels und hier ein besonderer Kult des Erzengels Michael belegen. Im Spätmittelalter formte sich die in katholischen Gebieten bis heute gültige Beziehung zum speziellen Namenspatron aus. Über arabische und jüdische Vermittlung wurde vor allem in den mittelalterlichen Geheimwissenschaften das Konzept eines persönlichen Dämons, mit dem man einen Pakt schließen musste, rezipiert, wie unter anderem im *Picatrix*, einer arabischen Kompilation magischer und astrologischer Texte aus dem 10./11. Jahrhundert, und in Eleasars von Worms *Chokmat ha-Nefesh* um 1200.

Der volkstümliche Schutzgeistglaube, eigentlich in christlicher Vorstellung Schutzengelglaube, hat sich bis heute gehalten und sogar, verstärkt durch esoterische Strömungen, eine Renaissance erlebt. Neuen Aufschwung hat der Schutzengelglaube über die Berichte von Engel-Erfahrungen in Visionen erfahren, diese werden allerdings kontrovers diskutiert.

Das Frühchristentum ist von der spätantiken, synkretistischen Dämonologie insbesondere durch Clemens von Alexandria (150–215) und Origenes (185–254) geprägt, die Kirchenväter systematisieren und integrieren das spätantike Dämonenkonzept. Aus diesem entwickeln sich nun gefallene Engel zu Dämonen. Schon das Judentum sowie das Christentum haben heidnische Götter dämonisiert, außerdem nimmt man im Judentum die Verbindung zwischen Engeln und irdischen Frauen an, wie sie Justin der Märtyrer und Tertullian anführen. Die gefallenen Engel und Dämonen sind immaterielle Wesen, besitzen aber eine feinstoffliche Substanz und damit eine Art Körper, ebenso die Engel.

Mit dem Sturz des Engels wird die Dämonologie grundlegend geändert. Wie erklären die Schriften den Sturz Luzifers? Dieser hat vorher schon einen Thron inne, der sich unter den Wolken, also schon auf Erden befunden hat, den er aber noch weiter nach oben zu rücken trachtet. Luzifers Vergehen nimmt sowohl den späteren Sündenfall Adams und Evas als auch den Frevel der Gottessöhne vorweg, er versucht gottgleich zu werden. Offenbar geht es hier darum, dass die von Gott eingesetzte Hierarchie und sein Beschluss von Satanel (später Satan) unterlaufen werden. Gott will nicht sein erstes Geschöpf, den Engel, den strahlenden Sohn der Morgenröte, neben sich sitzen haben, sondern Adam den Menschen. Diese Interpretation fußt auf dem Gedanken, dass Gott zwei Schöpfungen vollbracht habe. In Genesis 1: 2–12 heißt es, dass die Erde schon da gewesen ist – wenngleich nach der Verstoßung des Luzifer wüst und leer. Gott hat offenbar seine erste Schöpfung nicht vollkommen gefunden, weshalb Luzifer selbst eingreift und seinen Thron verrückt. Gemäß der syrischen *Schatzhöhle,* einer Sammlung apokrypher Schriften, hat er aber noch eine Chance auf ein milderes Urteil, es bleibt ihm die Möglichkeit, sich Adam zu unterwerfen; als er es nicht tut, wird er verstoßen.

Eine andere Erklärung für den Engelsturz bietet das *Äthiopische Buch Henoch*: Die Engel blicken mit Begehren auf die schönen Töchter der Menschen, und 200 von ihnen steigen zu den Menschen herab und nehmen sich die Frauen. Außerdem lehren sie die Menschen Zaubermittel, Beschwörungsformeln, Waffen- und Kräuterkunde, Astrologie und Astronomie, Meteorologie und Gesteinskunde. Dieses sündige Treiben melden die vier Erzengel an Gott weiter, und er schickt die Sintflut. Die Frauen werden schwanger und gebären Riesen, die die Menschen, bedingt durch ihre enorme Größe, zuerst arm fressen und dann schließlich auch sie selbst verschlingen.

Während diese ungehorsamen und wollüstigen Engel aus dem Fokus verschwinden, wird die Position Satans durch seine Funktion als Gottes Widerpart besonders bedeutsam. Im 2. Jahrhundert vor Christus war seine Figur im Judentum etabliert. Die Ambivalenz des Bildes von Jahwe, der die Menschen straft und auch versucht, dann wieder rettet und in der Sintflut ertrinken lässt, erhält mit der ausgelagerten Figur eines Verführers, Versuchers und Betrügers der Menschen Ausgewogenheit durch diese neue Rollenverteilung. Nun ist nicht mehr Gott der Urheber der Versuchungen des Menschen, sondern der Teufel.

Engelsturz

Ein Widerspruch bleibt allerdings bestehen, denn wenn der Teufel die Menschen versucht, dann ist er Gott ebenbürtig, wenn er einer der Gottessöhne ist, dann ist Gott wieder für die Versuchung verantwortlich. Die großen Theologen der Spätantike und des Mittelalters haben dafür den Gedanken der »Zulassung Gottes« eingeführt.

Minucius Felix (spätes 2. Jahrhundert) versteht die Dämonen als gefallene Engel, die wegen ihrer irdischen Mangelhaftigkeit und ihrer Begierden dazu verurteilt sind, zwischen Sterblichen und Unsterblichen, zwischen Geist und Körper zu stehen. Michael Psellos (1017/18–1078) unterscheidet zwischen guten und bösen Dämonen je nach gutartigem bzw. bösartigem Charakter aus der Sicht der Menschen, demnach existieren himmlische Luftdämonen, Wasser-, Erd- und unterirdische Dämonen. Im Unterschied zum grobstofflichen Menschen haben sie eine Art feinstofflichen Körper.

Meist treten Dämonen, wie auch die Engel, in Menschengestalt auf. Dennoch wird in einer Reihe von talmudischen Texten die Behauptung aufgestellt, die Dämonen würden sich, abgesehen davon, dass sie keinen Schatten werfen, von den Menschen durch ihre Hühnerfüße unterscheiden. Häufig kommen sie in tierischer Gestalt, können ihr Äußeres nach Belieben verändern. Als schwarzer Hund ist der Dämon nicht nur aus Goethes Faust bekannt, auch als Stier oder Löwe tritt er auf. Einige der häufigsten Erscheinungsformen sind der Ziegenbock, aber auch der Widder; der Teufel der mittelalterlichen Mysterienspiele trägt Bockshörner und steht hier freilich in der Traditionskette der antiken Satyrn und Bocksdämonen, die Israeliten opfern dem bocksgestaltigen Wüstendämon Asasel, zu dem am Versöhnungstag der Sündenbock geschickt wird. Der Wolf ist bis auf wenige Ausnahmen in Antike und Mittelalter als dämonisch qualifiziert, in der griechischen Mythologie sogar als Inbegriff jener Mächte, die die Götter bekämpfen. Auch der Hund wird nicht anders als im Alten Testament als Verkörperung dämonischer Kräfte verstanden. Der Torwächter des Hades, Kerberos, ist hundsköpfig, in babylonischen Texten bellen die Dämonen wie Hunde. Das Judentum und der spätere Islam übernehmen die Abscheu vor dem Hund als einer Verkörperung dämonischer Mächte. Raben gelten als dämonische Vögel, denen man die Fähigkeit zuschreibt, in die Zukunft blicken zu können. Die Schlange gilt ebenfalls als dämonisches Tier, als Attribut des Heilgottes Asklepios genießt sie aber Verehrung, ebenso wie die Glück bringende Hausschlange. Feurige Schlangen oder Drachendämonen kommen in Gottes Auftrag über die Wüstenwanderer.

Die Farbe eines Dämons gehört – wie die Farben der Engel und ihre Namen – ebenso zu seinen Attributen wie die Himmelsrichtung. Während Weiß und Rot eindeutig Farben Gottes und daher ihm und den Engeln vorbehalten sind, gehört Schwarz als Farbe zur Erde und zu ihren Dämonen. Der aus dem Iranischen stammende Dualismus von Oben und Unten, Hell und Dunkel, Weiß und Schwarz weist die Farbe Schwarz dem Bösen zu. Im Alten Testament ist Schwarz die Farbe des Nordens und der Nacht.

Die Stimmen der Dämonen sind aus den Körpern der von ihnen besetzten Menschen zu hören, diese sind ein Gegenbild zu den Ekstatikern, den Sprachrohren Gottes, den Propheten und Mystikern, aus deren Mund Gott spricht. Der Dämon bleibt immer anonym, das unterscheidet ihn von der Gottheit. Ein Name würde ihn in die Engelgemeinschaft einbeziehen, weshalb die Dämonen erst in der Spätzeit zu ihren Namen gekommen sind, auch über den Umweg des zum Dämon gewordenen Totengeistes. So erhält Jakob keine Antwort auf die Frage nach dem Namen des Nachtdämons am Fluss Jabbok. Dies ändert sich in der Literatur des nachbiblischen Judentums. Satan wird nun als Name des Teufels angesehen, der jetzt auch Mastema, Belial bzw. Beliar und Sammael heißt. Die Dämonologie wird erweitert, die Dämonen unterstehen Satan als Heer analog zum Engelheer.

Einige depotenzierte Götter, d. s. historisch ältere Gottheiten, die den neuen weichen mussten und somit ihre Macht eingebüßt haben wie z. B. das Löwenmischwesen mit Flügeln und Vogelklauen, die Lamaštu: diese säugt an ihren Brüsten einen Hund und ein Schwein, zwei im Alten Orient als unrein geltende Tiere, und hält zwei Schlangen in Händen. Schutz gegen diesen Krankheitsdämon bietet der Herr der Windgeister Pazuzu, der ebenfalls ein Löwenmischwesen ist. Während die Lamaštu negativ konnotiert und als Dämonin bezeichnet wird, bleibt Pazuzu ambivalent. Lilith kennt das Alte Testament als für Kinder gefährliche Nachtdämonin. Rešep bleibt noch zu erwähnen, ein im Alten Orient in vielfältigen Erscheinungen und Funktionen auftretender hauptsächlich chthonischer Gott, Krankheitsbringer, Kriegs-, aber auch Schutzgott. Die biblischen Texte instrumentalisieren und depotenzieren den Gott zum Dämon und machen ihn zum Diener Jahwes, den sie dadurch auch von negativen Zügen entlasten. Ähnlich verhält es sich mit den Schutzdämonen, die in Babylon nicht als Schadensstifter, sondern auch als Schutzgeister fungiert haben, in der Bibel als unheimliche Dämonen und fremde Götter – wahrscheinlich mesopotamischen Gepräges – gefürchtet werden.

Zu den prominentesten und relevanten Dämonen des Alten Testaments gehören Lilith und Asasel, beide aus den altorientalischen Kulturen übernommen. Lilith hat eine große Wirkungsgeschichte, besonders ihr sexuell gefährdender Aspekt steht im Vordergrund. Im syrischen Raum verschmilzt sie mit Lamaštu, besitzt vielfältige Erscheinungs- und Funktionsweisen, tritt in männlicher und weiblicher Gestalt auf. Als Succubus verkörpert sie die sexuelle Gefahr, gefährdet Frauen während der Schwangerschaft und Geburt und ebenso die Kinder, gehört zur Unterwelt und muss durch apotropäische Praktiken abgewehrt werden. Die ägyptischen Zaubertexte verbinden Lilith mit Wüste und Unterwelt, die Volksetymologie stellt sie zur Nacht. Asasel als Repräsentant der Gegenwelt wird in der alttestamentlichen Forschung (neuerdings siehe Losekamp) lange als in der Wüste hausender Dämon und Herr der Bocksdämonen angesehen.

Das Tobitbuch bietet den einzigen Beleg für das Wirken des bösen Dämons Asmodis, lat. Asmodaeus oder Asmodeus, der in der Salomosage zum unfreiwilligen Helfer Salomos wird und ihn beim Tempelbau unterstützen muss. Die Verbindung zwischen bösen Geistern und dem Satan wird erst im Buch Tobit geschaffen, die Person des Satans erst nach Kontakt mit der persischen Religion. In der vieldiskutierten Stelle aus Genesis 6, 1–4 ist die Rede von den Göttersöhnen, gemäß der ugaritischen Keilschrifttexte ursprünglich niederrangige Götter, die auf die Erde kommen, um mit den Menschentöchtern die Riesen und Heroen zu zeugen. Diese wurden zu gefallenen Engeln umgedeutet und fungierten als Ätiologie der Dämonen. In den apokryphen biblischen Schriften geschieht eine Verknüpfung und Zusammenführung der Dämonen mit den Schaden stiftenden Geistern des Volksglaubens. Damit ist die Grundlage einer einheitlicheren Dämonologie gegeben.

Der Beelzebul, volksetymologisch auch der Herr der Fliegen, nach Baal Sebul, dem Stadtgott von Ekron, war unter diesem Namen nicht außerhalb des Neuen Testaments bekannt und wurde später zu Belzebub (nach Baal Sebub) geändert. Im sogenannten Beelezebul-Streit in der Bibel geht es darum, dass Jesus vorgeworfen wird, er treibe mit dem Herrn der Dämonen, mit Beelzebul, die Dämonen aus bzw. er habe selbst den Beelzebul in sich. Die Deutung des Namens ist nicht einfach, als Baal wäre er Gott eines Heilorakels in Ekron, die alttestamentliche Polemik macht ihn zum Beelzebul, dem Herrn der Fliegen, zu einem depotenzierten Baal-Gott. Die jüdische Rezeption hat den zoroastrischen *Aesma Daeva*, den Dämon der Wut, als Antibild zu Jahwe übernommen. Er wird als Gegensatz zum guten Engel Raphael geschaffen, wobei der gute Engel deutlich aktive Überlegenheit über den bösen Dämon bekommt.

Die systematische Einordnung und Zusammenfassung der Dämonen zu unterschiedlichen Gruppen darf als eine zeitlich späte Entwicklung angesehen werden. Am Anfang des Dämonismus stand die Vorstellung, dass jeder Teil belebter und unbelebter Welt von seinem spezifischen Dämon bewohnt war. Die Luft wurde von unzähligen Geister bevölkert und die ortsgebunden Dämonen der Erde, des Wassers und des Feuers belästigten meist zur Nachtzeit die einsamen Reisenden. Die Zahl war noch undefiniert. Zudem kam die Beurteilung der geraden und ungeraden Zahlen als männlich bzw. weiblich als günstig bzw. gefährlich. Vergil spricht in seinen *Bucolica* (8,75) von der Freude der Götter an geraden Zahlen. Die Babylonier kannten sieben böse Dämonen, die im Volksaberglauben immer noch als Böse Sieben gefürchtet sind. Augustinus kennt alle drei Arten von Dämonen: die depotenzierten Götter, Krankengeister und Schadenstifter. Er bringt zur Sprache, dass Dämonen von bestimmten Menschen auch Engel genannt werden. In der Schrift steht zwar, dass es gute und böse Engel gebe, aber keine guten Dämonen. Die Dämonen setzen alles daran, um göttliche Verehrung zu erlangen. Daher dürfe man Apuleius und anderen Philosophen nicht glauben, dass die Dämonen Vermittler zwischen Göttern und Menschen seien und unsere Bitten hinauf zu den Göttern tragen und wiederkehren, um die Hilfe der Götter zu bringen. Vielmehr muss man glauben, dass sie den Menschen Schaden zufügen wollen.

Aus unterschiedlichen Vorstellungs- und Kulturkreisen speisen sich die Dämonengestalten des Caesarius von Heisterbach (ca. 1180–1240), die regionale heidnische Gottheiten, erlösungsbedürftige arme Seelen und gefallene Engel unter dem Begriff Dämon subsumieren. Wilhelm von Auvergne (um 1180–1249) räumt ein, dass Dämonen bei Wahrsagerei und magischen Handlungen assistieren könnten, aber keine Körper besäßen. Thomas von Cantimpré (1201–1270) spricht ihnen die Bildung eines Luftkörpers zu, und Bonaventura (1221–1274) geht von ihrer Körperhaftigkeit aus, da sie sich von einem Ort zum anderen bewegen.

Die nachmittelalterlichen Diskurse greifen auf die neuplatonistische Dämonologie zurück. Johannes Trithemius (1462–1516) teilt die Dämonen, je nach Wohnstätte, in sechs Kategorien ein. So leben die Feuergeister unterhalb des Mondes und kommunizieren nicht mit den Menschen, während die Luftgeister sich in der Luft aufhalten und daher von Menschen wahrgenommen werden. Die Wassergeister leben in Gewässern, sind von schillerndem Wesen und erscheinen mit einem weiblichen Körper. Die Erddämonen sind jene, die wegen ihrer Laster aus dem Himmel gestürzt wurden, sie sind von üblem Charakter, lichtscheu und böse.

Die im Neoplatonismus erfolgte Identifizierung von Engeln und Elementargeistern übernimmt Agrippa von Nettesheim (1486–1535), und unterscheidet sowohl zwischen Teufel und Dämonen als auch den Planetengeistern, die sich nicht nur in den vier Elementen Feuer, Wasser, Luft und Erde aufhalten, sondern auch noch in Geister der Nacht, des Tages und Mittags, des Waldes, des Bergs, des Felds aufteilen. Paracelsus' Dämonologie weicht von der seiner Vorgänger insofern ab, als er die Elementargeister als Menschen ohne Seele versteht. Diese extreme Interpretation der Elementargeister stieß auf Widerstand der Theologen, die vor allem die Meinung bekämpften, es gebe Menschen, die nicht vom Urvater Adam abstammen. Allerdings glaubt der Jesuit Martin Delrio (1551–1608) an eine mögliche Verbindung von Dämonen und Menschen, die wegen der

Dämon übergibt eine falsche Botschaft

feinstofflichen Körper der Dämonen und da diese keinen Samen besäßen, nicht einfach zu bewerkstelligen sei. Daher müsste bei einer geschlechtlichen Verbindung von Dämon und Mensch zuerst ein Incubus, also ein Dämon in weiblicher Gestalt, einem kräftigen Mann den Samen entziehen und dann ein Succubus, ein Dämon in männlicher Gestalt, den Samen einer kräftigen, gesunden Frau einpflanzen.

Paracelsus (1493–1541) betrachtet die Elementargeister nicht mehr als gefallene Engel, sondern als von Gott erschaffene Wesen, die die Natur beschützen sollen. In jedem Element der Natur verberge sich ein Geist. Da diese Geister keine Seele besäßen, seien sie bestrebt, sich mit den Menschen zu vereinen, um durch die menschliche Liebe eine Seele zu bekommen.

Der jüdische Volksglaube geht von einer Körperlichkeit der Dämonen aus, demnach können sie essen und trinken, sich auch fortpflanzen und sterben, besäßen aber, wie die späteren christlichen Wiedergänger, keinen Schatten und einen feinstofflichen Körper. Woher kam diese, wenn auch feine Materie? Die Theoretiker waren der Ansicht, diese Anbindung an eine Materie habe der Sturz der Engel verursacht, da diese beim Hinunterstürzen ihre Geistigkeit verloren hätten und eine Verbindung mit der Materie eingegangen seien. Zuwachs bekam die Dämonenschar durch die Dämonisierung der heidnischen Götter, die man nun zusammen mit den gefallenen Engeln zu dem teuflischen Gefolge rechnete. Die Elementargeister und auch Haus-, Feld- und Waldgeister wurden zu den Dämonen gezählt, aber ob diese auch durchweg als böse anzusehen sind, ist bis heute strittig. Während im Mittelalter und der frühen Neuzeit die Hausgeister nicht unbedingt dem Gefolge des Teufels zuzurechnen sind, erfolgt mit der Bekämpfung des Ketzer- und Hexenwesens eine gesteigerte Diabolisierung aller Geisterwesen.

Ab dem 16. Jahrhundert beschäftigt sich die Wissenschaft in zahlreichen Abhandlungen mit Dämonen und Geistern. Magie und Dämonologie werden in das naturwissenschaftliche System integriert und so von der moralisch-christlichen Dämonologie abgekoppelt. Bezweifelt wird die Existenz von Dämonen nicht, sondern ihre Existenz unter verschiedenen Zugängen an den Fakultäten der Universitäten diskutiert und unterschiedliche Themen, wie z. B. deren Körperlichkeit, behandelt. Mit der Aufklärung geht eine Entmythologisierung der nichtirdischen Welt einher, und man wendet sich im 19. Jahrhundert vor allem der Erforschung des Geisterglaubens und Okkultismus zu.

Literatur:

Böcher, Otto. Art. Dämonen (»böse Geister«): Religionsgeschichtlich. In: Theologische Realenzyklopädie 8. Berlin (1981) S. 270–274; Böcher, Otto: Dämonenfurcht und Dämonenabwehr. Ein Beitrag zur Vorgeschichte der christlichen Taufe. Stuttgart (1970); Cancik, Hubert. Römische Dämonologie (Varro, Apuleius, Tertullian). In: Die Dämonen. Die Dämonologie der israelitisch-jüdischen und frühchristlichen Literatur im Kontext ihrer Umwelt. Hg. v. Armin Lange, Hermann Lichtenberger u. a. Tübingen (2003) 447–460; Frey-Anthes, Henrike: Unheilsmächte und Schutzgenien, Antiwesen und Grenzgänger. Vorstellungen von »Dämonen« im alten Israel. Göttingen (2007); Losekamp, Claudia: Die Sünde der Engel. Die Engelfalltradition in frühjüdischen und gnostischen Texten. Tübingen (2010); Lurker, Manfred: Lexikon der Götter und Dämonen. Stuttgart (1989); Petzoldt, Leander und S. de Rachewiltz (Hrsg.): Der Dämon und sein Bild. Berichte und Referate des dritten und vierten Symposions zur Volkserzählung. Brunnenburg/Südtirol 1986/87. Frankfurt a. Main (1989). (Beiträge zur Europäischen Ethnologie und Folklore: Reihe B, Bd. 2), S. 85–102; Petzoldt, Leander: Das Universum der Dämonen und die Welt des ausgehenden Mittelalters. In: Mittelalter Mythen, Bd. 2. Dämonen, Monster, Fabelwesen. Hg. v. Werner Wunderlich und Ulrich Müller. St. Gallen (1999) S. 39–57; Petzoldt, Leander: Kleines Lexikon der Dämonen und Elementargeister. München (1990), 2. Aufl. (1995); Rosenberg, Alfons: Engel und Dämonen: Gestaltwandel eins Urbilds. München (1967) S. 47–137 und 144–187; Winter, Franz: Zwischenwesen: Engel, Dämonen, Geister. In: Handbuch Religionswissenschaft. Religionen und ihre zentralen Themen. Hg. v. Johann Figl. Innsbruck-Wien (2003) S. 651–662.

SCHUTZGEISTER UND DOPPELGÄNGER

Nahezu alle religiösen Systeme kennen einen übernatürlichen Beschützer, der den einzelnen Menschen als Schutzgeist sein Leben lang begleitet. Diese Wesen haben entweder Tiergestalt oder sie sind menschlich und ähneln dann mitunter aufs Haar ihrem Schützling, sind also auch Doppelgänger.

Das Judentum kennt die *Malik*, damit verwandt sind die arabischen *Malaike*, die akkadischen *Anunnaki* und *Igigi*. Die alten Ägypter versprachen sich Schutz von ihrem Ka, Sokrates vertraute seinem persönlichen *Daimon*, der Römer dem Genius und die Römerin ihrer Lucina bzw. ihrer Juno. Der nordische Kulturkreis kannte die *Fylgja*, den Folgegeist. Die schamanistischen Völker Asiens und Amerikas fühlten sich mit ihrem persönlichen Schutzgeist (dem *guardian spirit*) verbunden. Vergleichbar ist die Vorstellung, dass bestimmte Heilige, Engel oder Götter ganzen Sippen oder Gemeinschaften vorstehen.

Die *Fravashi* (awest.»die Erwählten«) sind Geistwesen und Schutzgeister der iranischen Mythologie, welche die Menschen vor den bösen Geistern, den *Daevas* und *Drugs* beschützen. In den *Fravashis* sind alle Menschen, auch die zukünftigen, als Urbild angelegt. Diese kommen aus dem Licht, in dem sie wohnen, zur Erde nieder, um nach dem Tode des beschützten Menschen als Seelenführer zu fungieren und den Schützling zum Totengericht zu begleiten. Den *Fravashi* sind der erste Monat und der neunzehnte Tag eines Monats geweiht. Sie werden als persönliche Schutzgeister im Avesta, der heiligen Schrift des Zoroastrismus, erwähnt, und es spricht einiges dafür, dass sie sich aus dem Heroen- und Ahnenkult entwickelt haben. Im Zoroastrismus werden sie als die präexistenten höheren Seelen einer Person, ebenso der Götter und Engel, angesehen und stehen mit *Ahura Mazda*, der höchsten Gottheit, seit der ersten Schöpfung in Verbindung. Sie sind aus eigenem Willen in die Welt herabgestiegen, um gegen die Kräfte des Bösen anzutreten. Jedes Individuum besitzt ein *Fravashi*, das sich von seiner Seele unterscheidet, und führt es in seinem Leben zur Verwirklichung seiner höheren Natur. Nach dem Tod vereinigt sich die individuelle Seele mit ihrer höheren Seele. Die *Fravashi* gliedern sich in drei Gruppen: die Lebenden, die Toten und die Ungeborenen. Das dahinter stehende Konzept ist das eines übermenschlichen Helfers bzw. das höchste Element der menschlichen Person, das unser ideales Wesen repräsentiert.

Der altjüdische *Malik* und der islamisch-arabische *Malaik* haben eine ähnliche Schutzgeistfunktion. Der griechische *Daimon*, »Hausgeist« oder Schutzgeist, bezeichnet ein übernatürliches Wesen. Nicht nur Unbilden wie Unwetter, Krankheiten, Illusionen und Alpträume führt man auf ihn zurück, der persönliche *Daimon* oder Schutzgeist äußert sich als innere Stimme. Sokrates soll seinem persönlichen Schutzgeist vertraut, ihn aber auch gefürchtet haben.

Bei den Römern ergreift der persönliche Schutzgeist eines Menschen schon bei der Zeugung von ihm Besitz oder wird mit ihm gezeugt. Der vom Göttervater Jupiter stammende Genius wird als eine sich um einen Altar windende Schlange oder als Kind mit sternenbesetztem Kleid, Blumenkranz, Füllhorn, dabei häufig geflügelt, dargestellt. Das Hauptfest des Genius ist der Geburtstag seines persönlichen Schutzgeistes. Jeder Römer ist mit seinem persönlichen Genius verbunden, den man sich entweder männlich oder, in der Kaiserzeit, zweigeschlechtlich vorstellt. Jede Römerin besitzt ihre eigene Juno oder Lucina, die den Neugeborenen die Augen des Körpers und der Seele öffnet.

Im Kontext des europäischen Hexenbildes hat die englische Tradition, die beispielsweise nicht von einem Hexensabbat – also einem Zusammentreffen zwischen dem Teufel und der Hexenversammlung – ausgeht, eine Art Schutzgeistvorstellung entwickelt, wie es sie auf dem Kontinent in dieser Form sonst nicht gibt. Der Teufelspakt, der auf einer feierlichen Versammlung von den neu hinzugekommenen Hexen geschlossen wird und in einer Buhlschaft mit dem Teufel und Abschwören des christlichen Glaubens gipfelt, wird von den englischen Hexen mit dem dämonischen Schutzgeist vollzogen, indem die Hexe diesen regelmäßig ihr Blut trinken lässt. Diese Diskrepanzen hat man in der Forschung u. a. damit erklärt, dass in England die Folter nicht erlaubt gewesen ist und die Geständnisse einer Teufelsbuhlschaft auf dem europäischen Kontinent auf die Folter zurückzuführen sind. Das heißt aber nicht, dass die englischen Dämonologen die Teufelsbuhlschaft negiert haben. Auch taucht ein solcher Schutzdämon zwar theoretisch in den Anklageschriften auf, wird aber tatsächlich, obwohl man in den Häusern der Angeklagten danach fahndet, nicht gefunden. Sicherlich hat man in vielen Fällen möglicherweise ein vorhandenes Haustier als *Spiritus familiaris* erklärt.

Literatur:

Arnaudov, M.: Der Familienschutzgeist im Volksglauben der Bulgaren. In: Zs. für Balkanologie 5 (1967) 129–137; Birkhan, Helmut: Kelten: Versuch einer Gesamtdarstellung ihrer Kultur. Wien (1997); Frey-Anthes, Henrike: Unheilsmächte und Schutzgenien, Antiwesen und Grenzgänger. Vorstellungen von »Dämonen« im alten Israel. Göttingen (2007); Honko, Lauri: Geisterglaube in Ingermanland 1 (FFC 185). Helsinki (1962); Lecouteux, C.: Vom Schrat zum Schrätel. In: Euphorion 79 (1985), S. 95–108; Norberg-Schulz, Christian: Genius Loci. Stuttgart (1982).

Folgegeister und Begleiter – Keltische und nordische Schutzgeister

Im keltischen Altertum sind einige kleine Schutzgeister überliefert, die nach Weihinschriften *Genii cucullati* genannt werden. Sie sind auf einer großen Zahl von Weihesteinen vertreten und abgebildet, und ähneln Zwergen, wozu auch ihre *cuculla,* also ein Umhang mit Kapuze, passt. Ihre Wirkweise gleicht den Muttergöttinnen, sie treten auch im Umkreis von Heilquellen in Erscheinung. Vielfach hat man diese Genii als gemeinkeltische Götter bzw. Dämonengestalten verstanden. Als letzter Reflex dieses Glaubens könnten die Gartenzwerge, die unsere Schrebergärten beschützen, verstanden werden, obwohl diese Ableitung rein auf dem Äußeren der Gestalt beruht und nicht gesichert ist.

Die germanischen *Fylgjen,* oder Folgegeister (abgeleitet aus dem Verb *fylgj* »folgen«) sind von Gestalt und Körper des Menschen losgelöste selbständige Wesenheiten, werden in der Regel nur im Traum wahrgenommen und erscheinen in weiblicher oder tierischer Gestalt. Der Fylgjenglaube ist vor allem in der alt(west)nordischen Prosaliteratur präsent. Die *Fylgja* folgt der zu beschützenden Person in einigen Schritten Abstand und zeigt sich ihrem Besitzer vor wichtigen Ereignissen und auch vor dem Tod. Sie offenbart sich im Traum, geistersichtigen Menschen jedoch auch im Wachen und gleicht einerseits den Seelen oder *Hugir*, andererseits ist sie ein übernatürliches Wesen, das einzelne Menschen oder auch eine Sippe beschützt. Manche Menschen besitzen stärkere Schutzgeister, darum haben sie mehr Glück als andere. Es heißt auch, nur die Menschenkinder, die mit einer geschlossenen Eihülle (Fruchtblase, Glückshaube) zur Welt gekommen sind, würden von einer *Fylgja* begleitet. In den *Fylgjur* verkörpern sich die Seelen der einzelnen Menschen und zugleich die Seelen der abgeschiedenen Ahnen. Als selbständige Wesen können sie beim herannahenden oder eingetretenen Tode eines Menschen auf einen beliebigen Verwandten übergehen.

Die *Fylgja* ist keine einheitliche Vorstellung und auch nicht aus einer einzigen Vorstellung gewachsen, sondern hat sich unterschiedlich entwickelt und daher je nach Kontext jeweils andere Bedeutungen angenommen. Sie ist auch ein Ausdruck für die Persönlichkeit, die seelische Beschaffenheit eines Menschen, und lässt sich daher mit dem Genius der Römer vergleichen, die ursprünglich auch wohl die Zeugungskraft und später das innere und höhere Wesen bedeutet hat. Die Fylgja erscheint in tierischer oder menschlicher Gestalt, als Tier gleicht sie der Seele des jeweiligen Menschen: Ein Krieger besitzt demnach eine Fylgja in Bären-, Pferd- oder Vogelgestalt. Erst im Augenblick des Todes zeigt sich die Fylgja ihrem Schützling. Sie ist nicht das geistige Wesen an sich, sondern eine seelische Kraft, die das Wesen des Menschen bestimmt, ihn lenkt. Dieser Schutzgeist ist nach germanischer Vorstellung in das Sippengefühl integriert, ohne dass die persönliche *Fylgja* dadurch ausgeschlossen wird. In welcher Form und ob hier christliche Vorstellungen bzw. Einflüsse zum Tragen gekommen sind, ist nicht klar. Da aber die altnordischen Quellen erst nach der Christianisierung in ihre heutige Form gekommen sind, darf mit einer Umbildung der ursprünglichen Betrachtungsweise gerechnet werden. Der christliche Glaube an Schutzheilige ist hier sicherlich dem sehr ähnlichen germanischen entgegengekommen.

Die *Fylgja* ist also ein Doppelgänger, der vor dem geistigen Auge eines anderen Menschen erscheint – ausnahmsweise auch sein eigener – und sich oft in Tiergestalt zeigt. In der *Njalssaga* träumt Hoskuldr, dass ein riesiger Bär aus dem Hause kommt, und weiß, dass eine bestimmte Person damit gemeint ist, da die Art des Traumtieres dem Charakter eines bestimmten Menschen entspricht. Die Gesinnung des Träumenden zu der betreffenden Person zeigt sich darin, wie er diese im Traum sieht. Daher treten Feinde meist in Wolfsgestalt, Freunde als Bären auf, daneben Stiere oder Ochsen, Hirsche und andere Tiere. Die Wahrnehmung der Seele als Tier ist aber nicht nur Träumen vorbehalten, denn hellsichtige Menschen, Medien, können sie auch tagsüber sehen. Oft bewirken die *Fylgjen* auch den Schlaf derjenigen, die sie sehen sollen, diese beginnen zu gähnen und schlafen ein. Das Gähnen geht bei den nordischen Völkern der Wahrsagetrance voraus und verweist auf die Vorstellung, dass die Seele durch den offenen Mund entweicht. Deshalb soll man auch bei Wahrsagern darauf achten, deren Mund nicht zu verdecken, damit die Seele wieder in den Körper zurückkehren kann.

Die *Fylgja* zeigt sich auch in weiblicher Gestalt, dann ist sie meist ein Sippenschutzgeist, der nach dem Tode des einen auf ein anderes Familienmitglied übergeht. Am Ende der Wikingerzeit tritt eine Akzentverschiebung ein: ursprünglich getrennte Konzepte wie die Walküren, *Disen* und *Fylgjen* scheinen sich zu vermischen. Die *Disen* sind wahrscheinlich weibliche Ahnen, die sich um Glück und Wohl der Familien und Sippen kümmern. Die altnordischen Quellen vermischen diese Konzepte, es ist daher schwierig, sie zu differenzieren. In der *Saga der Leute vom Seetal* warnt die Fylgja im Traum Thorstein vor seinem Besuch bei der Hexe Groa. Da er diesen aber fest versprochen hat, beachtet er den Rat nicht und stirbt, da Groa ein Erdbeben auslöst, das alle verschüttet. Ebenso ergeht es Thorstein, dem Protagonisten der *Saga vom Traum von Thorstein Sidu-Hallssonar*: Im

Traum suchen ihn drei Frauen heim und verkünden seinen nahen Tod.

Literatur:

Birkhan, Helmut: Kelten. Versuch einer Gesamtdarstellung ihrer Kultur. Wien (1997); Blum, I.: die Schutzgeister in der altnordischen Literatur. Zabern (1912); Böldl, Klaus: Eigi einhamr. Beiträge zum Weltbild der Eyrbyggja und anderer Isländersagas. Berlin (2005) S. 11–114; Ellis, Hilda Roderick: The Road to Hel. New York (1968) S. 130–138; Grönbech, Wilhelm: Kultur und Religion der Germanen. Darmstadt (2002); Hultkrantz, Åke: The Supernatural Owners of Nature. Nordic Symposium on the Religious Conceptions of Ruling Spirits (genii loci, genii speciei) and Allied Concepts. Stockholm (1961); Lecouteux, Claude: Geschichte der Gespenster und Wiedergänger im Mittelalter. Köln und Wien (1987) S. 205–209; Vries, Jan de: Altgermanische Religionsgeschichte I. Berlin (1956) S. 226–228; Honko, Lauri: Geisterglaube in Ingermanland 1 (FFC 185). Helsinki (1962); Paulson, Ivar: Wald- und Wildgeister im Volksglauben der finnischen Völker. In: Zeitschrift für Volkskunde. 57 (1961) 1–25; Rieger, Max: Über den nordischen Fylgjenglauben. In: Zeitschrift für deutsches Altertum 42 (1898), S. 277–290.

Die Tiermütter der Schamanen

Der Schutzgeistglaube ist besonders bei den sogenannten Schamanistischen Völkern verbreitet, wo er mit dem Individualtotem identifiziert wird. Die Tiermutter des Schamanen ist kein gewöhnlicher Hilfsgeist, sondern Haupt- und Schutzgeist und Schutzseele. Beim Konzept der Schutzseele geht es um eine Freiseele, die dem Menschen Hilfe leisten und ihn beschützen kann. Diese wird als ein machtbegabtes Wesen aufgefasst, dessen Wohlwollen man sich erhalten muss. Bei den sibirischen Völkern ist die dualistische Seelenvorstellung am häufigsten nachgewiesen, also die Freiseele und die Körperseele. Auch Tiere stellt man sich beseelt vor. Jedoch wird den nützlichen und wichtigen Jagdtieren die gleiche Seele zugeschrieben wie den Menschen. Der Schamane besitzt ein Alter Ego, das ein Tier oder ein Baum ist und mit dem er in einem Schicksalsgleichlauf verbunden ist. In seiner Werdezeit wandert die Seele des Schamanenkandidaten den Sippenfluss abwärts ins Wohngebiet der Schamanenvorfahrengeister. Dort liegt an den Wurzeln des Sippenschamanenbaums die Tiermutter des Schamanen, die die Seele des Ankömmlings verschlingt und dann als Tier wiedergebiert. Sie verschlingt also die geistige Substanz des Schamanen und gebiert eine neue, eine tierische, die ab dann ein tierischer Doppelgänger und Schutzgeist des Schamanen wird.

Diese für den Totemismus charakteristische Vereinigung von Tier und Mensch offenbart sich in der Weise, dass die Tiermutter selbst das Alter Ego des Schamanen repräsentiert, und sein ganz persönlicher Schutzgeist wird, welcher die Hilfsgeister anführt. Verbreitet sind die Vorstellungen, dass bei den Schamanenkämpfen ihre Tiermütter bzw. Schutzgeister miteinander

Schamanischer Ahnengeist

kämpfen. Ist die Tiermutter tödlich verwundet, so kann auch der Schamane nicht länger leben. Jeder Schamane besitzt eine Tiermutter, oft in Gestalt eines Elches oder Bären. Dieses Tier lebt ganz für sich und getrennt vom Schamanen. Dreimal zeigt sich die Tiermutter, das erste Mal bei seiner Geburt, das andere Mal nach seiner rituellen Zerstückelung bei der Schamaneninitiation und ein letztes Mal bei seinem Tod.

Die nordamerikanischen Indianer bringen diesem Wesen Opfer und Gebete dar. Totemtier und Schutzgeistvorstellung vermischen sich, der dem Menschen zugeordnete *guardian spirit* erscheint dem Betreffenden im Traum.

Literatur:

Eliade, Mircea: Schamanismus und archaische Ekstasetechnik. Frankfurt a. Main (2001); Paulson, Ivar/ Verne Dusenberry/ Åke Hultkrantz: Schutzgeister und Gottheiten des Wildes (der Jagdtiere und Fische) in Nordeurasien. Stockholm (1961); Müller, Klaus E.: Schamanismus, Heiler, Geister, Rituale. München (2006); Paulson, Ivar: Wald- und Wildgeister im Volksglauben der finnischen Völker. In: ZfVk. 57 (1961) 1–25.

II. Geister in Haus und Hof

Götter und Geister

Die Religionswissenschaft stimmt im Wesentlichen überein, dass die heidnischen Völker Europas, viele Völkerschaften des Vorderen Orients und Asiens Anhänger polytheistischer Religionen gewesen sind. Dabei nehmen sicherlich die für die Belange und den Schutz von Haus und Hof zuständigen Gottheiten einen besonderen Raum ein. Ihr Rang ist nicht so hoch wie der der Hauptgottheiten, sie stehen aber mit den Menschen in besonderer Beziehung. Nach der Christianisierung Europas wirkt dieser Hausgeistglaube noch lange nach, und Spuren von diesen Vorstellungen haben sich noch bis ins 20. Jahrhundert gehalten.

Im Alten Testament wird erzählt, dass die Mesopotamierin Rachel, die Frau des Jakob, bei der Flucht aus Mesopotamien zurück nach Israel die Hausgötter ihres Vaters mitnimmt. Dieser Brauch, bei dem Umzug auch die Hausgötter mitziehen zu lassen, ist wohl in der Antike verbreitet gewesen. Der Trojaner Aeneas bringt Vergil zufolge seine Hausgötter mit nach Italien. Bei den Griechen und Römern nehmen die Hausgötter einen besonderen Platz im Haus ein und bekommen auch Speise- und Trankopfer. Bei den Griechen herrscht Zeus nicht nur über die Götter, sondern auch über das Haus, sein Altar befindet sich innerhalb der Einzäunung des Hofes. Vielfach imaginiert man Hausgötter in theriomorpher Gestalt, bei den Griechen und Germanen als Hausschlange. Den *Agathos Daimon,* dem man am Ende eines Mahles Wein opfert, stellt man sich in Schlangengestalt vor, die Dioskuren als Söhne des Zeus ebenso. Die Herdgöttin Vesta gilt als die Verkörperung der Feuerstelle. Die Penaten sind nicht weiter bestimmte geschlechtslose Wesen, die das Haus beschützen, die Laren sind ursprünglich keine Herdgottheiten, sondern Beschützer und Wächter der Grundstücke, sie entwickeln sich aber zu Haus- und Herdgottheiten.

Bei den Germanen walten ebenso Hausgötter als Beschützer. Die Quellen sind zwar weniger zahlreich als die griechisch-römischen Belege, doch gibt es Funde, die auf einen Herdkult und eine Hausgenossenschaft mit Hausgöttern deuten. Opferstätten lassen vermuten, dass man den dort bestatteten Ahnen als Schutzherrn verehrt hat. Nach seinem Tod nimmt dieser eine Glück bringende Funktion ein, möglicherweise geht der Koboldglaube darauf zurück.

Der Gott Thor ist mit dem Wohl des Hauses und der darin wohnenden Familie verbunden und wird als göttlicher Ahnherr verehrt. Der *ármaðr,* d.i. Diener, hilfreicher Geist, schenkt dem Hof Glück und Gedeihen. Dieser Geist ist außerdem ein *spámaðr,* also ein Wahrsager. Manche Forscher vermuten, dass der *ármaðr* wohl ursprünglich der Ahnherr gewesen ist, den man später als Schutzgeist verehrt hat. Dafür spricht der Wohnort des Geistes im Stein, ist es doch üblich gewesen, die Toten in Bergen und Felsen zu bestatten. Die *Kristnisaga* liefert dazu ein interessantes Detail: Der zum Christentum übergetretene Thorvalðr besucht seinen Vater Kodrán in Island, der einen Stein besitzt, in dem man einen dienstbaren Hausgeist vermutet. Der Sohn will sich erst taufen lassen, wenn er die Gewissheit hat, dass der christliche Glaube stärker ist als der Hausgeist. So singt und betet der Bischof über dem Stein und dieser zerspringt. Der Vater erzählt seinem Sohn, dass er einen Wahrsager habe, der ihm sehr nützlich sei, sein Vieh hüte und ihn auch vor Gefahren warne. Der Bischof singt, betet und versprengt über dem Stein Weihwasser, woraufhin der Geist dem Vater im Traum erscheint und ihm vorwirft zuzulassen, dass fremde Männer ihn aus seiner Wohnstatt vertreiben wollen. Diese hätten kochendes Wasser über seine Wohnung geschüttet, und seine Kinder hätten sich verbrüht. Der Bischof lässt aber nicht ab von seinem Bemühen. Wiederum erscheint der Geist dem Vater, und sein Aussehen hat sich drastisch verändert, denn anstatt der hellen prächtigen Kleider trägt er nun einen schwarzen Pelz. Der Hausgeist muss nun wegziehen, und es ist unsicher, wer nun das Haus beschützt. Da der christliche Gott sich als stärker erwiesen hat, hält man nun den alten Hausgeist für schwach.

Deutsche Hausgeister sind schon sehr früh belegt. So weist eine Überschrift im *Indiculus Superstitionum et paganiarum,* einer lateinischen Schrift gegen den Aberglauben von 743, auf kleine

Teigfiguren hin, die wohl als Hausgeister verehrt worden sind. Eine wichtige Quelle für den Volksaberglauben stellt die Kirchenrechtssammlung des Bischofs Burchard von Worms dar, die Synodalbeschlüsse, Bußbücher und andere kanonische Quellen in einer Schrift versammelt. So berichtet er in seinem *Decretum*, dass man den Waldgeistern im Keller Spielsachen und Schuhe hingelegt habe, damit sie von anderen Leuten Güter brächten und so die Hausleute reich machten. Notker der Deutsche (950–1022) glossiert die römischen Laren mit *ingoumen*, das sind die Hüter des inneren Hauses, und die Penaten mit *ingesîde*. Ob das tatsächlich gültige Namen für Hausgeister gewesen sind, ist allerdings ungesichert. Noch im 13. Jahrhundert verweist ein gewisser Bruder Rudolf aus Schlesien in seiner Aberglaubensliste auf ein *Stetewaldiu*, einen (Ver-)Walter der (Wohn-)Stätte, dem die Leute, die ein neues Haus beziehen, mit Gaben gefüllte Töpfe und Speisen in die Ecken stellen, und verdammt diese Bräuche als Abgötterei.

Reiches Material findet sich in den späteren Lokalsagen. In diesen volkstümlichen Berichten hat vielfach eine Vermischung der Schutzgeist-Vorstellung mit Wiedergängern, armen Seelen und Totengeistern (ungelöste Verbindung) stattgefunden. Im Fichtelgebirge z. B. ist man der Meinung gewesen, dass die Seelen der Verstorbenen im Hause blieben und zum Schutzgeist würden. Manche trügen individuelle Namen, wie das Petermännchen, das sich im Schweriner Schloss aufgehalten haben soll.

Viele Hausgeister schützen und bewachen die Häuser, halten ungebetene Gäste fern, verhindern Diebstahl und warnen vor drohendem Unheil. Auf unterschiedliche Weise können die Hausbewohner die Anwesenheit eines Geistes bemerken: Da gibt es zum Beispiel solche, die ein »Gluggeln«, wie man es von den Bruthennen her kennt, hören lassen. Es scheint immer aus dem Boden zu kommen, und wegen dieses Gluckerns wird der Hausgeist »Erdhenne« genannt. Ein solcher Geist gibt aber auch auf gestellte Fragen immer bereitwillig Antwort und warnt z. B. vor einem Brand in der Küche. Der Herd gilt ja vielfach als spezieller Aufenthaltsort der alten Herdgottheiten und offenbar auch der Schutzgeister, denen man, ebenso wie der altrömischen Vesta, den Penaten und Laren, Speiseopfer darbringt.

Generell haben Häuser nach der Volksüberlieferung allerlei Geister beherbergt, die auch in unterschiedlichen Räumen vorgestellt werden und dort wirken. So gibt es z. B. die Unterkategorie Kellergeister. Zudem sind Schutzgeister von den Neck- und Poltergeistern und Spukgeistern zu unterscheiden. Es gibt noch eine dritte Kategorie, die personenbezogenen dienstbaren Geister: Dazu zählen Alraun und Flaschengeister, die sich ebenfalls im Haus aufhalten, die aber deshalb dort wohnen, weil sie einer bestimmten Person verpflichtet sind. Wichtig erscheint die Differenzierung zwischen dämonischen Wesen, die an einen Ort und die dort wohnende Sippe gebunden sind, und den Menschen dienenden Familiargeistern. Ob man nun für die Hausgeister den Begriff Kobold oder bloß Hausgeist bevorzugt, haben die einzelnen Wissenschaftler für sich unterschiedlich beurteilt. So einiges spricht für Kobold, der von der Etymologie her wesentlich aussagekräftiger zu werten ist. Im Mittelhochdeutschen gibt es für ihn verschiedene Bezeichnungen, die schon auf seine Vermischung mit verwandten dämonischen Wesen verweisen. Zudem ist ein grundsätzliches Differenzierungsproblem bei den vielfältigen Gestalten der niederen Mythologie, die die Haus- und Schutzgeister einschließen, festzustellen. Neben *Kobolt* finden sich die im bayrisch- österreichischen Sprachraum immer noch vorhandenen Begriffe *Schrat* oder auch *Schretel*, dann *Taterman bilwiz*, aber auch *Tuster*, das eher »Spukgeist« bzw. »Gespenst« bedeutet. Die in den mhd. Wörterbüchern eingetragene Bedeutung von *kobolt* verweist in erster Linie auf eine Puppe aus Holz oder Wachs.

Der Kobold tritt nach Meinung der Forschung die Nachfolge der antiken Hausgeister, der Laren und Penaten an. Im Ingermanland, einer historischen Provinz um Petersburg, hat man zwischen Hausgeist, Erdgeist und auch selten dem Viehstallgeist unterschieden, obwohl auch diese Dreiteilung nicht konsequent zu sehen ist, denn alle drei Hausgeister scheinen sich miteinander zu vermischen. Dass ein Erdgeist andere Bereiche besetzt als ein im Haus wirkender Hausgeist, erscheint plausibel, die Unterschiede ergeben sich aus den Verhaltenssituationen der Geister. Der Hausgeist wird in einer Vielzahl von Komposita-Varianten mit Geist = *haltia* benannt, die auf unterschiedliche Bereiche des Hauses und Hofes Bezug nehmen. Die häufigsten Namen sind *hothalti* bzw. *taonhalti* = »Hausgeist«, »Geist des Wohngebäudes«. In einigen Dörfern ist er sogar als Hausherr bzw. Hausfrau angesprochen worden. Feldforschungen haben ergeben, dass wohl jeder Bauernhof seinen eigenen Geist besessen hat. Der estnische Teil der historischen Provinz Ingermanlands bestätigt diese Aussage, dass in jeder Hütte, in der man Feuer machen könne, sich ein Geist aufhalte.

Der Hausgeist wird mit dem Schicksal, dem Glück und dem Erfolg des Hofes assoziiert, sodass der Satz »jeder Hof hat seinen Geist« eigentlich gleichbedeutend ist mit: »jeder Hof hat sein eigenes Glück«. Ein guter Geist bewirkt ein glückliches Schicksal am Hof. Jeder Hausgeist, der mit der Familie guten Umgang pflegt und mit diesem verbunden ist, bewirkt Reichtum für den Hof. Wenn man ihn ärgert, dann zerstört er den Hof, macht ihn arm und geht weg. Hier ist die Tradition sehr homogen, sie scheidet in »männlich ist gut« und »weiblich ist schlecht«. Warum das so ist, darüber haben sich die dazu Befragten nicht geäußert, oder sie wissen es nicht und hinterfragen auch nicht die traditionellen Aussagen. Die Forscher haben diese radikale Schwarz-Weiß-Aussage auf die Annahme zurückgeführt, dass der Mann als starke Stütze des Hauses für den Schutz besser geeignet erscheint, er meist älter und erfahrener ist, weshalb man den Hausgeist oft als älteren, graubärtigen Mann imaginiert hat. Auch die finnische Überlieferung behauptet einhellig, dass der männliche Geist günstiger für das Haus sei. Einzig die Karelier wünschten sich einen milderen, weichen, weiblichen Geist, der harte, männliche wurde negativ bewertet.

Bedeutsam wurde diese Funktion als Glücksbringer, wenn man umzog. Auf einem neuen Hof gab es meist noch keinen Hausgeist, da dieser den Bewohnern bei einem Umzug nicht folgte. So musste meist eine »zauberkundige« Person den neuen Geist vermitteln. Weitaus üblicher war die Erklärung, dass das Unglück eines Hofes auf einen bösen Geist zurückgehe. Wenn auf einem Hof die Tiere nicht gut gediehen, war man geneigt, den Hof zu verlegen, und wurde so den schlechten Geist los. Man war also der Meinung, dass der Geist fest mit einem bestimmten Ort verbunden war. Konträr dazu gab es aber auch die Ansicht, dass der Geist mit den Bewohnern und nicht mit dem Ort affin sei.

Auf armen Höfen, vermeinte man also, habe sich ein böser Geist eingenistet. Beispiele dafür waren oft arme Witwen, die den Hof nicht so gut führten und deshalb keinen Reichtum anhäufen konnten. Den bösen Geist stellte man sich oft als zornige alte Frau vor. Ähnlich negativ besetzt waren verfallene Häuser, in welchen man sich einen bösen, rumorenden Geist vorstellte, der bald dämonisch-teuflische Charakteristiken erhielt. Auch der Name änderte sich. Viele dieser aufgezeichneten Fälle von bösen Geistern näherten diese dem Poltergeist an. Der böse Geist warf Gegenstände und zerstörte das Hofinventar. Deshalb zog man einen Priester zu Rate, der ihn zu zügeln versuchte. Wenn der Priester betete und den Hof segnete, beruhigte sich der Geist wieder.

Der Unterschied zwischen Hausgeist und Poltergeist bestand darin, dass Ersterer rumorte, sobald die Hausbewohner eine Verhaltensregel nicht einhielten, und sich beruhigte, sobald diese ihr Verhalten änderten. Letzterer war ein Eindringling im Haus, der aus eigener Böswilligkeit rumpelte, ohne dass die Bewohner dies durch ihr Verhalten provoziert hatten.

Literatur:

Hersperger, Patrick: Kirche, Magie und ›Aberglaube‹: Superstitio in der Kanonistik des 12. und 13. Jahrhunderts. Köln u. a. (2010); Homann, H. (1966). Der *Indiculus superstitionum et paganiarum* und verwandte Denkmäler. Diss. Göttingen; Honko, Lauri: Geisterglaube im Ingermanland. Helsinki (1962); Johansons, Andrejs: Der Schirmherr des Hofes im Volksglauben der Letten. Studien über Orts-, Hof- und Hausgeister. Stockholm (1965); Lindig, Erika: Hausgeister. Die Vorstellungen übernatürlicher Schützer und Helfer in der deutschen Sagenüberlieferung. Frankfurt a. Main (1987); Petzoldt, Leander: Hausgeister. In: Reallexikon der germanischen Altertumskunde Bd. 14 Berlin (1999) S. 64–67; Uther, Hans-Jörg: Zur Bedeutung und Funktion dienstbarer Geister in Märchen und Sage. In: Fabula 28 (1987) 227–244, bes. 236–240.

KOBOLD, SCHRAT, HINZELMANN UND ZWERG

Die Gestalt des Hauskobolds ist auch heute noch vertraut, nicht zuletzt durch die erfolgreichen *Harry Potter*- und andere Fantasy-Verfilmungen. Seine Erscheinungsformen sind nicht einheitlich, oft tritt er in Menschengestalt, aber auch als Tier auf, kann sich darüber hinaus als Gegenstand zeigen oder auch unsichtbar seine Anwesenheit nur durch Geräusche oder seine geleisteten Hilfsdienste bemerkbar machen. Außerdem ist er imstande, seine Gestalt zu verändern.

Die Hauskobolde sind an Haus und Hof gebunden, und von ihnen hängt das Glück des Hauses ab. Sie verrichten Arbeit in Haus und Stall, dennoch lieben sie es, Schabernack zu treiben, ihr Charakter ist also ambivalent: einerseits freundlich und hilfsbereit, anderseits unberechenbar und leicht gekränkt. Hat man sie unabsichtlich beleidigt, rächen sie sich. Die mittelalterliche Geschichte vom *Kobold und Eisbär* bzw. *Schrätel und Wasserbär* bestätigt diese Vorstellung. Im Jahre 1061 schickte der König von Norwegen einen Boten mit einem zahmen Eisbären zum König von Dänemark. Als die Nacht hereinbrach, suchte er in einem Gehöft Herberge. Der Wirt erzählte ihm, dass er durch die Umtriebe eines bösen Geistes schon lange nicht mehr Herr im eigenen Haus sei. Ein unsichtbares, überaus starkes Wesen treibe dort Schabernack, kein Gegenstand bleibe auf dem anderen. Zusammen mit seinem Bären wagte es der Bärenführer trotzdem, dort die Nacht zu verbringen. Als beide nach dem Essen einschliefen, kam der Geist, das Schrätel, hervor. Dieses war nur drei Spannen lang, trug ein Käppchen und begann sofort, den Bären zu reizen. Doch diesem gelang es nach einigen Scharmützeln, das Schrätel zu überwinden, und der beleidigte Geist verschwand arg zerzaust. Später fragte das Schrätel den Wirt, ob die große Katze noch lebe, dabei konnte er es plötzlich sehen. Als der Bauer bejahte und sagte, dass die große Katze noch fünf Junge geworfen habe, verschwand das Schrätel. Im mittelalterlichen Beispiel changierte die zwergenähnliche Figur zwischen Poltergeist und bösartigem Kobold. Die Sagenüberlieferung in Sachsen und den ehemaligen deutschen Ostgebieten setzte Hauskobold und feurigen Drachen

gleich, wohl deshalb, weil beide dem Hausherrn Güter zuteil-
werden ließen.

Für die Etymologie gibt es unterschiedliche Erklärungen. Die
mhd. Form *kobolt* deutet man als Kompositum aus *kuba walds* =
Hauswalten. Eine andere Möglichkeit wäre, es aus der Wurzel
*kold kolt kolz abzuleiten, was »poltern« bedeutet. Der Kobold
wäre dann ein Poltermännchen. Früheste Zeugnisse führen die
althochdeutschen Glossen, die die lateinischen Laren und Penaten im 10. und 11. Jahrhundert mit Heimgott oder Herdgott bzw.
ingoumo oder *ingoumen* mit der Bedeutung Hüter des inneren
Hauses und *penas, penates* als *hûsing ingesinîde* wiedergeben. Gesichert ist nicht, ob es sich um eine Bezeichnung altgermani-
scher Hausgeister gehandelt hat, der Bezug zu Haus und Haus-
hüten ist jedenfalls vorhanden.

Der *Indiculus superstitionum* von 743 erwähnt aus Teig oder
Lehm hergestellte Bildwerke, die man verehrte. Dass man den
Hausgeistern möglicherweise geopfert hat, berichtet Burchard
von Worms, auch von Opfergaben an die *satyri vel pilosi*, also an
Wald- und Feldgeister, denen man im Keller oder in der Scheu-
ne Spielzeug hinstellte, damit sie sich mit Gütern revanchieren
konnten. Obwohl altnorwegische Gesetze Götterfiguren und
Altäre im Haus verboten hatten, war der Brauch nicht auszurot-
ten. So steuert die *Fridtjofsage* das Detail bei, dass die Götzen mit
Butter gesalbt und am Feuer getrocknet wurden, damit das
Haus Glück habe.

Die ältesten mittelhochdeutschen Belege beschreibenden Kobold vor allem als eine aus Holz geschnitzte oder auch aus
Wachs geformte Figur. Abgesehen von diesen literarischen Verweisen existieren ab dem 13. Jahrhundert auch Hinweise für
den Kobold als gutmütiger, wohlwollender Hausgeist. Jans
Eninkel vergleicht in seinem *Fürstenbuch* einen heimlichen Ratgeber mit einem Kobold und verbindet zwei Vorstellungen: Un-
sichtbarkeit und Geheimwissen. Vor allem das prophetische
Wissen und die Wahrsagerei der Kobolde treten immer mehr in
den Vordergrund. Sie sind nicht nur Wetterpropheten, sondern
können auch in die Zukunft sehen und daher ihre Schützlinge
vor Gefahren warnen. Im 13. Jahrhundert ist Kobold bereits ein
sehr vieldeutiger Begriff: eine Holzfigur, ein übernatürliches

Wesen mit wahrsagerischen Fähigkeiten, hilfreich als Ratgeber, nicht selten Schabernack treibend und polternd. Auch der Bezug zum Haus ist nicht immer gegeben, denn oft lokalisiert man den Kobold im Freien, im Wald oder Feld. Vermischungen mit anderen Wesen der niederen Mythologie treten ebenfalls auf, so besonders mit dem Schrat bzw. Bilwiz.

Im 15. und 16. Jahrhundert wird es bereits schwierig zwischen den Hilfs- und Hausgeistern und den Zwergen zu differenzieren. In der Chronik der Grafen von Zimmern vom Ende des 15. Jahrhunderts fungiert der Kobold als Familienschutzgeist und Hausschutzgeist, so z. B. der Entenwick, der das Glück des Geschlechtes sichert. Im 16. Jahrhundert vollzieht sich ein Funktionswandel des Hausgeistes zum persönlichen Hilfsgeist. Die *Zimmersche Chronik* gibt die Sage von Rechbergs Knecht wieder, der mit seinem Herrn einen Vertrag hatte, also schon in die Richtung teuflischer Geist ging. Luther hatte ihn zu den diabolischen Hilfsgeistern gezählt. Die *Zimmersche Chronik* zählte die Kobolde zu den Erdmännlein, ursprünglich der Erlösung harrende, gefallene Engel. Der schwäbische Kobold ist bekannt als *Poppele* oder *Bobbele*, ein Diminutiv von *Popel,* das »Teufel«, aber auch »Gespenst« bedeutet. Das *Poppele* konnte in manchen Dörfern als Poltergeist Schabernack treiben. Weitere Bezeichnungen waren *Butz, Bützle* und *Butzele* im Allgäu. *Butz* bezeichnete eine vermummte Person, einen Unhold, aus ahd. *puzo,* mhd. *butze,* was Tier oder kleine Person bedeutet. Grimm hat *Bützel* mit der Bedeutung »Wichtel« angeführt. Vieles scheint für die Etymologie *Butz,* mit mhd. *bôzen* = schlagen, auf seine polternden Aktivitäten hinzuweisen. Zu dieser Art von Hausgeistern, die nicht ständig im gleichen Anwesen bleiben, gehört das Schrägele, von mhd. *schrecken* »springen«. Die Kobolde tragen unterschiedliche Männernamen im Diminutiv, wie Käsperle oder Jokele oder auch Stoffel, Rüdi, seiner Kleidung nach heißt einer auch Blauhöser. Auf Polteraktivitäten verweist der in Ellwangen in Schwaben sein Unwesen treibende Kobold namens Klopferlein. In einem anderen Gebiet deutet der Name auf das Klopfen des Kobolds hin, der am ersten Klopfertag (man klopfte, um die Leute für die Messe in der dunklen Zeit des Advents zu wecken) das Haus wechselte und an die Tür klopfte. Außerdem sind noch Kobolde bekannt, die ihre Anwesenheit nur mit Klopfgeräuschen kundtaten.

Dass man den Schräteln opferte, um sie freundlich zu stimmen, erzählt der spätmittelalterliche Dichter Michael Beheim in seinen Anmerkungen zum Aberglauben. Demnach hätte jedes Haus sein Schrezlin gehabt, und wer es anständig behandelte, bei dem zöge das Glück ein. Die Arbeiten des Hausgeistleins waren auf die anfallenden Aufgaben ausgerichtet, so konnte es das Vieh füttern und sich um die Herden kümmern. Dass der Ortsgeist auch eine moralische Instanz sein konnte, bezeugt die Geschichte vom Ritter von Helden, in dessen Frau sich Kaiser Heinrich IV. verliebte und die er mit der Hilfe eines Mönches gewaltsam zur Liebe zwang. Der im Schloss wohnende Geist polterte darauf in der Burg, riss das Dach ab und rief die Schandtaten des Kaisers und Mönches aus. Dieser Geist war dem Burgherrn sehr ergeben und erwartete ihn stets am Burgtor, um ihn über Unglücksfälle zu informieren, die sich in seiner Abwesenheit abgespielt hatten.

Bekannt war der Geist *Hütchen* der Winzenburg bei Hildesheim, der in einigen Quellen Erwähnung findet, so etwa bei Weier und Praetorius. Dieser soll schon in der Burg gelebt haben, als die Bewohner noch heidnisch waren. Schon 752 wurde eine erste Begebenheit mit ihm berichtet. Hütchen hatte einen kleinen Bauernhut auf dem Kopf, den er nie abnahm, trug zu große schlotternde Hosen, eine kurze Jacke und ein Mäntelchen. Meist meldete er sich, wenn ein Unglück bevorstand. Er hatte aber auch den Grafen Dietrich zum Mord am kaiserlichen Gesandten angestiftet und den Grafen Hermann dazu gebracht, Burghard von Lüchov zu erdolchen. Vor und nach dem Mord schwebte er über der Winzenburg und sang und lärmte. Als darauf die Burg belagert wurde, zeigte er sich kurz vor der Erstürmung als Rabe und heulte. In Rabengestalt quälte er einen Küchenjungen. Dieser goss heißes Wasser auf den Vogel und Hütchen rächte sich am Küchenjungen, zerstückelt ihn und kochte die Körperteile in den Töpfen. In der Nacht prahlte er mit seiner Tat. Ein Topf mit Leichenteilen soll noch 1606 bzw. 1798 vorhanden gewesen sein.

Ein anderer Sagenstrang rankt sich um *Hödeke*, der offenbar die Aufgaben der Dienerschaft streng kontrollierte und sie bei

Verstößen bestrafte. Seinen Wohnsitz hatte er auf der Burg oder anderen Quellen zufolge am bischöflichen Hof in Hildesheim. Durch seine Hilfsdienste erwarb er sich das Vertrauen des Abtes Diether von Drachenfels und erhielt sogar eine Laienbruderkutte, vorher hatte er bäuerliche Tracht getragen. Den Hut behielt er aber nach wie vor auf dem Kopf. Nach der Reformation bezeichnete man ihn als teuflisch. Er wird als drei Spannen langes Wesen von wohlproportionierter Gestalt, freundlich, aber mit einem alten Gesicht beschrieben. In der Abtei verrichtete er die Dienste des Küchenjungen, war heilkundig und ein fröhlicher Spaßmacher, erfreute sich deshalb außerordentlicher Beliebtheit und wurde sogar Berater des Abtes. Als im Kloster ein neuer Küchenjunge eingestellt wurde, erwürgte er den faulen Jungen und warf ihn ins Feuer.

Der Zwergenkönig aus Albrechts von Kemnatens Epos *Goldemar* entwickelte sich später zum Familiengeist und findet auch in der *Zimmerschen Chronik* Erwähnung. Es wird erzählt, dass er zur Zeit des Kaisers Wenzel (1378–1400) zu dem Ritter Nevling von Hardenberg an der Ruhr kam. Er war dem Würfeln zugeneigt, auch leutselig und spielte virtuos auf der Harfe. Da er geheimes Wissen besaß, konnte er vor allem sündigen Weltgeistlichen ihre Vergehen vorhalten. Den Schlossherrn warnte er vor seinen Feinden und war dessen Schwester zugeneigt und vielleicht gerade ihretwegen auf der Burg. Er war unsichtbar, doch konnte man seine Hände befühlen.

Bekannt ist auch der Hinzelmann, ein Hausgeist auf Hudemühlen an der Aller in Lüneburg, der sich lediglich durch Poltern bemerkbar machte. Man fragte ihn, woher er komme, und erfuhr, dass er aus dem böhmischen Gebirge stamme und seine Mutter Christin sei. Da sie ihn nicht bei sich haben wolle, müsse er bei guten Leuten wohnen. Dieser Hausgeist war meist unsichtbar, ließ aber eine Hand sehen, die zart wie die eines Knaben oder einer Jungfrau war. Auch Stimme und Sprache waren überaus zart. Er sang christliche Lieder. Die Hausbewohner bedrängten den Geist, sich ihnen zu zeigen, und als er endlich nachgab, sah ihn die Köchin in einer Mulde im Keller in der Gestalt eines nackten, blutüberströmten dreijährigen Kindes, in dessen Herz kreuzweise zwei Messer steckten. Die Köchin wurde ohnmächtig, und der Geist goss ihr die mitgebrachten Kübel Wasser über den Kopf. Ähnliches berichtet Luther in seinen *Tischreden*. (Tischreden Bd. 6, S. 220 Nr. 6833)

Die eigenartige Vorstellung, dass ein Kobold einem toten Kind gleicht, war möglicherweise schon im Mittelalter bekannt und gehört ab dem 16. Jahrhundert zu den oft beschriebenen Charakteristiken der Kobolde. Als lebendiges Kind zeigte er sich Kindern. Der Hinzelmann besaß auf dem Schloss eine eigene Kammer als Aufenthaltsort mit eigener Einrichtung und bekam jeden Tag eine Schüssel Milch mit Weißbrot, außerdem saß er auch am Tisch des Hausherrn mit eigenem Gedeck. Wenn man ihn vergaß, wurde er zornig und konnte sich rächen. Nicht immer war der Hinzelmann ein wohlgelittener Gast, denn ursprünglich war er wohl als lästig empfunden worden. Doch als er den Bewohnern hilfreich zur Seite stand, änderte sich das Verhältnis.

Hinzelmann trat als moralische Instanz des Schlosses auf, kritisierte nicht nur Weltgeistliche, sondern prangerte auch Bewohner wegen ihrer Laster wie Geiz und Eitelkeit an und spielte ihnen deshalb auch Streiche. Redete man schlecht über ihn, strafte er durch Poltern, warf Gegenstände und bestrafte seine Beleidiger. Besonders beleidigend empfand er es, wenn man ihn einen bösen Geist nannte. Zuweilen quälte er aber auch Leute, die ihm nichts getan hatten, und spielte ihnen Streiche. Auf die Freier der Damen von Hudemühlen scheint er es besonders abgesehen zu haben und vergraulte sie, sodass beide Damen unverheiratet starben. Seine Abschiedsgeschenke blieben im Besitz der Damen.

Auch er konnte in die Zukunft sehen und wusste nicht nur über die Schicksale der einzelnen Bewohner, sondern des ganzen Hauses Bescheid. Hinzelmann beteuerte immer wieder, Christ zu sein, sang auch geistliche Lieder und betete das Vaterunser. Vom Schloss Hudemühlen ging Hinzelmann nach Estrup und begründete seinen Weggang so, dass die Bewohner von Hudemühlen weggezogen seien und er allein dort nicht bleiben wolle. Der Herr von Estrup wollte ihn aber dort nicht haben, und schließlich ging er fort.

Die Meinungen über Hinzelmann waren sehr unterschiedlich, manche hielten ihn für einen Zauberer, der sich unsichtbar machen könne. Viele hielten ihn für den Teufel selbst. Pfarrer Feldmann zu Eickelohe, Verfasser der *Hinzelmannerzählung* hielt sämtliche Kobolde für Teufel, denn sie könnten sich nicht nur unsichtbar machen, sondern in unterschiedlicher Gestalt auftreten, was doch ein Charakteristikum des höllischen Geistes sei. Gedanken machte man sich auch darüber, wohin man eigentlich die Kobolde einordnen könne. Paracelsus glaubte, dass die Berg- und Hausgeister eine menschliche Seite besäßen oder auch eine Mittelstellung zwischen Menschen und Tieren einnähmen. Sie hätten eine besondere Seele, hielten sich an geheimen Orten auf, aber manchmal gewährten sie den Menschen einen Blick auf ihre Gestalt. Ein anderer Kobold, das Petermännchen in Mecklenburg Vorpommern, hielt sich auf dem Schweriner Schloss auf. Die Sagen um das Petermännchen gehen bis Anfang des 18. Jahrhunderts zurück, vorher soll es, daher auch der Name, im Petersberg in der Nähe des Dorfes Peterberg gewohnt haben und erst später nach Schwerin gezogen sein. Dort verteidigte es auch das Schloss als Territorium der angestammten Herrscher, ließ keine anderen Bewohner zu und wachte über die Schätze. Es belohnte Ehrlichkeit und bestrafte Diebstahl und Habsucht.

Zusammenfassend ist zu sagen, dass die Hausgeister bzw. die Hauskobolde vom Mittelalter bis ins 19. Jahrhundert die Häuser, in welchen sie leben, beschützen, sich ihrer jeweiligen Umgebung anpassen und mit dem Haus und den Bewohnern identifizieren, auch ihre Schicksale mit diesen verknüpfen. Die Beschreibungen und Vorstellungen von Kobolden reichen von guten und fleißigen, kleinen, grünen Männchen bis hin zu hinterlistigen Bösewichten. Manche können in die Zukunft sehen, sie verabscheuen das Unrecht und das Laster und bestrafen die Schuldigen. Beleidigungen vertragen sie nicht und rächen sich dafür.

Woher die Hausgeister stammen, darüber sind die Meinungen geteilt, einerseits sind sie Seelen der im Hause Ermordeten, also Totengeister, andererseits gefallene Engel, die sich ihre Seligkeit noch verdienen wollen, indem sie den Menschen zur Seite stehen. Meist bleibt die Frage nach ihrer Herkunft unbeantwortet. Paracelsus hat in seiner systematischen Darstellung der

Geistwesen die Kobolde zu keiner seiner Kategorien gerechnet. Georg Agricola kennt zwei Arten polternder und milder Geister, die man *Cobale* oder Kobolde nennt, weil sie die Menschen nachahmen. Johannes Praetorius ordnet in seiner Neuen Welt-Beschreibung die Hauskobolde den teuflischen Scharen, also den bösen Geistern zu. Johann Heinrich Zedler definiert in seinem in der ersten Hälfte des 18. Jahrhunderts erschienenen Universallexikon den Kobold als ein Wesen, das sowohl Schabernack treibt als auch nützlich ist, dennoch müsse man ihn in den Bereich der teuflischen Betrügereien einordnen. Jacob Grimm sah in Kobolden, Nixen, Zwergen einen Abglanz der altgermanischen Götterlehre. Wilhelm Mannhardt, in der Tradition von Grimm, ver-

Heinzelmännchen bekommen neue Kleider und sind »ausgelohnt«

stand die Kobolde als Untergruppe der Elfen, die er in lichte und dunkle einteilte. Zu Letzteren gehörten die Zwerge, zu den wohlwollenden rechnete er die Kobolde und Hausgeister.

Vom Kobold erzählen meist ausschließlich regionale Sagen, während im Märchen keine Kobolde, sondern Zwerge vorkommen. Die Zeichnung der Kobolde in Sage und nautischer Folklore ähnelt durchaus der mittelalterlichen Vorstellung, es sind meist Einzelwesen, es können aber auch Gruppen im Haus le-

ben, sie können sichtbar und unsichtbar sein, manchmal furchterregend durch ihren Schabernack. Sie sind leicht reizbar, und
wenn man nicht weiß, wie man sie loswird, ziehen sie bei einem
Umzug einfach mit. Man kann sie also erben, aber auch finden
oder kaufen usw. Die Beziehung zwischen Menschen und Kobolden ist streng reglementiert, sie erhalten Opfergaben, vor allem Speisen, aber auch (alte) Kleidung. Sie pochen auf ihren eigenen Bereich und rächen sich, wenn diese Regeln nicht beachtet werden, indem sie das Haus verlassen.

Auch der Schrat hat Ähnlichkeiten mit dem Kobold, die Glossen rücken ihn zwar in die Nähe der Wald- und Feldgeister, aber
er gehört ursprünglich zu den Totengeistern. Der Südtiroler
Dichter Hans Vintler nennt ihn in seinem didaktischen Gedicht
Pluemen der tugent (Blumen der Tugend), und identifiziert ihn
mit den armen Seelen. Auch der Kobold kann sich den armen
Seelen annähern.

Die schlechten Eigenschaften des Kobolds sind es, das Vieh
zu reiten oder auch zu drücken. Die wahrsagende Fähigkeit der
Schrätel und Kobolde nähert sie einem anderen Geistwesen an:
den Flaschen- oder Kristallgeistern, die von den Zauberern in
Edelsteine oder Glas oder gar in einen Spiegel gesperrt werden
und bei der Beschwörung dann Antwort geben.

Die Zwerge der mittelalterlichen Literatur haben mit den Sagen von Hausgeistern, Heinzelmännchen, Schräteln und Kobolden wenig gemein, denn sie leben nur gezwungenermaßen in
den Häusern der Menschen und besitzen ihr eigenes »Parallel«-
Königtum. Die im adeligen Dienst stehenden Kleinwüchsigen,
die Hofzwerge, hat man sicherlich zu Dienstleistungen und als
Begleitung zu Abenteuerfahrten herangezogen. Die bei den Kobolden zu beobachtenden launischen und bösartigen Eigenschaften, die bei Letzteren allerdings nicht überwiegen, sind bei
den literarischen Zwergen vorherrschend. So wird in Gottfried
von Straßburgs *Tristan* immer wieder auf die bösartigen Eigenschaften des Zwergs Melon angespielt. Der dämonisch-teuflische Charakter der Zwerge in der höfischen Literatur erinnert
bereits an die bösen Gestalten der Volksmärchen.

In Lindigs Untersuchung über die Vorstellungen von Hausgeistern in Franken nehmen Zwergengestalten die Hausgeist-

funktion wahr und werden als besonders hilfsbereite, wohlwollende Wesen geschildert. Ebenso wie die Kobolde sind sie aber sehr darauf bedacht, respektiert zu werden. Geschieht das nicht, rächen sie sich grausam. Sie sind menschenähnlich, haben die Größe sechsjähriger Kinder, sind nach Geschlechtern geschieden, können auch paarweise auftreten, sind aber auch häufig zu dritt. Ihre Kleidung ist zerlumpt, ihre Hausarbeit verrichten sie heimlich und bringen den Hausbewohnern Segen; verlassen sie das Haus, so verschwinden auch Reichtum und Glück. Zum Dank erhalten sie Speisen; man darf ihnen aber keinen Lohn geben, wie neue Kleider oder Schuhe, sonst erachten sie sich als ausgelohnt und verlassen das Haus.

Das fulminante Konstrukt einer mittelalterlich anmutenden Gegenwelt in den Harry Potter-Romanen der Joanne K. Rowling hat eine Fülle von Geister- und Dämonengestalten jeglicher Provenienz wieder geläufig gemacht. Die vielen Bezüge würden eine eigene Untersuchung erfordern, die aber in diesem Rahmen nicht zu leisten ist. Dobby, die rührende Figur des Hauselfs der Familie Malfoy ist der des Kobolds nachgebildet, er ist aber sterblich und auch sichtbar.

Literatur:

Lecouteux, Claude: The Tradition of Household Spirits. Ancestral Lore and Practices. Rochester (2000); Lecouteux, Claude: Vom Schrat zum Schrätel. In: Euphorion 79 (1985) 95–108; Lecouteux, Claude: Zwerg: Ein Sammelbegriff. In: ders.: Eine Welt im Abseits. Zur niederen Mythologie und Glaubenswelt des Mittelalters. Dettelbach (2000). S. 31–55; Lichtblau, Karin: Kobold. In: Mythen des Mittelalters. Hg. v. Ulrich Müller und Werner Wunderlich. St. Gallen (1999) S. 353–371; Lindig, Erika: Hausgeister. Die Vorstellungen übernatürlicher Schützer und Helfer in der deutschen Sagenüberlieferung. Frankfurt a. Main (1987) S. 39–212 und 320–377; Lindig, Erika: Kobold. In: Enzyklopädie des Märchens. Hg. v. Kurt Ranke. Bd. 8 (1996) Sp. 34–35; Lindig Erika: Hausgeister. In: Enzyklopädie des Märchens. Hg. v. Kurt Ranke. Bd. 6 (1990) Sp. 610–617; Mackensen, Lutz: Heinzelmännchen. In: Niederdeutsche Zeitschrift für Volkskunde 2 (1924) S. 158–173; Tuczay, Christa: Zwerge und Riesen: In: Mythen des Mittelalters. Hg. v. Ulrich Müller und Werner Wunderlich St. Gallen (1999) S. 635–645; Weiser-Aall,

Lily: Germanische Hausgeister und Kobolde. In: Niederdeutsche Zeitschrift für Volkskunde 4 (1926) S. 1–19;Weiser-Aall, Lily: Kobold. In: Handwörterbuch des deutschen Aberglaubens. Hg. v. Hanns Bächthold-Stäubli. Bd. 5 Berlin (1987) Sp. 29–47; Uther, Hans-Jörg: Zur Bedeutung und Funktion dienstbarer Geister in Märchen und Sage. In: Fabula 28 (1987) 227–244, bes. 236–240.

KLABAUTERMANN

Im gleichnamigen mittelhochdeutschen Heldenepos *Ortnit* begleitete der Zwerg Alberich seinen Sohn Ortnit bei seiner Fahrt übers Meer. Unsichtbar saß er im Mastkorb und wachte über das Schiff. Der als Klabautermann bekannte Schiffsgeist wurde allerdings erst Jahrhunderte später in Seemannssagen dokumentiert. Einen Hinweis auf einen hilfreichen Schiffsgeist lieferte auch der *Jüngere Titurel*, allerdings nennt ihn der Dichter *Bilwis*, wie den Hausgeist und Kobold. Beide Belege liefern eine Verbindung zu Schiffen. Der neuzeitliche Klabautermann soll sich durch Klopfen bemerkbar machen, was ihn wiederum dem *Bilwis* und dem Kobold annähert.

Die Etymologie des Wortes ist unklar, und die Forschung hat dem Begriff daher unterschiedliche Bedeutungen zugewiesen. Bezüge zum Kobold ergeben sich durch seine Verortung auf einem begrenzten Ort, dem Schiff, außerdem durch seine Erhaltung der inneren und äußeren Ordnung auf diesem, aber auch durch das Wort selbst. *Klâtermann* zu *klautern* in der Bedeutung »klettern« passt zur Tätigkeit des Klabautermanns, der meist an erhöhter Stelle seines Amtes waltet. Kluges *Etymologisches Wörterbuch* stellt Klabautermann zu Kalfater, für jemanden, der das Schiff ausbessert. Auch sind Verbindungslinien des Klabautermanns zum Poltergeist (aus dem lautmalenden Wort *klabastern* = poltern), ebenso vorhanden wie beim Kobold bzw. Schrätel.

Erst im 19. Jahrhundert finden sich vor allem in Reisebüchern und Schriften Belege für den Schiffsgeist, so z. B. in Richters *Reisen zu Wasser und zu Lande* von 1821, wo von Kobolden oder Kalfatermännchen die Rede ist, die sich auf Schiffen aufhalten und unterschiedlich charakterisiert werden. Dennoch kann man zusammenfassend sagen, dass sich der Klabautermann auf einem bestimmten Schiff aufhält, sich dort auch nützlich macht, die Schiffsplanken kalfatert und auch Schiffskatastrophen ankündigt, indem er das Schiff verlässt. Seine Kleidung entspricht der eines Seemannes, er ist aber wie der Kobold meist unsichtbar, warnt und straft wie dieser, spielt aber auch Streiche. Er meldet Schiffbrüchige, hilft in Gefahrensituationen, wie in Stürmen etc. Seine Befehle sind allerdings zu befolgen, geschieht das nicht, kann es dazu kommen, dass er das Schiff verlässt. Ebenso wie bei den Kobolden stellt der Klabautermann eine moralische Instanz dar, er duldet weder unflätige Redeweise, Trunksucht, noch Verbrechen auf dem Schiff.

Klabautermannberichte stammen in der Mehrzahl von Seeleuten, es handelt sich dabei meist um kurze Memorate, also Erinnerungen der Seeleute, die dann als Sagen weitergegeben werden. Es gibt aber auch Erzählungen, die Befindlichkeiten und soziales Umfeld der Klabautermännchen erhellen. So schienen sich mehrere Klabauter um bestimmte, von ihnen favorisierte Schiffe zu streiten und der Kapitän wählte dann den Klabautermann, der schon mit dem Bauholz ins Schiff gekommen war, also jenen mit dem ursprünglichsten Bezug zum Schiff. Auch dürfte dieses Motiv vom Geisterstreit regional unterschiedlich gewichtet sein: Während in den deutschen Sagen es Geister verschiedener Schiffe sind, die sich streiten, kämpfen sie bei den schwedischen Seeleuten um dasselbe Schiff.

Analogien, wenn auch sehr lose, gibt es zu den Schifferheiligen. Der mittelalterliche Schutzpatron der Schiffe, der bereits im 6. Jahrhundert bekannt und verehrt war, der hl. Phokas, weist bemerkenswerte Parallelen zum Klabautermann auf. Laut einer griechischen Homilie genoss er große Verehrung bei Seeleuten, da er auf den Schiffen gesehen wurde, wenn ein Sturm aufzog, oder sogar Matrosen weckte, die eingeschlafen waren, Taue spannte und auch nach Untiefen Ausschau hielt. Die Seeleute sprachen dann davon, Phokas zu Gast zu haben. Einiges spricht für eine *interpretatio christiana* eines heidnischen Schutzgeistes. Phokas hat also möglicherweise die Dioskuren, die traditionellen Beschützer der Seeleute, abgelöst. Auch zu erwähnen ist der hl. Nikolaus, Bischof von Myra, einer der bedeutendsten christlichen Heiligen, der der Legende nach Schiffer aus Stürmen gerettet hat und auch von diesen angerufen wurde. Zahlreiche Nikolauskirchen und -kapellen in Küstenstädten bezeugen diese Wertschätzung.

Die skizzierten Gemeinsamkeiten heidnischer und christlicher Schutzgötter und Schutzheiliger mit der modernen Schutzgeistfigur des Klabautermanns sind evident, Unterschiede bestehen dennoch, denn der Klabautermann wohnt auf dem Schiff, während, abgesehen vom hl. Phokas, Schutzgötter und Schutzheilige von außen bzw. »oben« eingreifen. Somit kann man den Klabautermann am ehesten als Koboldgestalt des 19. Jahrhunderts einordnen, dennoch bleibt die Annahme bestehen, dass auch ein auf dem Schiff ansässiger Kobold zwar nicht belegt, aber als wahrscheinlich anzunehmen ist. Ob er tatsächlich, wie Buss in seiner Untersuchung *The Klabautermann of the Northern Seas* moniert, indogermanischen Ursprungs ist, erscheint etwas zu weit hergeholt zu sein, dennoch sprechen die antiken Quellen für eine frühe Entstehung der Vorstellung eines Schiffsschutzgeistes.

Literatur:

Buss, Reinhard J.: The Klabautermann oft he Northern Seas. Berkely (1973); Christian, August: Von Kobolden, Schiffs- und Hausgeistern. In: Frahm, Ludwig (Hrsg.): Norddeutsche Sagen von Schleswig-Holstein bis zum Harz. Altona und Leipzig (1890) S. 221–230; Lichtblau, Karin: Klabautermann. In: Mythen des Mittelalters. Hg. v. Ulrich Müller und Werner Wunderlich St. Gallen (1999) S. 343–352; Gerndt, Helge: Klabautermann. In: Enzyklopädie des Märchens. Hg. v. Kurt Rahnke u. a. Bd. 7. Berlin (1993) Sp. 1398–1400; Gerndt, Helge: Zur Interethnik im Spiegel von Sagen. Beispiel »Klabautermann«. In: Jahrbuch für Volkskunde und Kulturgeschichte 32/N. F. 17 (1989) S. 21–27; Kluge, Friedrich: Seemannssprache. Wortgeschichtliches Handbuch deutscher Schifferausdrücke älterer und jüngerer Zeit. Halle (1911); Weiser-Aall, Lily: Klabautermann. In: Handwörterbuch des deutschen Aberglaubens. Hg. v. Hanns Bächthold-Stäubli. Bd. 4, Berlin (1987), Sp. 1437–1439.

GELDMÄNNLEIN, FEURIGER DRACHE, HAUSSCHLANGE UND ALRAUN

Sowohl das Geldmännlein als auch die Hausschlange besitzen Eigenschaften, die sie zu den menschen- und tiergestaltigen Hausgeistern stellen, die ihre Besitzer mit Geld versorgen. Teils schaffen sie es von außerhalb herbei, teils vermehren sie bereits im Haus vorhandenes Geld oder erzeugen es selbst. Mit Kobold und feurigem Drachen weisen sie einige Gemeinsamkeiten auf, vor allem in ihrer Tätigkeit, von anderen Orten Güter herbeizuschaffen. Aber auch ihre äußere Erscheinung nähert sie dem Kobold an.

Nachgewiesen sind sie mit dem Namen *geldtmännlein* seit 1657, als man einen Caspar Michel Fuchs aus Sulzfeld bei Meiningen beschuldigte, einen solchen Geld beschaffenden Geist zu besitzen. Dass man Geld erbrüten kann, ist in die Vorstellung eingeflossen, da man sich die Geldmännlein als brütende Hausgeister vorgestellt hat, und sie ist auch im Märchen von der goldenen Gans präsent. Das sächsische Heckmännchen erwähnte schon Luther in seinen *Tischreden:* Er berichtete von einer alten Frau, die man verdächtigte, einen Heckgroschen zu besitzen. Das war ein Geldstück, das zur Vermehrung diente, weil es andere anzog. Die Frau machte sich verdächtig, als sie ihrer Magd befahl, Milch von der ersten Kuh, die sie sah, zu kochen, mit klein geschnittenem Weißbrot in eine Schüssel zu gießen und in einen bestimmten Kasten zu stellen. Die Magd hielt sich aber nicht an die Anweisung, denn als sie den Topf in den Kasten stellte, sah sie ein schwarzes Kalb mit aufgerissenem Maul. Darüber erschrak sie so sehr, dass sie die Milch in das Maul des Tieres goss, das davonrannte, aber vorher das Haus in Brand steckte.

Die äußere Gestalt der Geldmännlein wurde oft als klein, aber menschenähnlich beschrieben, doch kommen auch Tiergestalten wie Kröten oder Frösche, auch Vögel wie Adler oder Eulen vor. In Bayern gab es den Volksglauben, aus einem Margaretenschöcklein (= Eberwurz) einen Geldscheißer in Gestalt eines schwarzen Wurms gewinnen zu können. Auch Käfer als Geldbringer sind belegt. Das Geldmännlein befand sich im

Haus des Besitzers an einem bestimmten Ort, je nachdem in welcher Gestalt es auftrat, in einem Kästchen oder einer Schachtel oder einem Topf. Seine Aufgabe war es, Geld zu beschaffen bzw. das vorhandene zu vermehren. Da lag die Analogie mit dem Eierlegen nahe. Dazu unterlegte man dem Geldmännlein ein Geldstück und dieses vermehrte sich über Nacht. Am Morgen nahm man das so vermehrte Geld, aber man durfte nicht alles wegnehmen. Als Gegenleistung erhielt das Geldmännlein Speisen, meist Milch mit Weißbrot aber auch Getreidebrei. Auch diese Wesen wurden als teuflisch-dämonisch eingestuft, der Teufel wolle die gierigen Menschen in die Hölle bringen. Auch eine Verbindung mit den *Spiritus familiaris* der Hexen ist zu bemerken. Da die höllische Herkunft des Geldmännleins auch ihren Besitzern bekannt war, versuchte man es nach einer gewissen Zeit loszuwerden, es zu verschenken ging meist nicht, aber mit Sakramenten, Weihwasser und mit allen Handlungen, die sich gegen teuflische Geister richten, hatte man Erfolg.

Hausschlangen als Schützerinnen des Hauses mit dazugehöriger Symbolik dienten schon in der Antike als Symbol für Hausgötter und genossen nahezu in den gesamten europäischen Regionen Verehrung, da sie dem Haus Glück und Wohlstand bringen sollten. Die Schlangen erhielten Speiseopfer. Nur spärliche Verweise auf den heidnischen Schlangenkult sind im späteren Volksglauben fassbar, meist ist die Rede von Speiseopfern an Ringelnattern, Hausottern, aber auch Unken.

Beim sogenannten Feurigen Drachen bzw. Drak, Drakel, Stöke, Gluswanz handelt es sich um eine Koboluntergruppe, die aber über sehr ähnliche Charakteristiken wie der Kobold verfügt und daher mit diesem identisch sein kann. Waren in den früheren Belegen der Drache und Kobold unterschiedlich, so sind sie in den meisten Regionen wohl wegen ihrer Verwandtschaft ineinander übergegangen, in Franken sind sie klar voneinander unterschieden, wie Lindig festgestellt hat. Das wesentliche Unterscheidungskriterium ist die Erscheinungsform des feurigen Drachen, sie ist die eines langen, feurigen Wiesbaums oder der Stange, die bei der Heuernte auf das Fuder gelegt wird, um das Heu zusammenzuhalten. Der feurige Drache trägt seinem Herrn Gaben zu, vor allem Geld und Nahrungsmittel, die er an anderer Stelle entwendet hat. Dabei fliegt er durch den Kamin ins Haus und lässt die Bewohner reich werden. Mit Bannformeln kann man den Geist zwingen, zumindest einen Teil seiner Schätze fallen zu lassen. Wahrscheinlich entstanden aus der Beobachtung meteorologischer Erscheinungen wie Sternschnuppen oder des Feuerscheins aus dem Schornstein wohlhabender Bauern, sagt man jemandem, der in kurzer Zeit ein Vermögen angehäuft hat, nach, er besitze einen Drachen. Arbeiten, wie sie der Kobold verrichtet, leistet der Drache nicht. In manchen Eigenschaften ähnelt der Drache Alraun und Geldmännern. Während sich viele Kobolde selbst gegen die Zuweisung zum teuflischen Ursprung zur Wehr setzen und auch oft geistliche Lieder singen, gilt der Drache als teuflisches Wesen, das sogar durch einen Teufelspakt gewonnen werden kann und das man auch nicht so schnell loswird. Daher sind Drachenbesitzer oft im Verdacht, selbst mit dem Teufel im Bunde zu stehen. Die Quellen über die Aktivitäten des feurigen Hausdrachens sind erst ab 1500 fassbar, und es sind hauptsächlich Protokolle von Hexenprozessen bzw. auch Sensationsberichte und Chroniken über Brände, die der Drache ausgelöst haben soll. In einigen Hexenprozessen spielte der angebliche Besitz eines feurigen Drachens eine Rolle und wirkte als Beweis für teuflischen Umgang gemäß der protestantische Überzeugung, dass alle Geistwesen dämonischen Ursprungs sind. Auch der Drache bekam, ähnlich dem Kobold, Speisen serviert. Wenn diese nicht seinem Geschmack entsprachen, wurde er zornig und rächte sich. Seine Erscheinungsformen waren unterschiedlich, meist kam er in Gestalt einer Eidechse, eines Aals oder einer Schlange. Manchmal hatte er auch ganz eindeutig das Aussehen eines Teufels, auf einem Besen reitend, der Goldstücke in den Kamin derjenigen warf, die mit ihm einen Pakt geschlossen hatten. Praktischerweise änderte er sein Aussehen und seine Farbe je nachdem, was er gerade transportierte. Unterschiedlich gestaltete sich, wie man einen Drachen gewinnen konnte. In den meisten Fällen war es wohl tatsächlich ein Pakt mit dem Bösen, der mitunter sogar mit Blut geschlossen wurde. Manche Drachen entstanden aus einem Ei.

Der Drache hielt sich nicht direkt im Hause auf, sollte aber wegen seiner Tragetätigkeit hin und herfliegen können, daher

waren seine Behausungen meist der Kamin, bzw. das Dachfens-
ter. Der Drache brachte Geld, Getreide, aber auch Butter, Milch,
Käse, Fleisch, aber nicht immer verwertbare Dinge, zuweilen
auch Jauche und Ungeziefer. Als Lohn erhielt er Speisen, die er
aber erst aß, sobald die Hausbewohner schon schliefen. Wenn
sich die Gemeinschaft Mensch–Drache als zu schwierig erwies,
wollte man ihn loswerden, um nicht von ihm geschädigt zu
werden. Nicht immer half ein Umzug, da der Drache mitzog.
Den Ursprung des Drachen verortete man in der Hölle und hielt
an dieser Vorstellung auch sehr lange fest, obwohl die Proponenten der Aufklärung versuchten, diesen als Naturphänomen
zu erklären.

Ähnlich verhält es sich mit dem *Spiritus familiaris,* das der Re-
gimentsschreiber und Burgverwalter Hans Jacob Christoffel
von Grimmelshausen in seinem Hauptwerk *Der abentheuerliche
Simplicissimus Teutsch,* im Buch 7 (besser bekannt unter *Ausführ-
liche und wunderseltzame Lebensbeschreibung der Ertzbetrügerin und
Landstörtzerin Courasche*) erwähnt hat, eine Art Geldmännlein.
Der Geist bringt seinem Besitzer Reichtum, aber auch Macht
und Weisheit und erhält dafür die Seele des Menschen. Will
man den Geist loswerden, muss man ihn so lange jeweils immer
billiger verkaufen, bis der letzte Besitzer kein Geld mehr verlangen und der Teufel ihn holen kann.

Als Geldbeschaffer fungierte auch die Alraune, bzw. der Alraun. Die menschenähnliche Gestalt der Wurzel verlieh ihr einen menschlichen Namen. Die Wurzel verwendete man ab der
Antike als Aphrodisiakum im Liebeszauber und als Betäu-
bungsmittel, alle wichtigen Kräuterbücher des Mittelalters und
darüber hinaus enthalten einen Eintrag zu Wirkung und dazu-
gehörigem Aberglauben. Der Jesuit und Dämonologe Martin
Delrio (1551–1608) beschrieb nicht nur Rezepturen der Hexentränke, sondern auch, dass er in den Besitz eines Zauberbuches
gekommen sei, dabei lag ein Alraunmännlein in einem kleinen
Totensarg versteckt, das wohl zur Geldvermehrung gedacht
war. Bei der Alraune handelt es sich um das Nachtschattenge-
wächs Mandragora, das wegen seiner menschenähnlich ge-
formten Wurzel Anlass zu Spekulationen und Legenden gab.
Die Legende führte die Entstehung der Alraune auf den Samen

eines Gehenkten zurück, der auf die Erde fiel und diese Männlein wachsen ließ. Bei einer derartigen Entstehungsvorstellung lag es nahe, die Alraune zum Fruchtbarkeitszauber zu benutzen, sie sollte auch Reichtum und Glück gewinnen. Zahlreichen historischen Persönlichkeiten schrieb man Alraunenbesitz zu, Zauberern wie Johann Faust, aber auch Johanna von Orleans, Kaisern wie dem an Okkultismus interessierten Rudolf II. und vielen anderen. Die wesentliche Quelle für die abenteuerliche Gewinnung der Alraune war der jüdische Geschichtsschreiber Flavius Josephus (37–100 n. Chr.), der davor warnte, eine Alraune ungeschützt aus der Erde zu ziehen, da ihr Schrei tödlich sei. Daher opferte er einen schwarzen Hund, band eine Schnur an dessen Schwanz und lockte ihn mit einem Stück Brot. Er zog dann die Alraune heraus, starb aber von ihrem Geschrei. Zahlreiche Abbildung u. a. der Österreichischen Nationalbibliothek haben den Vorgang illustriert. Ähnlichkeiten mit dem von Grimmelshausen beschriebenen *Spiritus familiaris* sind insofern zu konstatieren, als der Besitzer eines Alrauns, wenn er ihn loswerden möchte, diesen für weniger Geld verkaufen muss, als er dafür bezahlt hat. Wer ihn nicht mehr weitergeben kann, verfällt dem Teufel.

Literatur:

Hävernick, Walter: Wunderwurzeln, Alraunen und Hausgeister im deutschen Volksglauben; in: Beiträge z. dt. Volks- und Altertumskunde 10 (1966) S. 17–34; Lindig, Erika: Hausgeister. Die Vorstellungen übernatürlicher Schützer und Helfer in der deutschen Sagenüberlieferung. Frankfurt a. Main (1987) S. 213–267 (1987) S. 268–287 und 288–317; Marzell, Heinrich: Zauberpflanzen und Hexentränke. Brauchtum und Aberglaube. Stuttgart 1963; Petzoldt, Leander: Kleines Lexikon der Dämonen und Elementargeister. München (2003) S. 19–22; Tschaikner, Manfred: Teufelsbanner, Weltspiegel und Geldmännlein: Weitere Fälle von Schatzgräberei im Montafon. In: Bludenzer Geschichtsblätter. 88 (2008) S. 32–44.

III. Wald-, Feld- und Wassergeister

Waldgeister oder Holzleute

Aus dem 6. Jahrhundert überlieferte Schriften geißelten den heidnischen Aberglauben der Baum- und Quellenverehrung, und noch im 13. Jahrhundert rügten Synoden deren Anbetung. Der Baum als Geistersitz spielte noch im Volksglauben des 19. Jahrhunderts eine Rolle. Die Holzleute, von mittelhochdeutsch *holz* mit der Bedeutung Wald, gehörten zu den Wald- und Wachstumsgeistern. Von ihrem als klein beschriebenen Äußeren her hatten sie Ähnlichkeit mit den Zwergen, lebten in Großfamilien und konnten auch Kinder bekommen. Meist traten die freundlichen Holzfräulein in Erscheinung, die auch in Bauernhäusern aushalfen. Sie waren sterblich und wurden daher oft, ähnlich den sogenannten Saligen, zu den armen Seelen gerechnet. Die Bauern betrachteten sie als wohlwollende Gestalten, Feinde der bösen Geister, die sie verfolgten und z. B. bei der Wilden Jagd mit Hunden hetzten. In den spätmittelalterlichen Bruchstücken vom bösen, wilden Jäger, dem Wunderer, jagte dieser ein schönes wildes Fräulein mit seinen Hunden, nur der Held Dietrich von Bern vermochte ihm Einhalt zu gebieten.

Nur wenige trugen überhaupt individuelle Namen, meist hatten sie allgemeine Gruppenbezeichnungen wie Holzweiblein, Waldweibchen und Buschweiblein. Wenig Aufschluss geben die Sagen über ihre äußere Erscheinung: Sie waren häufig klein, hatten die Größe eines drei- bis vierjährigen Kindes, sie waren oft schwarz gekleidet, barfuß, hatten schwarze Haare und Augen und trugen Kleider aus Moos. Aber sie wurden auch nackt oder in armseliger, zerlumpter Kleidung imaginiert.

Ihr Aufenthaltsort war der Wald, wo sie in hohlen Bäumen wohnten, kamen aber in die Häuser der Menschen, um dort auszuhelfen. Als freundliche und nützliche Mitbewohner waren sie bei den Menschen wohlgelitten, verrichteten Arbeiten in Haus und Stall und spannen nachts Flachs und Wolle. Sie besaßen besondere Kenntnisse, wie Heil- und Zukunftswissen, brachten Glück und Segen und bewahrten die Bewohner vor Unheil. Deshalb achtete man darauf, die Holzfräulein nicht zu beleidigen, und brachte ihnen Gaben, meist Speisen, dar. Ebenso wie den Hausgeistern durfte man ihnen aber keine neuen Kleider oder Schuhe schenken, denn dann verließen sie das Haus für immer. Fluchen und Laster waren ihnen ebenso zuwider wie den Kobolden; wie diese verhielten sie sich als moralische Instanz des Hauses und pochten auf Einhaltung dieser Regeln.

Literatur:

Bodner, Reinhard: Waldgeister. In: Reallexikon der Germanischen Altertumskunde. Bd. 33 Berlin (2006) S. 129–131; Lindig, Erika: Hausgeister. Die Vorstellungen übernatürlicher Schützer und Helfer in der deutschen Sagenüberlieferung. Frankfurt a. Main (1987) S. 376–405; Mannhardt, Wilhelm: Wald- und Feldkulte. 2 Teile. Berlin (1875/1877).

KORNGEISTER – BUTZEMÄNNER

Seit Wilhelm Mannhardt in seiner Studie *Wald- und Feldkulte* die Begriffe Korndämon bzw. Korngeist eingeführt hat, versteht man darunter eine Art Fruchtbarkeitsgeist im Getreidefeld, der sich aber auch in anderen Feldern aufhält. Die Wachstumsperioden des Getreides, das von Wind, Wetter und Niederschlägen abhängig ist, ergeben Überschneidungen mit anderen Gestalten der niederen Mythologie, wie Wind-, Wasser und Waldgeistern. Obwohl der Korngeist erst aus der Volksüberlieferung des 19. Jahrhunderts bekannt ist, steht zu vermuten, dass es solche Wesen bei den meisten Agrarkulturen gegeben hat. Mannhardts Untersuchungen zum Korngeist unter den Gesichtspunkten Windgeist und Kinderschreck etc. von 1864/65 wurden von Richard Beitl in seiner Habilitationsschrift von 1933 fortgeführt und 2007 neu herausgegeben.

Der Korngeist in seiner Funktion im Erntebrauchtum und als Kinderschreck mit den Namensvarianten Kornmutter, Roggenmutter, Kornweib, Kornmuhme und Roggenmuhme war offenbar ein Fruchtbarkeitsgeist. Wenn die Ernte zu Ende ging, wurde die letzte Garbe, in der man den Korngeist gefangen glaubte, als Stellvertreterin des Korngeistes behandelt. Die letzte Garbe hieß daher auch Erntemutter oder Muttergarbe.

Im deutschen Ernteschlussbrauch standen sich weibliche und männliche Geister gegenüber, die Alte und der Alte, Kornweib und Kornmann. Wenn eine Binderin die letzte Garbe bekam, hatte sie den Alten, umgekehrt bekam der Schnitter die Alte. Die unterschiedlichen Namensformen in den Landschaften rühren einerseits von den Charakteristiken des Korngeistes her und auch von den Überschneidungen mit anderen Haus-, Wald- und Feldgeistern. Aussehen und Tun des weiblichen Korngeistes, die nicht zu selbständigen Namensformen geführt haben, beziehen sich ebenfalls auf die ihr zugesprochenen Funktionen bzw. Handlungen. Wenn die Kornmutter als Kinderschreck wahrgenommen werden sollte, stellte man sie sich mit sehr langen Armen vor, damit sie die Kinder zu sich heranziehen kann, oft mit eisernen Händen und mit Krallen an den Fingern. Auch beim unerwarteten Tod einer Person hieß es, die Kornmutter habe sie mit ihren Krallen berührt. Eine regionale Variante der Kornmutter, das Tittenwief mit den eisernen Brustwarzen, attackierte die Kinder mit eisernen Zangen. Der männliche Korngeist galt als Verursacher der Winde im Korn, er wurde z. B. in der Thüringer Sage vom Kornengel abgelöst, der das Korn segnet.

Bewegungen des Korns schrieb man regional unterschiedlich einem Eber, Wolf, auch Schafen zu, wie in Litauen, wo man sie als Gottes Schafe, die durchs Korn laufen, verstanden hat. Der Korndämon als Kornmann, der den Kindern den Kopf abschlägt und sie erwürgt, gehört zum immer noch redensartlich bekannten Schwarzen Mann. Die zum Teil aus dem Volksglauben entlehnten Schreckgestalten wurden mit unterschiedlichen regionalen Namen wie Bockkehrtl, Butz, Popel, Butzemann, der im Korn sitzt und die Kinder in einen großen Sack steckt, belegt. Unter den männlichen Gestalten im Korn hatte der Kornjude eine besondere Stellung inne, vor allem in Schlesien, Ostpreußen und Litauen. Der Zusammenhang mit historischen jüdischen

Ansiedlungen liegt nahe, da man diese Kinderschreckgestalt mit der Ritualmordlegende kombinierte.

Die wesentlich verbreitetere Vorstellung von der Kornmutter oder Roggenmuhme ist die einer alten Frau, die im Korn sitzt, die Kinder fängt, entführt, verschleppt und verkauft. Sie hatte manchmal einen großen Stock oder einen Sack, wie der Kornmann. Auch bei ihr ging die Vorstellungsentwicklung in Richtung der mordenden, hexenähnlichen Gestalt, die die Kinder zuerst schlachtet und dann verzehrt. Wie der Blutjude saugt sie den Kindern das Blut aus, erwürgt sie wie es die Schreckgestalt des Zigeuners tut, oder lässt sie verhungern. Die Sondergestalt des Zitzenweibes oder Tittenwiefs mit langen schwarzen oder auch eisernen Brüsten ist die verbreiteteste. In der Sage kannte man sie als Frau Anna Marlittchen mit ihren eisernen Tittchen. Das Kornweib und Robbeweib drückte die Kinder an ihre Brüste, bis sie tot waren, oder sie ließ sie daran saugen. In Ostpreußen war Blut in ihren schwarzen Brüsten, und die Kinder, die daran saugten, mussten sterben. Auch konnte sie den Kindern die Augen mit Teer beschmieren oder gar auspusten. Sie schreckte sie mit dem großen eisernen Fass, in dem sie sie zerstampfen wollte. Die Kinder raubende Kornmuhme wandelte sich in manchen Gegenden zum Kornengel, der ebenfalls die Kinder holt und diese straft.

Der weibliche Mittagsgeist teilt manche Züge mit der Kornmutter: Wer im Rheinland zur Mittagsstunde auf dem Feld war, den tötete die Kornmutter. Als Wolf, aber auch Bär, Luchs, Hund, Bock, Schwein und Kater konnte der Korngeist, je nach äußerer Charakteristik, den Kindern gefährlich werden oder sie sogar töten.

Eine Stellung zwischen Korndämon und Kinderscheuche nehmen der schon mehrfach erwähnte rätselhafte Bilwis und die Habergeiß ein. Der Bilwiz ist ein Naturdämon und wird 1220 zum ersten Mal in Wolframs von Eschenbach *Willehalm* als Geist erwähnt, der heimtückisch Pfeile abschießt, um Menschen krank zu machen. Lecouteux konstatiert bei dieser Figur der niederen Mythologie drei Phasen, die von einer wenig bekannten germanischen Mondgöttin Bil zu einem elbischen Wesen, das Mensch und Vieh mit seinen Pfeilen lähmen kann, zum anthropomorphisierten hexenhaften Unhold führt. Vom 16. Jahrhundert an betrachtete man ihn als Korndämon. Thomas Ebendorfer von Haselbach, Professor an der Theologischen Fakultät der Universität Wien, erwähnte den *bilwiz* als *genius loci*. Wie dem Kobold brachte man ihm zu festgelegten Zeiten ein Opfer dar, damit er den Hof schütze und gedeihen lasse. In den älteren spätmittelalterlichen Quellen, vor allem im bayerisch-österreichischen Raum wird der Bilwis als böser Dämon geschildert, der bei Mensch und Vieh Krankheiten verursacht. Als später Reflex ist die seit dem frühen 18. Jahrhundert im bayerisch-böhmischen Raum belegte Sagenüberlieferung von den Bilwisschnittern wahrzunehmen: *Diese sollen Lute seyn, die mit dem teufel im bunde stehn, am Johannis- und Marientage früh vor Sonnenaufgang, mit einer kurzen sichel unten am beine, durch das getraide gehen, es damit abzuschneiden, und sie hätten dann mit Hülfe des Teufels den zehnten theil von dem Getraide zu erwarten, wo sie durchgegangen wären.*

Überschneidungen zwischen Korngeistern und Hausgeistern beziehen sich meist auf deren Kinderschreckfunktion, denn beide Geistergestalten werden von Kindern als Wesen, die in finsteren Ecken wohnen, verortet. Bei den echten Korndämonen gibt es keine Belege dafür, dass sie außerhalb des Korns erscheinen. Die Entwicklung vom Korndämon zum Kinderschreck betrifft vor allem die weiblichen Gestalten und weniger männliche und tiergestaltige Wesen.

Literatur:

Beitl, Richard: Untersuchungen zur Mythologie des Kindes. Hg. v. Bernd Rieken und Michael Simon. Münster (2007); Beitl, Richard: Korndämonen. In: Handwörterbuch des deutschen Aberglaubens. Hg. v. Hanns Bächthold-Stäubli. Bd. 5 Berlin (1987) Sp. 249–314; Lecouteux, Claude: Der Bilwis. In: ders.: Eine Welt im Abseits. Zur niederen Mythologie und Glaubenswelt des Mittelalters. Dettelbach (2000). S. 75–91; Mannhardt, Wilhelm: Wald- und Feldkulte. 2 Teile. Berlin (1875/1877).

Die Sirenen, wie sie Odysseus begegneten, waren nach griechischer Auffassung Sinnbilder für die Seelen Verstorbener oder auch geflügelte Begleiter ins Totenreich. Ob sie von göttlicher Herkunft waren, darüber sind sich die Quellen nicht einig. Die römische Mythologie sah sie mit den Musen in Verbindung. Bei Homer hatten sie noch keine definierte Gestalt, und Odysseus hörte ja auch nur ihre Stimmen. Außerdem besaßen sie die Gabe der Zukunftsschau. Spätere, aber noch antike Illustrationen zu den homerischen Gesängen interpretierten die Sirenen als geschlechtsneutrale Vogelwesen. Die Sirene der Antike gehörte zu den chthonischen Göttern. Ihr Name rührt von *sieros* oder *sirius* her, was »Hitze, die austrocknet« bedeutet, ein Hinweis auf eine unsichtbare Kraft. Bildlich wurde sie seit dem 5. Jahrhundert vor Christus auf Urnen und Kleinplastiken dargestellt. In der Ikonographie der Spätantike verschmolzen die Sirenen mit den Wassergeistern. Die männlichen und weiblichen Tritonen, mit Schlangenschwanz ausgestattete Wesen, sind ab dem 6. Jahrhundert fassbar. Eine weit größere Bedeutung im griechischen Pantheon hatten die aus der Verbindung des Nereus und der Doris stammenden Nereiden und Nymphen, die nicht als Mischwesen, sondern als weibliche Geschöpfe auf Zentauren die Ozeane durchquerten. Diese gehörten rangmäßig den niederen Göttern an, wurden aber ebenso kultisch verehrt und mit Opfergaben bedacht. Ein Aspekt der Nymphen kommt bis in die heutige Zeit zum Tragen: die Verführung durch das schillernde weibliche Wesen.

In der Zeit des Hellenismus erfuhren die Wasserwesen eine Umdeutung, ihre Verführungskraft stempelte sie zu Hetären, die Naive und Unvorsichtige umgarnten. Die Kirchenväter spielten immer wieder auf das weiblich Lockende der Sirenen an. Ursprünglich unsichtbar, ohne konturiertes Äußeres, wandelten sie sich so zu dämonischen Verführerinnen. Der Presbyter Hippolyt von Rom (170–235) verglich in seinen 220 datierenden Traktaten den Gesang der Sirenen mit den Lehren der Ketzer und riet dazu, es ebenso zu halten wie die Gefährten des Odysseus und sich die Ohren zu verstopfen.

In der Bibel berichtete der Prophet Jesaia vom Niedergang Babels und den dort umlaufenden Wüstentieren in den Ruinen. Die griechischen Übersetzer fassten diese unter dem Begriff Sirene zusammen. Die auf der griechischen *Septuaginta* fußende lateinische *Vulgata* übernahm die Bezeichnung. Eine andere Quelle für die Wassergeister war das naturgeschichtlich-moralische Traktat, der *Physiologus,* eine Art Tierkatalog mit entsprechenden Beschreibungen. Die allegorische Auslegung orientierte sich an der Bibel. Die früheste illustrierte Handschrift des *Physiologus* aus dem 9. Jahrhundert verschaffte damit durch die Darstellung der Sirenen, die mit menschlichem Oberkörper und dem Unterkörper einer Gans beschrieben werden, zum Durchbruch. Die Sirenenikonographie im frühen Mittelalter schwankte also zwischen Vogel- und Fischleib, die Bedeutung der Sirene als Verführerin war aber eindeutig festgelegt.

Eine erste Beschreibung eines weiblichen Wassergeistes mit Fischschwanz findet sich im *Liber monstrorum* (um 800), einer Weiterführung der schon erwähnten frühchristlichen Naturlehre, dem *Physiologus.* Sagen von gefangenen Fischfrauen waren sicherlich im Umlauf, zudem enthielten die Klosterbibliotheken die *Naturgeschichte* des Plinius sowie entsprechende einschlägige Werke des Solinus oder auch Vergil, die von den wunderbaren Völkern berichtet hatten. Vergil erwähnte Tritonen und Meeresungeheuer. Im Stuttgarter Psalter von 830 wurden Wasserfrauen und Wassermänner porträtiert, die oft als Personifikationen des Meeres zu verstehen sind. Vor allem an Kirchenportalen findet sich die Wasserfrau ab dem 11. Jahrhundert sehr häufig und unterstreicht die Verknüpfung von Mensch und Natur. Sie wurde entweder doppelschwänzig oder, so wie wir sie heute kennen, einschwänzig dargestellt.

Die fromme, strenge Äbtissin Herrad von Landsberg (1125/1130–1195) thematisierte in ihrem *Hortus deliciarum* die Seefahrt des Odysseus und bettete die Verführung der Wassergeister ins richtige, christliche Handeln ein: Ein wahrhaft frommer Mensch kann durch seinen Glauben der Verlockung widerstehen und die Verführerinnen überwinden.

Wassergeister erschienen in der deutschen hagiographischen Darstellung ab dem 12. Jahrhundert: Einen in der Mosel hausenden Wassermann nannte man Neptun und hielt ihn für einen bösen Geist. Die Glossen übersetzten das Wort *crocodilus* durch ahd. *nihhus*, was darauf hinweist, dass man sich die Geister in Tiergestalt vorgestellt hat. Wie diese Wesen aussahen, die im *Beowulf* in der Nähe des Ungeheuers Grendel wohnten, bleibt aber unklar. Der spätere Volksglauben vom Nix oder der Nixe bezeugt jedenfalls eine halbmenschliche Gestalt. Im Meer lebten Meerfrauen bzw. Meerminnen, das waren nackte Frauen mit menschlichem Oberkörper und Fischschwanz. Das Fangen einer Meerfrau bedeutete ein schlechtes Omen und wies auf einen bevorstehenden Sturm hin. Wie die Holzweibchen besaß die Meerfrau die Gabe der Prophetie und war auch heilkundig. Ein Pendant nicht nur zur keltischen Fée, sondern auch zu den Wasserfrauen der deutschen Überlieferung, ist die slawische Vila. Ursprünglich war die Vila eine Antagonistin zur Hexe, hat aber im Zuge der Verfolgungen Hexenzüge angenommen.

In der altnordischen Literatur hatten die tiergestaltigen Meerwesen beiderlei Geschlechts, die *marmennil* und *margygr*, einen sehr wechselhaften Charakter und waren den Schiffsleuten nicht immer gut gesinnt. Der *Nicchus* kommt in Notkers Glossen Ende des 10. Jahrhunderts als *Nicchess*, als weibliche Gestalt, vor. Im Altenglischen wird ein Wesen namens *nicor* erwähnt, im skandinavischen Norden ist das *Nichus* bekannt. Das erste Mal erwähnt es das *Landnahmebuch*, es hatte die Gestalt eines Schimmels, der eines Tages vom Hjarðavatni kam, am Abend zum See ging und dort im Wasser verschwand. Das war nur eine der verschiedenen Formen, die das *Nykur* annehmen konnte. Ebenso wie der Klabautermann könnte der *Nicchus* auch mit dem heiligen Nikolaus zusammenhängen, der von Beginn an mit Gewässern verknüpft war. Der Kult um den heiligen Nikolaus hatte auch an manchen Orten die Wassergeister verdrängt. Ebenso wie der hl. Nikolaus mit dem Krampus erscheint, wird dieser unter unterschiedlichen Namen firmiert: Knecht Ruprecht, Nickel, Krampus, Leutfresser, was dem gefährlichen Charakter der Gewässer entspricht. Lecouteux hat überzeugend dargelegt, dass dieser teuflische Begleiter des Nikolaus als Rest des volkstümlichen Wasserdämons zu verstehen ist, der Heilige hat den

Wassergeist verdrängt, das Verhältnis des Heiligen zum Wasser blieb aber bestehen.

Nicchus war also ursprünglich eine Wassergottheit, daher *nichussa nympha*, das als Pferd, aber auch menschenähnlich auftrat. Die mittelalterliche didaktische Literatur verweist hier auf pferdartige Monstren, wie das Meerpferd, das halb Pferd, halb Fisch war. Die *nykur*, Wasserwesen in Pferdegestalt, kannte die altnordische Literatur, die schottischen Wasserpferde hießen *kelpi*, die irischen *pooka* und die isländischen *nennir*. Das Nilpferd könnte die Verschmelzung der Vorstellung des *Nichus* mit dem Krokodil angeregt haben.

Die Wassergeister waren selten als Hausgeister im Einsatz, aber in Franken, im Schwarzwald, in Böhmen und Schlesien hatten sie auch diese Funktion und waren dort als hilfsbereite Geister gern gesehen. Wassergeister bildeten Familienverbände. Die Sagensammlungen äußern sich nicht immer über das Erscheinungsbild, oft waren sie menschengestaltig und klein wie Kinder. Ihre Kleidung wird oft als weiß bzw. grün beschrieben, und sie selbst waren oft auch mit Kränzen geschmückt, mit schwarzen Augen und langen aufgelösten Haaren. Die Wassergeister arbeiteten zwar häufig in den Häusern der Menschen, lebten aber in ihrem Element, in Gewässern. In den Häusern hielten sie sich vielfach unter Treppen oder beim Ofen auf. Ebenso wie Kobolde und andere Hausgeister bekamen sie Speisen, bei Kleider- und Schuhgeschenken verließen sie aber als Ausgelohnte das Haus, oder aber sie wurden durch Beleidigungen der Bewohner vertrieben. In der mittelalterlichen deutschen Erzählliteratur spielten Wassergeister eine eher untergeordnete Rolle. Sie wurden als hässliche Frauen mit Schuppenhaut und tief liegenden Augen beschrieben, die aber gleichwohl Helden wie Wolfdietrich als Geliebten haben wollten. Dieser lehnte aber die Avancen der Wasserfrau ab, da er sie für einen Teufel hielt.

Einem gänzlich anderen Meerfrauentypus gehört die Nixe in der Kleinerzählung *Abor und das Meerweib* an. Der Held verliebt sich in eine Wasserfrau, die ihm jederzeit zur Seite steht und auch nützliche Geschenke wie Unverwundbarkeit etc. verleihen kann. Als der Gatte der Meerfrau zurückkommt, verlässt sie der

Ritter mit ihren Geschenken. Ganz selbstverständlich konsultiert Hagen im *Nibelungenlied* die Wasserjungfrauen, um seine Zukunft zu erfahren. Zwei sagen ihm die Unwahrheit, die dritte aber prophezeit den Burgundenuntergang. In Ulrichs von Etzenbach *Alexanderlied* kommen der große König und sein Heer zu einem See, in dem weißhäutige Seejungfrauen leben, die scharfe Zähne wie Hunde haben. Der König und sein Heer machen Jagd auf die Frauen mit ihren Booten, dabei kommen viele Griechen um, da sich die Frauen gegen eine Entführung zur Wehr setzen.

Die schlangen- oder fischschwänzige Melusinenfigur ist nicht nur eine der bekanntesten Wassergeistgestalten des Mittelalters. Melusine war Stammmutter des Hauses Lusignan, aus ihrer Verbindung mit dem Grafen Raymond entstammten drei Kinder. Jeden Samstag zog sie sich ins Bad zurück, dabei durfte sie aber niemand sehen. Als ihr Ehemann dieses Verbot übertrat und sie mit ihrem Fischschwanz sah, musste sie ihn gezwungenermaßen verlassen. Der literarische Prototyp der Verbindung Mensch (Wasser-)Fee ist möglicherweise provenzalischen Ursprungs, Gervasius von Tilbury hat sie in seinen *Otia imperialia* erwähnt. Die Folklore der Küstenländer kennt die Liebe zu Nixen und Meerjungfrauen, die in der literarischen Adaption auf Feen übertragen worden sind. Eine Wasserfee ist die Partnerin des *Peter von Staufenberg* in der gleichnamigen Erzählung des Egenolf von Staufenberg, die zudem das Motiv der Erlösung mit dem des Schlangenkusses verbindet. Dabei geht es um ein schöne übernatürlich Frau, deren Äußeres durch einen Fluch etc. in eine abstoßende Drachengestalt verwandelt wird.

Die Neuzeit veränderte die Gestalt der Melusine, die ursprünglich einen Schlangen-, nicht einen Fischschwanz trägt, zur dämonischen Verführerin, dem Dämon in Frauengestalt. Luther spielte in seinen *Tischreden* auf die Melusinengeschichte an und ordnete sie als Succubus ein. Der teufelsgläubige Luther zweifelte nicht daran, dass die Teufelsbuhlschaft bzw. der Dämonenverkehr nicht nur möglich, sondern gerade in diesem Fall gegeben war. Mahrtenwesen und Wiedergängerinnen, die mit ihren Männern geschlechtlich verkehrten, gehörten bei ihm ausnahmslos der Teufels- und Dämonenwelt an. Die dichterische Ausgestaltung verfuhr unterschiedlich mit Meerjungfrauen und Nixen: Einerseits wurde das Verlockende und fatal Verführerische betont, andererseits die Tragik des Naturwesens, das nur durch die Liebe eines Menschen einen Zugang zum Menschsein, einen menschlichen Körper und eine Seele erhält, etwa durch Hans Christian Andersen, der dies in seinem Märchen *Die kleine Seejungfrau* ergreifend dargestellt.

In der Bezeichnung Fee – von romanisch *fata* abgeleitet, englisch *fay*, mhd. *feie* – steckt ein starker Bezug zur Magie, zum (Ver-)Zaubern. Im anglo-keltischen Kulturkreis steht der Begriff Fee für Wesen der niederen Mythologie mit starkem Schicksalsbezug, dem *fatum*, damit auch zu den Verkörperungen des Schicksals, also den antiken Schicksalsgöttinnen. In den späteren Märchen agieren die Feen als Gabenbringer und Schicksalsfeen. Die Umdeutung der gabenspendenden Gestalt zum Schicksalsdämon ist vor allem im cisalpinen Gallien, dem heutigen Norditalien und kroatischen Istrien, bezeugt. Darunter werden Göttinnen, weise Frauen, salige Jungfrauen, aber auch die Bewohnerinnen der seligen Inseln subsumiert, neuere französische Sagen erzählen von den Weißen Frauen oder *Dames Blanches*. In Italien mit dem Sibyllenkult verschmolzen, bleibt die schicksalsbestimmende Macht der Feen auch in der *Interpretatio Christiana* der höfischen Erzählliteratur bestehen. Die mütterlichen Züge der Feengestalten verbinden diese mit dem Fruchtbarkeitskult der italischen Diana, haben aber auch zur Frau Holle und den Frühlings- und Erdgöttinnen Relationen. Die bekannte Funktion der Fee als Gabenspenderin mit dem Füllhorn besitzt schon die Dame Abonde, eine regionale Anführerin der Nachtfrauen, die z. B. der französische *Rosenroman* erwähnt, und sie bringt Glück ins Haus.

Ein weiteres Charakteristikum, das wir auch für die Hausgeister konstatiert haben, ist ihre Fähigkeit zur Weissagung. Die (geistes-)verwirrende Eigenschaft teilt die Fee mit der Göttin Diana und dem italischen Naturgott Faunus. In der literarischen Rezeption, der späteren Volkssage und dem Märchen, sind diese ursprünglich aus meteorologischen Erscheinungen abgeleiteten elbischen Wesen in feudal-hierarchischen Feengemeinschaften organisiert. Die Zauberkraft der Fee wechselt mit den Jahreszeiten und spielt daher auch in der Begegnung mit den Menschen eine besondere Rolle. Elfen – von germanisch Elben bzw. Alben abgeleitet – oder Feen entziehen sich meist dem menschlichen Auge, leben für dieses unsichtbar im Wald, auf dem Meeresgrund oder einer Insel und kommen dann des Nachts zum Baden oder Tanzen hervor. Ihren Herrscher, den Elfenkönig – in den skandinavischen Sprachen *Ellerkonig* – hat Goethe zum Vorbild für seinen Erlkönig genommen. Das Wort Elfe ist bis zum 13. Jahrhundert in den deutschen Texten nicht gebräuchlich, wohl aber das Wort *Alb* mit seinen Ableitungen, für Zwerge. Ihr Land liegt im Westen, im Land der ewigen Jugend, auf den Inseln der Seligen unter dem Meer usw. Bei vielen Feengestalten überwiegt die aquatische Symbolik, wenn auch seit dem frühen Mittelalter ein synkretistisches Vermischen antiker und nordeuropäischer Mythologie zu konstatieren ist. Die erotische Verbindung mit Elben oder Feen gerät meist problematisch. Die *Interpretatio Christiana* hat diese Verbindung mit den Menschen einerseits als dämonische Verlockung, andererseits, vor allem ab der frühen Neuzeit, als Erlösungssehnsucht armer verwünschter Seelen gedeutet. Die Verlockung dominiert meist in den Feengeschichten der Artusliteratur, das Motiv der gestörten Mahrtenehe (siehe dort) ist in der Volkstradition beheimatet. Die Erlösungssagen begreifen Feen oder Elfen als gefallene Engel oder als Seelen Verstorbener.

Gefahren bestehen aber nicht nur für männliche Erwachsene, sondern auch für Kinder. Dass Wassergeister, aber auch Waldfrauen ein Menschenkind stehlen und stattdessen einen hässlichen Balg zurücklassen, davon erzählt schon Luther. Er behauptet auch, dass es oft die verunstalteten Kinder aus der erzwungenen Verbindung mit Wassergeistern sind, die allerdings nicht über 19 Jahre alt werden (Tischreden 20. 4. 1539). Diese Kinder besitzen ein sehr unproportioniertes Äußeres und wachsen nicht, obwohl sie unverhältnismäßig viel essen, lernen auch nicht laufen und schreien ständig. Die Vorstellung vom Wechselbalg ist überall in Europa verbreitet. Verbunden mit dieser Anschauung ist die Annahme, dass die seelenlosen Wasserwesen hier über ihre Kinder versuchen, eine Seele zu erlangen. Die

Gefahr eines Austausches besteht in den ersten sechs Wochen nach der Geburt, daher kommen viele Abwehrmaßnamen und Amulette zum Einsatz, um zu verhindern, dass Wasserwesen oder Zwerge etc. das Kind gegen ein missgestaltetes Kind austauschen. Wenn der Austausch einmal erfolgt ist, stehen den Eltern zahlreiche Möglichkeiten offen, um sich vom Wechselbalg wieder zu befreien: Man muss das »falsche« Kind, das äußerlich kindlich erscheint, in Wirklichkeit aber ein sehr hohes Alter hat, z. B. zum Reden bringen oder ihm eine eigenartige Aufgabe stellen. Offenbar ist die Möglichkeit einer Kindervertauschung durch Geistwesen noch im 17. Jahrhundert als Glaubensgut lebendig, denn in einem Gotländer Mordprozess von 1690 (siehe Arens) kommt zutage, dass Eltern ihr kränkliches und oft schreiendes Kind in der Meinung ausgesetzt hätten, es sei ein Wechselbalg.

Literatur:

Arens, Ilmar/Klintberg, Bengt. Art. Wechselbalgsagen in einem gotländischen Gerichtsbuch von 1680. In: Rig 62(1979) S. 89–97; Benwell, Gwen und Arthur Waugh: Töchter des Meeres. Von Nixen, Nereiden, Sirenen und Tritonen. Hamburg (1962); Bodner, Reinhard: Wassergeister. In Waldgeister. In: Reallexikon der Germanischen Altertumskunde. Bd. 33. Berlin (2006) Sp. 291–293; Grunewald, Eckhard: »der túfel in der helle ist úwer schlaf geselle«. Heidnischer Elbenglaube und christliches Weltverständnis im ›Ritter von Staufenberg‹. In: Volksreligion im hohen und späten Mittelalter. Hg. v. Peter Dinzelbacher und Dieter R. Bauer. Paderborn (1990) S. 129–143; Johansons, Andrejs: Der Wassergeist und der Sumpfgeist. Untersuchungen volkstümlicher Glaubensvorstellungen bei den Völkern des ostbaltischen Raumes und bei den Ostslaven. Stockholm (1970); Lecouteux, Claude: »Nicchus – Nix«. In: Mythen des Mittelalters: Dämonen, Monster Fabelwesen. Hg. v. Werner Wunderlich und Ulrich Müller. St. Gallen (1999) S. 439–449; Lecouteux, Claude: Zur Entstehung der Melusinensage. In: Zeitschrift für deutsche Philologie 98 (1979) S. 73–84; Lecouteux, Claude: Das Motiv der gestörten Mahrtenehe als Widerspiegelung der menschlichen Psyche. In: Vom Menschenbild im Märchen. Hg. v. Jürgen Janning u. a. Kassel (1980) S. 59–71; Lecouteux, Claude: Nichus/Nix. In: Die Welt im Abseits. Dettelbach (2000) S. 91–103; Lindig, Erika: Hausgeister. Die

Vorstellungen übernatürlicher Schützer und Helfer in der deutschen Sagenüberlieferung. Frankfurt a. Main (1987) S. 407–419; Petzoldt, Leander: Kleines Lexikon der Dämonen und Elementargeister. München (2003) S. 175–178; Schmitz-Emans, Monika: Feen – Nixen – Elementargeister. In: Phantastik. Ein interdisziplinäres Handbuch. Hg. v. Hans Richard Brittnacher und Markus May. Stuttgart (2013) S. 355–362; Steinkämper, Claudia: Melusine – vom Schlangenweib zur »Beauté mit dem Fischschwanz«. Geschichte einer literarischen Aneignung. Göttingen (2007).

Berggeister – Rübezahl

Rätselhafte Geräusche im Berginnern, so die Ansicht der Volkskunde, waren die Ursache dafür, dass Bergleute sich den Berg von kleinen Berggeistern bevölkert vorstellten. Für Beobachter erschien es plausibel, dass zu den Zeiten, in welchen kein Bergmann anwesend war, aber dennoch Lichterscheinungen und Klopfgeräusche wahrzunehmen waren, ein geistähnliches Wesen im Berginneren am Werk war. Die Entwicklung dieser Vorstellung verlief sicherlich in allen Bergbaugebieten ähnlich, die Sagen von den Bergmännlein bildeten sich synchron mit der Geschichte des Bergbaus.

In dem ostdeutschen Mittelgebirgsland stellte man sich den Berggeist als menschliches oder zumindest menschenähnliches Wesen vor, mit Kleidern wie ein Bergmann, einziger Unterschied und auffälliges Charakteristikum des Bergmännleins waren seine roten Augen und seine besonders hell leuchtende Laterne. Es trug Handschuhe mit abstehenden spitzen Haken, im Erzgebirge Napoleonshut und einen langen weißen Bart. Außerdem besaß der Berggeist einen großen Kopf und breiten Oberkörper, hatte aber kurze Beine. Oft wurde er als Riese aufgefasst, jedenfalls furchterregend und auch vom Temperament her jähzornig. Er liebte es nicht, seinen Namen unter Tage zu hören, deshalb sollte man ihn nur mit »Er« ansprechen und nicht aufregen. Im Umgang war er sehr kompliziert, denn man musste immer damit rechnen, dass er sich über etwas erzürnte, dann erging es dem Bergmann schlecht. Ebenso wie die Hauskobolde achtete der Berggeist streng auf die Einhaltung der Ordnung im Bergwerk und bestrafte Eigenschaften wie Eigennutz, Trinken, Untreue, Faulheit und Fluchen besonders streng. Seinen Befehlen war unverzüglich Folge zu leisten, sonst konnte er auch seine grausame Seite zeigen, Bergleute verletzen oder gar töten. Wer mit ihm Verträge aushandelte, war darauf bedacht, diese unbedingt in allen Punkten einzuhalten, denn jedes Zuwiderhandeln ahndete der Berggeist schwer.

Johannes Tritheim (1462–1516) betrachtete in seiner Abhandlung über die Dämonen die unterirdischen Geister als fünftes Geschlecht, das in Höhlen und Winkeln der Berge wohnt. Tritheim schöpfte hier aber nicht aus dem Volksglauben seiner Zeit, sondern aus der antiken neuplatonistischen Tradition. Georg Agricola (1494–1555), der Begründer der Montanwissenschaft, geht in seinem Werk *Von den Lebewesen unter Tage* (1549) von der Existenz der Berggeister aus. Er beschreibt sie als kleine graue Männlein und nennt sie unterirdische Dämonen, *bergmenlein, kobel* oder *güttel*, aber auch *daemon metallicus*. Zwischen den Zwergen und dem Kobold angesiedelt, leisteten sie den Bergleuten oft Hilfe, trieben aber auch gern Schabernack. Wenn die Bergmännlein die Bergleute zu sehr quälten oder gar töteten, müsse man das Bergwerk schließen. Paracelsus hatte außerdem angemerkt, dass der Berggeist auch den Tod ankündige.

Nahe verwandt war der in den Bergbaugebieten des Harzes, Graubündens, Siebenbürgens und Sachsens beheimatete Bergmönch. Auch er war von riesenhafter Gestalt mit weißem Haar und bestrafte Laster, besonders Pfeifen und Fluchen, konnte aber auch ohne Grund Bergleute töten. Er trieb oft Schabernack, gab jedoch verirrten Bergleuten Öl für ihre Lampen, verlangte aber darüber Stillschweigen.

Ein besonderer Berggeist war der Rübezahl, der Berggeist des Riesengebirges. Diese schlesische Sagengestalt ist bereits in der 2. Hälfte des 16. Jahrhunderts bezeugt. Bei ihm wurden zu Anfang der Sagenbildung vor allem die bösartigen Eigenschaften betont. Vor 1600 warnte z. B. die Reiseschrift eines Venedigers vor den Berggeistern und insbesondere vor dem »Rieben-Zahl«. Später milderte Caspar Schwenckfeldt, der Stadtphysikus von Hirschberg, seine Charaktereigenschaft ab und rechnete Rübezahl eher zu den harmlosen Bergmännlein, die lediglich auf Spott empfindlich reagierten. Der Lokalsage nach sei Rübezahl von einem Mönch auf den Berg verbannt worden und könne daher auch in Mönchsgestalt, aber auch als Pferd oder Kröte erscheinen und sei als Hüter der Metalle und der Schätze der Schützer des Berges.

Bis Mitte des 17. Jahrhunderts sind immer wieder Belege für die Gestalt des Rübezahl mit sehr unterschiedlichen Aitiologien überliefert. So vermutete man in ihm einen zum Wiedergänger gewordenen Franzosen, den Ronsefall, dessen Charakter zwischen Großzügigkeit und Schabernack schwankte. Die erste Kompilation von Geschichten über ihn brachte Praetorius in seinem *Daemonologia Rubinzalii Silesii* 1662 heraus, aus dem alle Nachfolger schöpften. Praetorius gab an, dass er seine Schrift mit mündlichen Berichten angereichert, vieles auch von fahrenden Händlern übernommen und auch einige Berichte selbst erfunden habe. Danach geriet der große Berggeist in Vergessenheit und wurde erst durch Musäus' romantische Adaption international berühmt. Musäus zeichnete ihn in seinen *fünf Legenden vom Rübezahl* als milden Fürsten der Zwerge und Frauenverehrer, aber auch als Entführer. Er war es zudem, der den Namen Rübezahl mit dem tatsächlichen Vorgang des Rübenzählens und einer Liebesgeschichte verbunden hat. Rübezahl verliebte sich in die Königstochter Emma und entführte sie; als sie ohne Gesellschaft traurig war, schenkte er ihr Rüben, die sie in jede Gestalt verwandeln konnte. Doch die Rüben verwelkten und damit auch die Menschen. Emma versprach, ihn zu heiraten, wenn er die Anzahl der Rüben nennen könne. Da er immer eine andere Anzahl herausbekam, weil ständig Rüben verwelkten, kam er mit dem Zählen nicht zurande. Emma floh auf einem aus einer Rübe entstandenen Pferd und gab ihm den Spottnamen Rübezahl.

Der Stoff wurde vor allem im 19. Jahrhundert Vorlage für Oper, Drama, Epos, Roman, Ballade und Satire, durfte auch in keinem der beliebten Sagenbücher fehlen und avancierte zu einem festen Bestandteil der neu entstandenen Kinderliteratur in Märchenspiel und Puppentheatern. Die Illustrationen von Ludwig Richter machten den Berggeist berühmt, und er blieb bis heute eine regionale Identifikationsfigur. Im Zuge der Schamanismusforschung rechnete man ihn seit den 70er-Jahren des vorigen Jahrhunderts in das Umfeld der Heilergestalten und Wundermänner.

Literatur:

Haiding, Karl: Die Sagen von Bergwerksentstehung und Bergwerksuntergang, Kommentar zum Österreichischen Volkskunde-Atlas 5. Lieferung, 2. Teil. Wien (1978); Heilfurth, Gerhard: Der Vorstellungskreis vom ›Berggeist‹ bei Georg Agricola und seinen Zeitgenossen. Wien (1967); Musäus, Johann Karl August u. a.: Sagen vom Rübezahl. Prag (2011). Petzoldt, Leander: Kleines Lexikon der Dämonen und Elementargeister. München (2003) S. 37–38; Köhler-Zülch, Ines: Rübezahl. In: Enzyklopädie des Märchens Bd. 11 Berlin (2004) Sp. 870–879.

Frau Holle und Domina Percht

Die Gestalt der Frau Holle ist vor allem aus den Kinder- und Hausmärchen der Brüder Grimm (KHM Nr. 24) bekannt. Der Text beruht auf der Fassung von 1811, die Dorothea Wild ihrem damaligen Freund und späteren Mann Wilhelm Grimm erzählte. Die Bemerkungen zur Gestalt der Frau Holle, die sein Bruder Jacob Grimm in seiner *Deutschen Mythologie* machte, sind weniger vertraut. Zur Zeit der Brüder Grimm waren die Sagengestalten wie die Frau Percht und die Frau Holle, Frau Herke, Gode usw. überall im deutschsprachigen Raum geläufig. Dem Volksglauben nach erschienen die Frauengestalten in den zwölf Nächten vor und nach Silvester, manchmal auch an anderen Tagen, und überprüften, ob die Frauen in den Spinnstuben fleißig gewesen waren. War dies der Fall, so erhielt der Haushalt den Segen der Frauen, bei Faulheit folgte eine drastische Strafe: Frau Holle verwirrte den Spinnerinnen das Spinngut oder schlitzte diesen sogar den Bauch auf und füllte Stroh ein. Frau Holle kontrollierte auch das Wetter und betreute in ihrer unterirdischen Wohnung zu früh gestorbene, aber auch ungeborene Kinder. Wie viele der strafenden und segnenden übernatürlichen Gestalten versuchte man, sie mit einem Speiseopfer günstig zu stimmen.

Während Jacob Grimm Frau Holle als einkehrende germanische Göttermutter begriff und sie zu der Asin Frigg bzw. der Wanengöttin Freyja stellte, haben spätere Forscher wie Wilhelm Mannhardt in seinen *Germanischen Mythen* von 1858 Frau Holle eher mit der niederen Mythologie in Verbindung gebracht. Die Vorstellung einer Nachwirkung der germanischen Mythen in den Volksmärchen und der Sage, wie sie die Brüder Grimm und ihre Nachfolger postuliert haben, hat noch lange Zustimmung erfahren. So hat man die Holda und Percht mit der Todesgöttin Hekate identifiziert, aber auch mit Frau Venus in der Tannhäusersage. Jacob Grimm zeichnete in seiner *Deutschen Mythologie* von der Frau Holda das Bild einer freundlichen gnädigen Göttin, die regional mit unterschiedlichen Namen auftrat. Diese These fand im 19. Jahrhundert zahlreiche Anhänger wie Simrock und Wuttke, die eine ähnliche Richtung in Bezug auf Wald- und Baumgeister vertraten. Auch Gurjewitsch und Lecouteux übernahmen wesentliche Inhalte von Grimm. Aufgriffen hat diesen Ansatz auch die feministische Theorie des 20. Jahrhunderts, und öffentlich bekannt wurde sie durch die Musikwerke Richard Wagners, vor allem die Oper *Tannhäuser und der Sängerkrieg auf der Wartburg*.

Einwände erhob die heutige Forschung u. a. gegen Grimms Identifizierung der Holda mit der Verführerin im Venusberg. Als Seelenführerin der Verstorbenen zog man sie ebenfalls in Erwägung, so vor allem Waschnitius und Mogk. Waschnitius verstand Holle als Vegetationsdämon, die Percht als Todesdämon. Will-Erich Peuckert merkte an, dass Frau Holle erst im 16. Jahrhundert von der Schar der Holden zu ihrer Führerin aufgestiegen sei, dann verstieg man sich auch zur Ansicht, Frau Holle sei die Jungfrau Maria gewesen. Im 20. Jahrhundert wandte man sich wieder dem Ursprung der Gestalt zu, wie Josef Klapper und Friedrich von der Leyen, und näherte sie der universalen Gestalt der Großen Mutter an. Die neuere Forschung wie z. B. Marianne Rumpf erklärte die beiden ersten Thesen zur Frau Holle, also Grimm und Mannhardt, als unhaltbar, doch auch die neueren Theorien haben keine Erklärung parat.

Frau Holle

Erika Timm hat in ihrer Monographie zu Frau Holle versucht, durch akribische Quellenanalyse die Gestalt der Frau Holle zumindest nachzuzeichnen, und dabei angemerkt, dass die genannten Forscher nach Grimm die Quellen vielfach ignoriert und ihre Schlüsse im Wesentlichen aus Grimms Theorie gezogen haben. Timm hat elf Belege gefunden, die auf Frau Holde anspielen. Der umstrittenste Beleg stammte aus dem *Decretum* des Burchard von Worms, der den Sendbrief des Regino von Prüm an mehreren Stellen mit dem Wort *holdam* bzw. *unholdam*, ihrem Gegenteil, ergänzt hatte. Die zwischen 1012 und 1023 entstandene für Geistliche gedachte Schrift, das *Decretum*, forderte im 9. Buch dazu auf, Christinnen danach zu fragen, ob sie glaubten, dass Frauen mit der heidnischen Göttin Diana in bestimmten Nächten auf Tieren ritten und dabei viele Länder durchqueren. Diese Nachtfahrerinnen, sowohl verwandelte Dämonen als auch menschliche Frauen, interpretierte die Forschung als Prototypus des Hexenstereotyps. An anderer Stelle erwähnte er, dass diese dämonischen Frauen durch geschlossene Türen aus dem Haus gehen und in der Luft große Strecken zurücklegen, sich zum Himmel erheben konnten, wo sie sich mit anderen Kämpfe lieferten, ihnen Wunden beibrachten und von diesen empfingen. Sie töteten sogar getaufte Menschen, kochten deren Fleisch und verzehrten es und setzten anstelle ihres Herzens Stroh, Holz oder anderes ein. Dann belebten sie die Gegessenen wieder und gaben diesen eine Lebensfrist, danach mussten die Opfer sterben. Die merkwürdige Schar der nachtfahrenden Frauen offenbarte die Zukunft, weshalb auch, einem Bericht des 15. Jahrhunderts zufolge, Wahrsager mitgezogen sein sollen.

Wie verhält es sich nun mit den Einzelgestalten Frau Holde und Frau Percht zu dieser Nachtschar, denen sie vorstehen sollen? Einerseits ist bei Burchard von Worms von einer holden bzw. unholden Schar die Rede, diese sind nicht die Frau Holde. Die Frau Holde ist also kein Kollektivbegriff, sondern ein Einzeldämon und seit dem 11. Jahrhundert als solcher belegt.

Die volkstümliche Frau Holle, wie wir sie aus dem Märchen kennen, ist im 16. Jahrhundert schon mehrfach bezeugt. So übersetzte der Luther die alttestamentliche Prophetin Chuledda bzw. Chulda (2 Könige 22,14) mit Hulda. Praetorius' Charakterisierung im 17. Jahrhundert nahm bereits spätere Sagenmotive vorweg: So berichtete er von der Aufsicht über Spinnerinnen und entlohnte die fleißigen mit Spänen, die sich in Dukaten verwandeln. Holda, Perchta, Herodias, Diana und Habondia verstand er als Varianten derselben Göttin.

Der wahrscheinlich wesentlich ältere, schriftlich zuerst in England, dann in Frankreich belegte Brauch des Speiseopfers an die guten Leute, hat sich auf deutschem Boden mit der Gestalt der *Domina Percht*, für die man in der Epiphanie-Nacht Schüsseln mit Milch hinstellte, verbunden. Diese Tradition lässt sich, ohne dass dabei allerdings die Percht namentlich erwähnt wurde, bis ins 6. Jahrhundert zurückverfolgen. Früheste schriftliche Zeugnisse datieren im 11./12. Jahrhundert. Die Gleichsetzung des Perchtentags mit Epiphanie erhärten Erwähnungen in einer Reihe weiterer Quellen, u. a. der *Reimchronik* des Ottokar von Steiermark. Die Domina Percht erschien im 13. Jahrhundert im Kontext des Traktats »Über die sieben Todsünden« aus Oberaltaich, wo sie als Luxuria geschildert und mit anderen allegorischen Figuren, wie der Frau Welt, identifiziert wurde. In dem 1393 verfassten Tiroler Gedicht »Von Berhten mit der langen Nase« trat diese als Kinderschreck auf. Auch Martin von Amberg erwähnte sie als *berihte mit der eyserein nasen* in seinem Ende des 14. Jahrhunderts entstandenen *Gewissensspiegel*, ebenso der Tiroler Vintler und der noch spätere Michael Behaim, der den Brauch des Speiseopfers ebenfalls angeführt hat. Vieles scheint dafür zu sprechen, dass der Name Bercht oder Percht aus dem Kalendernamen Perchttag abgeleitet und personifiziert wurde und das Speiseopfer auf ursprünglich römische Bräuche zurückgeht. Die divergierenden Funktionen in den Texten sind allerdings so nicht erklärbar, da die verschiedenen Schichten der Brauchtums- und Sagengestalt quellenspezifisch untersucht werden müssen. Für den süddeutschen Raum gilt, dass in der Spätzeit die (an ursprünglich benevolente Naturgeister wie Bilwis und Percht gerichteten) Speiseopfer, durchweg als Rückfall ins Heidentum dämonisiert wurden, ebenso wie die Gestalten selbst. In spätmittelalterlichen Pönitenzialien und Katechismen wurde der Glaube an die Percht immer wieder als Sünde gegen das erste Gebot gegeißelt, Kampagnen zur Ausrottung dieser Kulttradition in der frühen Neuzeit über Einblattdrucke und Bilderbögen angestrebt. Im Steiermärkischen war der Brauch um die Bercht laut Karl Haiding noch im letzten Jahrhundert vorhanden.

Die mit den antiken Strigen und Lamien verbundenen blut-saugenden Eigenschaften erfahren in Zusammenhang mit der Percht eine Radikalisierung: Diese reißt das Herz aus dem Leib und ersetzt es durch einen Strohwisch. Offenbar waren diese Un-holde aber nicht mit jenen identisch, denen man Speiseopfer dar-brachte, sonst müssten sie sich nicht selbst um die Beschaffung von Lebensmitteln kümmern und den Leuten Milch stehlen.

Holda und Bercht haben sich auch mit den ursprünglich da-von unabhängigen Traditionen des Wilden Heeres verbunden, von dem noch die Rede sein wird.

Wer sind diese Dämonen, die sich in die Träume der Men-schen schleichen? Die christliche Lehre im Anschluss an Au-gustinus lehnte die Totengeistervorstellung ab, bis zur Erfin-dung des Fegefeuers ca. im 11./12. Jahrhundert. Um diesen Punkt zu klären, müssen wir wieder zur Diana, Herodias und den Nachtfahrten der Frauen zurückkehren. Auch hier gibt es zahlreiche literarische und historische Belege nach Burchard von Worms, die auf die Nachtfrauen unter einer Führerin an-spielen. Damit kam auch die Wende für die vorher abgelehnten Totengeister, als arme Seelen durften diese mit Erlaubnis Gottes den Ort der Qual zeitweilig verlassen und den Lebenden in Träumen und Visionen, aber auch als Gespenst erscheinen. Die nächtliche Schar verstanden die Theologen aber nicht als Toten-geister oder arme Seelen, sondern als Dämonen, auch die soge-nannte Göttin wäre nichts anderes als eine Dämonin, die vorge-be, eine Gottheit zu sein.

Außerdem kreuzen sich die Traditionslinien der holden Schar mit ketzerischen Gruppierungen, wie mit den sich selbst als Bonhommes bezeichnenden Frauen und Männern. Inquisi-toren wie der berühmte Bernhard Gui berichteten über diese Frauen, die gute Wesen genannt werden und nachts umherge-hen. Diese versammelten sich unter der Leitung einer Anführe-rin, die regional unterschiedliche Namen trug, aber auch Diana genannt wurde. Sie firmierten auch als Fata oder Fee, eine Figur der Naturmythologie, Schicksalsfrauen, die ebenfalls in Bezie-hung zu den Toten stehen. Die charakteristische Ambivalenz der Naturgeister, wie sie im späteren Volksmärchen fassbar ist, kennzeichnet diese als gutwillige und böswillige.

Der Dichter Johannes von Salisbury (ca. 1115–1180) hatte in seinem *Policraticus* viele mündlich überlieferte Vorstellungen und abergläubische Meinungen wiedergegeben. In seinem Bericht über die Gerüchte, die sich um Herodias als Anführerin der Nachtfrauen ranken, nannte er sie »Herrin der Nacht«, die Ratsversammlungen einberief und abhielt. Zu dem Zweck feierte sie zusammen mit den Frauen ein Fest, bei dem die Bösen bestraft und die Guten gerühmt wurden. Kleine Kinder setzte man den Lamien vor, die sie fraßen, aber dann durch die Gnade der Dame Herodias wiederbelebt und in ihre Wiegen zurückgelegt wurden. Johannes von Salisburys verhängnisvolle Vermischung der kinderfressenden Lamie mit den Nachtfrauen übernahmen Wilhelm von Auvergne und Gervasius von Tilbury, die die Lamien mit den Hexen identifizierten, die in der Nacht in die Häuser eindringen und kleine Kinder verzehren.

Es waren hauptsächlich Kleriker, die die Geschichten um die Nachtfahrten der Frauen verbreiteten, und das um 1142 datierende *Decretum Gratiani* verschaffte der Geschichte den großen Bekanntheitsgrad. Aufs Korn nahmen die Geistlichen insbesondere die Dummheit der jungen und vor allem alten Frauen, die solche Unmöglichkeiten für bare Münze nahmen.

Der *Hexenhammer* des Institoris spielte auf das Reiten mit Diana und Herodias an und meinte dazu, dass es eine Ausfahrt mit dem Teufel sei, der diese Gestalt und diesen Namen annehme, um die Frauen zu täuschen, deren Geist zu verwirren und diese glauben zu machen, dass sie körperlich ausfahren. Renward Cysat (1545–1614), der Luzerner Stadtschreiber, verband Nachtfrauen mit dem aus gänzlich anderen Traditionen zugehörigen Wilden Heer, das aus Seelen von Verstorbenen besteht, die eines gewaltsamen oder vorzeitigen Todes gestorben waren und daher auf der Erde bis zu dem Tag, der ihnen als Todestag vorbestimmt war, herumwandern. Diese Seelen waren wohlwollend und kamen nachts in die Häuser ihnen wohlgesonnener Menschen, räumten die Küche auf und nahmen sich dafür von den abgestellten Speisen, die sich aber nicht verringerten. Einige glaubten indes, dass es sich um lebende Menschen gehandelt habe.

Man kann am Beispiel der Frau Holle und Domina Percht gut erkennen, wie sich ab einer bestimmten Zeit die unterschiedlichen Volkstraditionen durch die umfassenden Berichte der Kleriker nicht nur mit diesen, sondern untereinander vermischen und teilweise sogar verschmelzen.

Literatur:

Brednich, Rolf Wilhelm: Schicksalsfrauen. In: Enzyklopädie des Märchens Bd. 11. Berlin (2004) Sp. 1395–1404; Kellner, Beate: Percht. In: Enzyklopädie des Märchens Bd. 10, Berlin (2002) Sp. 721–727; Grimm, Jakob: Deutsche Mythologie. 3 Bde. Wiesbaden (1968) Bd. I, S. 221–234; Kraus, Jörg: Metamorphosen des Chaos. Hexen, Masken und verkehrte Welt. Würzburg (1998); Kretzenbacher, Leopold: »Perchten« in der Hochdichtung. In: Zeitschrift für Volkskunde 54 (1958) S. 185–204; Lecouteux, Claude: Hagazussa – Striga – Hexe. In: Hessische Blätter für Volks- und Kulturforschung 18 (1985) S. 57–70; Motz, Lotte: The Winter Goddess: Percht, Holda, and Related Figures. In: Folklore 95 (1984) S. 151–166; Mannhardt, Wilhelm/ Hermann Patzig: Mythologische Forschungen. Hildesheim (1998); Mannhardt, Wilhelm: Wald- und Feldculte. 2 Bde. Darmstadt (1963); Naumann, Hans: Abundia. In: Handwörterbuch des deutschen Aberglaubens Bd. 1, Berlin (1984) Sp. 123–125; Naumann, Hans: Herodias. In: Handwörterbuch des deutschen Aberglaubens. Bd. 3. Berlin/Leipzig (1984) Sp. 1790–1791; Pabst, Walter: Venus und die missverstandene Dido. Hamburg (1955); Rumpf, Marianne: Perchta in der Sage und in mittelalterlichen Quellen. In: Probleme der Sagenforschung. Hg. v. Lutz Röhrich. Freiburg (1973) S. 112–138; Rumpf, Marianne: Spinnstubenfrauen, Kinderschreckgestalten und Frau Perchta. In: Fabula 17 (1976) S. 215–242; Rumpf, Marianne: Frau Holle. In: Enzyklopädie des Märchens. Bd. 5. Berlin/New York (1987) Sp. 159–168; Rumpf, Marianne: Luxuria, Frau Welt und Domina Perchta. In: Fabula 31 (1990) Sp. 97–120; Rumpf, Marianne: Perchten. Populäre Glaubensgestalten zwischen Mythos und Katechese. Würzburg (1991); Schild, Wolfgang: Holda zwischen und jenseits von Göttin und Hexengestalt. In: Zur Geschichte des Rechts. Festschrift für Gernot Kocher zum 65. Geburtstag. Graz (2006) S. 393–406; Timm, Erika: Frau Holle, Frau Percht und verwandte Gestalten. 160 Jahre nach Jacob Grimm aus germanistischer Sicht betrachtet. Stuttgart (2003); Tschacher, Werner: Der Flug durch die Luft zwischen Illusionstheorie und Realitätsbeweis. Studien zum sog. Kanon Episcopi und zum Hexenflug. In: Zeitschrift für Rechtsgeschichte – Kanon.

Abt. 85 (1999) S. 225–276; Waschnitius, Viktor: Perht, Holda und verwandte Gestalten. (= Sitzungsberichte der Kais. Akademie der Wissenschaften in Wien. Phil.-Hist. Klasse 174) Wien (1913); Wolfszettel, Friedrich: Fee, Feenland. In: Enzyklopädie des Märchens. Bd. 4. Berlin/New York (1984) Sp. 945–964.

IV. KRANKENGEISTER ODER KRANKHEITSDÄMONEN

BEGRIFFLICHKEITEN

Seuchen und schwere Krankheiten, deren Verursacher man weder kannte noch sich deren Entstehung erklären konnte, schrieb man wirkmächtigen Dämonen zu. Obwohl vielfach der Ausdruck Krankengeister Verwendung findet, scheint in diesem Zusammenhang die Bezeichnung Krankheitsdämonen stimmiger zu sein. Die Dämonen befallen Körper und Psyche, um sich als Parasiten einzunisten, und übernehmen die Kontrolle über den Wirt. In den unterschiedlichen Kulturkreisen gibt es eine Vielzahl der für Krankheiten zuständigen Dämonen, und diese korreliert mit den regional vorkommenden Gebrechen. Dämonen dachte man sich in Nahrungsmitteln, den Elementen Wasser, Feuer, Luft und Erde und koppelte den Umgang mit diesen entsprechend mit Tabus. Verschiedene neurologische Leiden wie Epilepsie, Migräne oder Geisteskrankheiten wurden kulturübergreifend als Dämonenwerk gedeutet.

Den babylonischen Quellen nach setzten sich die Dämonen an einem bestimmten Körperteil fest, wovor die Menschen sich mit entsprechenden Amuletten und Zaubersprüchen schützten. War der Dämon schon in den Körper eingedrungen, halfen Beschwörungen, um ihn aus dem befallenen Körperteil auszutreiben. Die zugrundeliegende Vorstellung einer Beziehung zwischen Dämonen und organischen Defekten ist sowohl in der jüdischen als auch christlichen Medizin evident. Psychische Erkrankungen und die damit einhergehenden Persönlichkeitsveränderungen wurden mit Besessenheit erklärt und im Alten Testament als Strafe für Tabuübertretungen angesehen.

Krankheitsdämonen und die dazugehörigen Abwehrhandlungen nehmen einen wichtigen Stellenwert in Zaubersprüchen, aber auch Segensformeln ein. In sprichwörtlichen Redensarten sind noch Reste dieser Zuschreibungen der Krankheiten vorhanden, die auf das schädigende Wirken von Krankheitsdämonen anspielen. Die mittelalterlichen Volksepidemien wie die Pest, aber auch die Cholera, erklärte man sich durch Dämonen, z. B. die Pestfrau oder das Pestmännlein, hervorgerufen. Nahezu alle Krankheiten schrieb man einem bestimmten Krankheitsdämon zu, den man exorzieren, verbannen oder verpflöcken konnte. Nach dem Übertragen der Krankheit auf einen Gegenstand wie ein Haarbüschel, Papier, Stoff etc. brachte man die Krankheit in ein Astloch oder einen Balken und schloss sie dort ein. Krankheitsdämonen wurden auch personifiziert empfunden, wie Pest, Fieber usw. Die Übertragung stellte man sich als Überspringen vor, wie beim Alpgeist oder Aufhockerdämon. Plötzliche Krankheiten deutete man als in den Menschen durch ein Krankheitsprojektil verursacht, wie z. B. beim bekannten Hexenschuss. Daher wurde der hl. Sebastian zum Patron der Pest, da man die Pfeile, die ihn töteten, als Pestpfeile ansah. Seit Wolfram von Eschenbach ist beispielsweise der *Bilwis* im deutschen Raum als schädigendes Wesen bezeugt, das Krankheitspfeile verschießt. Damit ist dieser Dämon den Elfen an die Seite zu stellen, von welchen es in altenglischen Texten heißt, sie machten die Menschen mit ihren Pfeilen krank. Berthold von Regensburg, der Minoritenprediger des 13. Jahrhunderts, nannte den *Bilwis* zusammen mit den *unholden, nahtrouwen* und dem *gespüc.*

Bei Krankheiten, deren Ursachen man nicht eruieren konnte, sah man in vielen Kulturkreisen böse Geister oder Dämonen als Urheber an. Schon Platon ließ sie durch den Neid der Verstorbenen entstehen, auch böswillige Menschen konnten mit ihrem Blick schaden. Das häufigste Krankheitssymptom, das Fieber, glaubte man durch Dämonen verursacht, die den Menschen anfallen, reiten und auch schütteln. Als Erreger wurden oft weibliche Wesen angenommen, die Fieberfrauen oder Fieberschwestern, eine besonders in Südeuropa häufige Vorstellung. Ihr Gegner war meist ein Heiliger, der sie durch Schläge und Schimpfworte bekämpfte. Die Anzahl der Erregerinnen schwankte, oft waren es 9 bzw. 12 Schwestern, die an Ketten gefesselt darauf warteten, auf die Menschen losgelassen zu werden.

Bei den Kinderkrankheiten sollen ebenfalls dämonische Geister ihren unheilvollen Einfluss entfaltet haben, wie der aufhockende Druckgeist, die Drud. Äußerlich stellte man sich die Dämonen in tierischer Gestalt vor, als Wurm konnten sie überall hineinkriechen. Maßnahmen, um Dämonen aus dem Körper zu vertreiben, gab es vielerlei, wie das erwähnte Einpfropfen, oder aber, indem man ein Ei auf den befallenen Teil des Körpers legte, um den Dämon damit anzulocken. Auch auf Tiere konnten die Krankheiten »umgeleitet« werden, eine noch heute in der afrikanischen und asiatischen Volksmedizin übliche Maßnahme. Giftige Nebel oder Dünste, die die Menschen umhüllen und krankmachen, verstand man bis ins 19. Jahrhundert als Krankheitsursachen.

Der bekannte Wurmsegen bzw. die Wurmbeschwörung des 10. Jahrhunderts richtete sich an den krank machenden Wurm, der durch die Beschwörung ausgetrieben werden sollte. Die als wandernd vorgestellte Gebärmutterkröte wurde ebenso beschworen wie die Pest und die Alpgeister (im *Münchner Nachtsegen*). Entsprechende Beschwörungstexte standen in den medizinischen Schriften vorbehaltlos neben den konventionellen Therapien für Ärzte. Die neuere Forschung hat diese Segens- und Beschwörungstexte als Vorform der modernen Psychotherapie gewertet.

Mit dem im 20. Jahrhundert neu geschaffenen Alien-Mythos und der entsprechenden filmischen Adaption (Alien, Regie: Ridley Scott 1979), kam ein neuer parasitärer Krankheitsverursacher hinzu, der analog zu den Krankheitsdämonen zu werten ist.

Literatur:

Böcher, Otto: Dämonenfurcht und Dämonenabwehr. Ein Beitrag zur Vorgeschichte der christlichen Taufe. Stuttgart (1970) S. 117–136 u. ö.; Ernst, Wolfgang: Beschwörungen und Segen. Angewandte Psychotherapie im Mittelalter., Köln/Wien/Weimar (2011); Grabner, Elfriede: Grundzüge einer ostalpinen Volksmedizin. Wien (1985); Röhrich, Lutz: Krankheitsdämonen. In: Der Schlern 24 (1950) S. 395–397; Schürmann, Thomas: Gestalten des nachholenden Toten in Mitteleuropa. In: Verflixt. Geister, Hexen und Dämonen. Hg. v. Jan Carstensen/Gefion Apel. Münster (2013) S. 135–145.

DER MITTAGSDÄMON: DAEMONIUM MERIDIANUM

Psalm 90 der *Septuaginta*, der ältesten Übersetzung der hebräischen Bibel, gab schon einen Hinweis auf den rätselhaften Geist, der in der lateinischen Bibelübersetzung *daemonium meridianum* genannt wurde. Die hebräische Bibelstelle interpretierte eine dämonische Gefahr, die den Menschen zu Mittag befällt. Die Übersetzer führten damit ihren Dämonenglauben ins Alte Testament ein. In den ersten nachchristlichen Jahrhunderten tauchte dieser Begriff eher selten auf, denn die heidnischen Schriftsteller hatten andere Bezeichnungen für das Wesen, das zu Mittag umgeht. Die früheste christliche Äußerung stammte vom Kirchenlehrer Origines und identifizierte den Mittagsdämon mit dem Geist der Akedia, die vor allem im monastischen Leben wichtig war. Dabei handelt es sich um eine der acht Hauptsünden, vor der sich jeder Mönch hüten muss. Akedia beginnt ihre Belästigung mit der vierten Stunde und endet mit der achten, d. h. sie kommt um die Mittagszeit. Für einen von Akedia befallenen Mönch scheint die Sonne stillzustehen, und der Tag und die Zeit vergehen nicht. Der Dämon vertreibt ihn aus seiner Behausung, er muss die Sonne anstarren, empfindet Hass auf sein ganzes Sein. Der Dämon gibt ihm das Verlangen ein, an andere Orte zu gehen, wo er glücklicher leben werde. Diese Ausführungen lassen den Schluss zu, dass es hier um eine depressive oder melancholische Anwandlung beim höchsten Sonnenstand ging. Dass dieser Dämon besonders reisende Eremiten und Anachoreten angefallen haben soll, war möglicherweise der Isoliertheit des Daseins, auch der einseitigen Ernährungsweise und der besonderen Ausgesetztheit an die Sonnenhitze, die dieses Leiden auslöst, geschuldet.

Die starke Erschöpfung darf allerdings nicht mit der normalen Ermüdung nach dem Mittagessen verwechselt werden, denn als ein weiteres Kennzeichen der *Akedia* wurde das starke Hungergefühl genannt. Eine andere Quelle brachte den Zustand der *Akedia* (und die Identifizierung mit dem Mittagsdämon) mit dem Auftreten erotischer Gedanken in Verbindung.

Augustinus deutete den *daemon meridianus* als Glaubensgefährdung, dachte aber nicht an erotische Träume, sondern an den Abfall vom Glauben. Belege für den Mittagsdämon und für das Vorhandensein volkstümlicher Vorstellungen eines besonderen, um die Mittagszeit wütenden Dämons waren zuerst in den Gebieten des spätantiken Galliens um die Loire fassbar. Der Dichter Lucan berichtete, dass bei Massilia, also dem heutigen Marseille, nicht einmal der Priester einen Hain betrat, weil er nicht vom *daemonium meridianum* angefallen werden wollte. In den Heiligenleben der Merowingerzeit erfahren wir, dass der Mittagsdämon eine Schockwirkung hatte und all jene, die ihn sahen, beeinträchtigte. Die Begegnung geschah zur Mittagszeit im Freien und führte zu Sinnesverwirrung, wie man sie vom Hitzschlag kannte. Wie das Äußere der Dämonengestalt beschaffen war, erfahren wir nicht. Nur dass es sich um eine Art Wirbelsturm handelte, der Menschen packte oder stieß. Verschiedenen Heiligen sprach man die Fähigkeit zu, den Mittagsdämon zu bannen. Gregor von Tours berichtete in seiner Schrift, dass ein Öl vom Grab des hl. Martin mit Erfolg gegen den Mittagsdämon zum Einsatz kam. Da dieser als Verursacher geistiger Verwirrtheit gegolten hat, lag es nahe, ihn mit Diana als Bewirkerin von eigenartigen Geistesverwirrungen zu assoziieren, da ähnliche Krankheiten ausgelöst wurden.

Die *Vita Sancti Eugendi Abbatis* erwähnte, dass im heutigen französischen Segny eine Frau von einem bösen Dämon befallen worden sei und dermaßen gerast habe, dass man sie mit Ketten binden musste. Alle Versuche, diesen Geist zu vertreiben, schlugen fehl. Wie auch andernorts angesprochen, gab der Dämon selbst einen Hinweis, wer ihn vertreiben könne, und zwar nannte er den hl. Eugendus. Dieser schrieb eine Aufforderung nieder, beschwor die Heilige Dreifaltigkeit und forderte den Dämon auf, die befallene Frau zu verlassen, und schloss dann mit einer christlichen Segensformel. Nach antiker Vorstellung bewirkte die Unterweltsgöttin Selene Tobsuchtsanfälle, die mit Frauen des Nachts umherschweifende Diana den Anfall des *dianaticus*. Alle drei Begriffe bezeichneten den Zustand geistiger Verwirrung, mit dem Unterschied, dass der *spiritus lunaticus* und der *spiritus dianaticus* die Menschen zur Nachtzeit plagte, während der *spiritus meridianus* zu Mittag umging.

Im gesamten Mittelalter berühmt wurde der Dämon der Mittagsstunde wegen der Verknüpfung mit der historischen Figur des Gerbert von Aurillac, dem späteren Papst Sylvester II. Diese Pakt-Legende schilderte die Begegnung des Gerbert mit der verführerischen Meridiana. Als Gerberts Liebe zur Tochter eines Reimser Bürgers unerwidert blieb, verfiel er in Apathie. Um die Mittagsstunde begegnete er im Wald der schönen Dame Meridiana, welche ihm große Reichtümer anbot, sollte er von der Bürgerstochter ablassen. Die vordem abweisende Bürgerstochter entbrannte plötzlich in Leidenschaft zu Gerbert und setzte so lange ihre Verführungskünste ein, bis er eines Tages nachgab. Gerbert bat Meridiana um Verzeihung, die sie ihm nur unter der Bedingung eines förmlichen Treueides gewährte. Mit ihrer Hilfe erlangte er auch die Papstwürde. Am Ende seines Lebens besuchte ihn Meridiana und teilte ihm mit, dass seine Lebenszeit nun zu Ende sei. Ihn packte die Reue, er bekannte öffentlich seine Verfehlungen, empfing demütig die schwere Buße und starb als guter Christ.

Nicht nur der *daemon meridianus*, sondern auch Sirenen, Empusen, Lamien, und Nereiden trieben zur Mittagszeit ihr Unwesen. Es hieß z. B., man solle der Nereiden wegen im Sommer zu Mittag nicht am Wasser oder im Schatten von Bäumen schlafen, weil man sonst leicht von ihnen ergriffen würde, d. h. einen Schlag bekäme, gelähmt würde, oder gar den Verstand verlöre. Die Goethesche Beschreibung des Fischers in seiner gleichnamigen Ballade charakterisiert die Gefahrensituation, in der die Menschen sich befinden. Wassernixen und Mittagsdämonen haben leichtes Spiel mit einem schläfrigen Mann, dessen Verstand durch die Mittagshitze getrübt ist. Die Berührung mit der anderen Welt beeinträchtigt folglich im harmlosen Fall die Wahrnehmung, im krassen »verrückt« sie Geist und Psyche in eine andere Welt, die den Sterblichen die eigene Welt auf immer verschließt. So hat die Wasserfrau beim Fischer leichtes Spiel: »Halb zog sie ihn/ halb sank er hin/ und ward nicht mehr gesehn.« Schon Psalm 91,6 warnt: »Daß du nicht erschrecken müssest vor Pestilenz, die im Finstern schleicht, vor der Seuche, die im Mittage verderbt.« Der Teufel, der ohnedies Züge des Pan übernommen hatte, wurde im Christentum zum Mittagsdämon. Vom Mittagsteufel leiteten bereits Kirchenschriftsteller des 6. Jahrhunderts eine Reihe von Krankheiten ab, die Pest z. B. nannte man *morbus meridianus.* Seinetwegen blieben die Kirchen zu Mittag geschlossen.

Literatur:

Augst, Rüdiger: Lebensverwirklichung und christlicher Glaube. Acedia – Religiöse Gleichgültigkeit als Problem der Spiritualität bei Evagrius Ponticus. Frankfurt a. Main (1990); Grau, Dietrich: Das Mittagsgespenst (daemonium meridianum): Untersuchungen über seine Herkunft, Verbreitung und seine Erforschung in der europäischen Volkskunde. Bonn (1966); Kuhn, Reinhard: The Demon of Noontide. Ennui in Western Literature. Princeton (1976).

Der drückende Alpgeist

Die geläufige Bedeutung von Alp als schlechter Traum, Alptraum, verdeckt die frühere sehr viel spezifischere Bedeutung und auch die historische Verwechslung mit dem als Hexenritt bekannten Phänomen. In erster Linie deutet der Alp oder Alptraum auf eine beklemmende Situation hin, in der der Schläfer ein riesiges Gewicht auf der Brust fühlt, das ihn einengt und ihm die Luft raubt. Die Ursache dieses Zustandes wurde einerseits medizinisch, andererseits dämonologisch erklärt, und zwar als ein böser Geist (altenglisch *maere*, althochdeutsch *mara*). Der bei den Griechen unter dem Namen *Ephialtes* und den Römern unter *Incubus* oder *Incubo Ephialtes* bekannte Dämon zeigte sich entweder in tierischer oder menschlicher oder auch tierisch-menschlicher Gestalt. Doch auch in der Antike gibt es Belege für den Alptraum in Verbindung mit bösartigen Menschen, z. B. Zauberinnen und Hexen. Ein dritter Traditionsstrang von einem gutartigen, wohlwollenden Alpdämon, der den Menschen nützlich ist, die Zukunft offenbart und Schätze zeigt, nähert den Alp dem Kobold an.

Dieser Incubus gehörte zu der Gruppe der Faune, *silvani* oder Pans, da er wie diese den Menschen Furcht und Schrecken einjagte. Schon infolge der Bedeutung seines Namens sowie der Träume von wollüstigem Charakter wurde die ihm nicht eigene

Lüsternheit auf den Incubus übertragen. Philostratos erwähnte in seinem *Leben des Apollonios von Tyana* (6,27) die Nachstellungen eines Satyrs, der es auf die Frauen eines Dorfes abgesehen und sogar zwei der Frauen ermordet haben soll. Apollonius verbannte den Satyr in die Grotte.

In der von Horaz mitgeteilten Alptraum-Geschichte in den *Epoden* (5, 91 ff.) drohte ein unglücklicher, von mehreren Hexen zur Gewinnung eines Liebeszaubers ermordeter Knabe kurz vor seinem Ende mit einem Fluch, er werde nach seinem Tode als Alpdämon wiederkehren und an den Hexen schreckliche Rache nehmen. In dem drastisch geschilderten Alptraum bei Apuleius' *Metamorphosen oder Der goldene Esel* (I, II) sind es zwei Hexen, die dem unglücklichen Aristomenes im Schlaf erscheinen und ihn peinigen. Aristomenes erzählt, dass er zusammen mit seinem Freund Sokrates schlafen gegangen sei. Dieser sei sogleich eingeschlafen, er habe noch die Tür verriegelt und sein Bett vor dieselbe gestellt. Als er eingeschlafen sei, sei die Tür plötzlich aufgesprungen und habe sein Bett umgeworfen, sodass er unter dem Bett zu liegen gekommen sei. Zwei Hexen seien eingetreten und hätten seinen schlafenden Freund mit einem Schwert durchbohrt, ihm das Blut abgezapft und die Wunde mit einem Schwamm verschlossen. Darauf hätten sich die beiden Hexen an ihn gemacht und hätten ihn mit ihrem Urin übergossen.

Gervasius von Tilbury (1150–1235) hatte 1218 in seinen *Otia Imperialia* drei Meinungen über die mit den *lamiae* und den *larvae* in Zusammenhang stehenden Vorstellungen: Erstens sollten es krankhafte Phantasien sein, die aus bösen Säften entstünden und die die daran Leidenden im Schlafe bedrückten, also das Alpdrücken. Zweitens waren es nach Augustinus' Meinung böse Geister. Drittens hielt sie der Volksglaube für gewöhnliche Menschen, die mit magischen Kräften begabt waren, Hexen und Hexenmeister.

In den indischen Veden kommen blutgierige Geister vor, die *Gandharven*, die die Frauen im Schlaf heimsuchen und mit ihnen verkehren. Ebenso die *Pisâchas*, die Frauen im Schlaf oder im Zustand der Trunkenheit und des Wahnsinns überfallen und ihre Gier nach Blut stillen. In Armenien saugt der Berggeist

Daschnavar dem Wanderer das Blut aus den Fußsohlen, bis er tot ist. Ebensolche Auftritte von Blutsaugern, also Personifikationen der tödlichen Ermüdung, kennen arabische Quellen, desgleichen gibt es ein gespenstisches Wiesel in Japan, das Läufer mit scharfen Krallen verwundet. Der Niðhoggr in der Völuspá handelt ebenso wie der blutdürstige Sohn des Herrschers der Unterwelt bei den Finnen, der mit seinen eisenbewehrten Krallen seinen Opfern den Tod bringt und sich selbst rotwangig erhält.

Dieser nächtliche Geist konnte durchs Schlüsselloch, ein Astloch oder eine andere kleine Öffnung in der Tür kommen und deshalb auch nicht entweichen, wenn man diese Öffnung unzugänglich gemacht hatte. Der Alp erschien in vielfältigen Gestalten: Als Maus, Fliege, Käfer, Katze, Kröte oder auch als Gegenstand, wie: Strohhalm, Wollknäuel, Feder, Apfel. In seiner menschlichen Gestalt fand man ihn meist erst am nächsten Morgen.

Aber der Alp drückte nicht nur, er saugte auch, besonders an Kindern, dass ihre Brüste schwollen und Milch gaben, aber auch an Männern und Frauen, besonders Wöchnerinnen. Im slawischen Volksglauben näherte er sich dem Vampir an, da er den Opfern das Blut aussaugte und sie dazu in Arme und Beine biss.

Dem Drückegeist sagte man regional unterschiedlich auch noch andere unangenehme Eigenschaften nach. Er drückte nicht nur, sondern saugte und ritt auch. Ebenso schießt der Alp Krankheitsprojektile und man lastet ihm die Verbreitung psychischer Störungen an. Er hockt sich auf Menschen und Tiere, besonders Pferde und Kühe, ritt Holzbalken, Bäume und Büsche, denn zwischen dem gedrückten Baum und dem Leben des Alps bestand ein Zusammenhang. Wurde der Baum gefällt, so musste der alpende Mensch sterben.

Finno-ugrische und Turkvölker stellten sich den Alp wie das berühmte Nachtmahr-Gemälde (1781 u. ö.) von Johann Heinrich Füssli vor: Der finnische *busturgan* war ein übernatürliches Wesen und wohnte in jedem Haus, sah aus wie ein Äffchen. Im Dunkeln durfte man seinen Namen nicht aussprechen, denn dann konnte er sogar die mächtige Größe eines Heuschobers erlangen. Er drückte nur in der Nacht, zerzauste Haar und Bart der Männer. Der Alpgeist der Tschermissen lärmte in der Nacht, suchte die Menschen mit Alpdrücken heim, verkehrte geschlechtlich mit Männern und Frauen und vertauschte die Kinder in der Wiege. Zur Abwehr legte die Mutter eine Schere oder andere Eisengegenstände in die Wiege. Regional mit unterschiedlichen Namen gab es auch den zwergenhaften *pailpak*, der nicht nur die Schläfer als Alp quälte, sondern die Frucht im Mutterleib und das Herz des Kindes verzehrte. Bei den Finnen ritt der *painaja* oder Alp die Menschen und die *Mara* die Tiere. Die *Mahr, Mahrt, Nachtmahr* (mhd. *mâra*), im norddeutschen Raum der Name des nächtlichen Druckgeistes, ist im Volksglauben meist weiblichen Geschlechts. Im deutschen Südwesten heißt der Alpdämon Schratt (mhd. *schrättel* aber = Kobold), im bayerisch-österreichischen Raum *Trud*, in der alemannischen Schweiz *Toggeli* oder *Doggi*, in Mitteldeutschland *Alp*, im slawischen und ungarischen Kulturkreis *Mora*. Die ungarische *boszorkány* ist eine Hexengestalt, die drückt. Der Zeitpunkt der Hexenbedrückung ist allgemein die Nacht. Der Aufhocker plagt Wanderer in der Vorarlberger Sage, er wird nicht einheitlich dargestellt, ist oft weiblich und hexenhaft, der Trieb und die Gabe zum Aufhocken sind erblich. Das jüngste Kind erbt es von der Mutter und muss als Jungfrau anfangen zu »truden«. Man erkennt solche alpenden Menschen an ihren zusammengewachsenen Augenbrauen, dem mageren und blassen Aussehen, den platten Füßen, blauen Lippen und der doppelten Zahnreihe. Wer drücken geht, tut dies zwar nicht freiwillig, wird aber auch nicht durch den Träumer gerufen, sondern tut dies entweder aus Liebessehnsucht, oder noch öfter folgt er einem krankhaften Drang, der schon seit der Geburt oder frühen Kindheit auftritt.

Während die ungarische Hexe zum Drücken in eigener menschlicher Gestalt erscheint und ihr Gesicht bedeckt, um nicht erkannt zu werden, zeigt der Vergleich, dass *Alp, Trud* und *Mora* Geistwesen sind – der Geist eines bösen Menschen, eines Verstorbenen, öfter aber die Seele eines lebenden Menschen, welche den Körper verlässt, umherirrt und andere drückt. Inzwischen schlummert der Körper des Alpsenders, und sollte der Körper in Abwesenheit der Seele bewegt werden, so stirbt er. Der Glaube an den drückenden Geist steht also mit dem Seelenglauben in Zusammenhang, denn es war noch im Mittelalter die Ansicht verbreitet, die Seele verlasse in Schlaf und Ekstase in Tiergestalt den Körper. Auch der Alp entfernt sich vom Körper und drückt auch weit entfernte Leute. Erst nach ihrer Rückkehr kommt der Alpsender zur Besinnung und erwacht. In den Sagen vermischen sich die ursprünglich getrennten Vorstellungen von den Aufhockern mit den Alpsagen, also ein Verstorbener geht als drückender Toter um.

Das Auftreten des Alpdrucks, das bei den Frauen im Zusammenhang mit der Monatsblutung steht, wird bei Männern auf zu ausgiebiges Essen zurückgeführt. Möglicherweise gibt es einen Zusammenhang zwischen unterdrückter Sexualität und dem Alp, denn sehr viele Berichte und die detailliertesten und lebendigsten stammen aus Klöstern. Im frühen 16. Jahrhundert ging Paracelsus davon aus, dass Dämonen vom Menstrualfluss produziert würden, und deshalb seien auch die Klöster Seminare für Alpdrücken.

Der Alptraum war zwischen 1621 und 1740 bereits in 16 Abhandlungen thematisiert worden, aber erst 1763 gab es erstmals eine Abhandlung in englischer Sprache mit dem Titel *An Essay on the Incubus or Nightmare*. Übereinstimmend sind folgende Charakteristiken: 1. Eine unbeschreibliche Angst zusammen mit leidenschaftlichen Gefühlen. 2. Ein Gefühl eines Gewichtes am Brustkorb und 3. ein Gefühl der Hilflosigkeit. In seiner *Anatomy of Melancholy* von 1621 erklärte Burton, dass diese Symptome mit einer Heirat, also einer legitimierten Auslebungsmöglichkeit der Sexualität verschwänden. Die psychologische Forschung im Anschluss an Freud hat sich ebenfalls mit dem Phänomen beschäftigt. Der Psychoanalytiker und Biograph Freuds, Ernest Jones, veröffentlichte 1931 die Studie *On the nightmare*, wo er sich besonders auf Zusammenhänge zwischen Alptraum und mittelalterlichen, abergläubischen Vorstellungen konzentrierte und als einer der Ersten versuchte, die unterschiedlichen Konnotationen des Begriffs Alp zu unterscheiden. Auch heute noch existieren Erlebnisberichte von Alpträumen, die als Druckgeister empfunden werden, im angloamerikanischen Raum besteht sogar noch ein deutlicher Bezug zur Hexe, der Druckgeist wird nämlich »The old Hag« genannt.

Literatur:

Apuleius: Metamorphosen oder Der goldene Esel. Übers. v. Rudolf Helm. Darmstadt (1978); Belanger, Jeff: The Nightmare Encyclopedia. Your Darkest Dreams interpreted. Franklin Lakes (2006); Horaz: Oden und Epoden. Hg. v. W. Killy, Ernst Schmid und übers. v. C.F.K. Herzlieb und J.P. Uz, Zürich/München (2000); Hufford, David J.: The Terror that Comes in the Night. An Experience-centered Study of Supernatural Assault Traditions. Philadelphia (1982); Karjalainen, K.F.: Die Religion der Jugra Völker (= Folkore Fellows Communication 40 u. 63). 2 Bde. Helsinki (1921 u. 1927); Pócs, Éva: »Between the Living and the Dead. A Perspective on Witches and Seers in the Early Modern Age«, Budapest (= Central European University Press 1998); Tuczay, Christa: Alb – Buhlteufel – Vampirin und die Geschlechter- und Traumtheorien des 19. Jahrhunderts. In: Vampirglaube und magia posthuma im Diskurs der Habsburgermonarchie. Hg. v. Christoph Augustynowicz und Ursula Reber. Wien (2011) S. 199–212.

DÄMONISCHE UND GESPENSTISCHE LIEBHABER

Der dämonische Verführer oder Liebhaber der christlichen Überlieferung, der *Incubus* – aus dem Lateinischen *incubare* = »auf etwas liegen« abgeleitet – war im Spätlateinischen noch auf das Bedeutungsfeld des Alptraums (siehe Alp) zugeschnitten und auf den sexuellen Traum begrenzt. Später kam der Begriff in Bezug auf den männlichen Dämon, der Frauen zur körperlichen Liebe verführte, hinzu. Der *Succubus* bezeichnete das weibliche Pendant zum *Incubus* und spielte besonders in der Heiligenlegende als Illustration der Versuchungen der männlichen Heiligen eine herausragende Rolle.

Die Vorstellung findet sich aber schon in antiken Zeugnissen, wo die als besonders lüstern bezeichneten Faune und Satyrn den Frauen nachstellen. Dazu ist noch die vielfach interpretierte Bibelstelle zu stellen (Gen. 6, 1), wo es heißt, dass die Gotteskinder sich in die Töchter der Menschen verliebten und sich zu

Frauen nahmen. Über die Theologen fand der Begriff Eingang in die mittelalterliche Theologie, die diese Gotteskinder sehr unterschiedlich deutete, es setzte sich aber die Ansicht durch, es müsse sich dabei um gefallene Engel, also Dämonen handeln.

Die zahlreichen Geschlechtergründungssagen (siehe Wassergeister), die von einer halbmenschlichen Abstammung erzählen, lassen sich einerseits auf antike Vorstellungen und andererseits auf volkssprachlich-heidnische Traditionen zurückführen. Burchard von Worms (925–1025) leugnete in seiner Kirchenrechtssammlung, dem *Decretum*, dass es elfenartige Wesen gebe, die sich mit den Menschen verbinden, im 13. und 14. Jahrhundert häuften sich diese Geschichten plötzlich und erlangten vor allem in der höfischen Literatur große Popularität. Der Dämonensohn Merlin ist bis heute eine immer wieder rezipierte und interpretierte Gestalt. Der Geschichtsschreiber und Theologe Guibert von Nogent (1055–1125) hielt für wahr, dass sein eigener Vater durch Zauberei am Vollzug der Ehe gehindert wurde, und gab an, dass der Teufel in Gestalt eines Incubus seine Mutter besucht habe, aber von einem Engel vertrieben worden sei. Guibert entging also nur knapp dem Schicksal des Merlin. Andere sahen sich immer wieder diesem Verdacht ausgesetzt, so behauptete Prokopios (500–562) in seinen *Anekdota*, dass Kaiser Justinian der Sohn eines Dämons gewesen sei. Auch später hielt man prominente Personen wie Alexander den Großen, Caesar, Romulus und Remus, Robert, den Vater Wilhelms des Eroberers, sogar Luther, die Einwohner von Zypern, den Hunnenkönig Attila usw. für Dämonenabkömmlinge. Zu Beginn des 13. Jahrhunderts war die Incubus-Vorstellung durchaus populär, was auch die zahlreichen Varianten des Merlin- und Melusinenstoffes belegen. Als bedeutendster Vermittler der Incubus-Vorstellung gilt Isidor von Sevilla (560–636), der sie in seinem enzyklopädischen Werk, der vielzitierten *Etymologie* bespricht. Im erwähnten *Corrector* (im 19. Buch) bestritt Burchard von Worms noch die Existenz der *Succubi*, während Walter Map (1140–1210) in seiner Schrift *De nugis curialium* zahlreiche im Volk umlaufende Geschichten von Dämonen aufzeichnete und als evident annahm. Besonders die Früchte dieser Verbindungen regten die Phantasie der Dichter an.

Da die ursprüngliche Vorstellung wohl von Fruchtbarkeits-
dämonen ausging, ergab sich zwangsläufig die Vorstellung einer zahlreichen Nachkommenschaft. Doch diente dieses Konzept nicht nur zur Erhellung des Dunkels, das Geschlechts-
gründer umgab, sondern wurde ein fester Bestandteil alltägli-
cher Glaubensvorstellungen, wie der Bericht des Guibert von
Nogent nahelegt. Der große Heilige Bernhard von Clairvaux
soll sogar eigenhändig durch Exorzismus einen Incubus vertrieben haben, wie Caesarius von Heisterbach in seinem *Dialogus
miraculorum* berichtete.

Die mittelalterliche Erzählliteratur hat das Motiv der dämo-
nischen Verführerin vielfach variiert. Der Succubusglaube als
Variante des Amphitryonmotivs taucht in der späten Dietrich-
epik, im Heldenbuch des 15. Jahrhunderts auf: Als Dietrichs
Mutter mit ihm schwanger ist, nähert sich ihr der böse Geist
Machmet (Mohammed!) in der Gestalt ihres Mannes Dietmar.

Ab dem 13. Jahrhundert bekommt das Konzept, das Burchard
von Worms in seinem *Corrector* noch als unsinnig erklärt hatte,
nun als freiwillige Befriedigung sündiger Lust besonderen Stellenwert. In engem Zusammenhang steht dieser Perspektiven-
wechsel mit der Vorstellung des freiwilligen Dämonenpaktes.
Die Vorstellung von dieser für die Beteiligten sehr befriedigen-
den Lösung, da Mann oder Frau jederzeit den Liebhaber bei Be-
darf herbeiwünschen konnte, diskutierten vor allem die Theologen. Letztere wurden auch nicht müde, ihren sündigen Gläubigen jedes noch so eigenartige Detail zu entlocken, so behauptete der Inquisitor Sylvester Prierias (1456–1527) in seiner Schrift
Quaestio de strigis von 1521, *Incubi* würden einen doppelten Pe-
nis verwenden. Päpste befassten sich mit der Problematik, die
ab dem 14. und 15. Jahrhundert auch fester Bestandteil der He-
xenanklagen wurde. Augustinus und sein wichtigster Nachfolger Thomas von Aquin stimmten in dem Punkt überein, dass
die Dämonen entweder Leichname besetzten oder neue Körper
aus Elementen erschufen. Die Vorstellung verfestigte sich inso-
weit, dass sie als tatsächliches Verbrechen in die Rechtsvor-
schriften einging und auch als solches geahndet wurde. Institoris grenzt im *Hexenhammer* drei Personengruppen, die mit den
Incubi Verkehr haben, gegeneinander ab: 1. die freiwilligen Teu-

felsdiener, die Hexen, 2. die unfreiwilligen, von den Hexen zum Verkehr gezwungenen und 3. jene, die von den Incubi selbst gezwungen würden.

Meist nicht ganz freiwillig folgen die überirdischen feenhaften Geliebten ihren irdischen Partnern und ergreifen auch die erste Gelegenheit bei einem Tabubruch, die Partnerschaft aufzukündigen. In der sogenannten gestörten Mahrtenehe, wie sie von Melusine und Raymond, aber auch im Märe des Egenolf von Staufenberg über seinen Ahn *Peter von Staufenberg* erzählt wurde, ging es um Wasserwesen, die vom Priester als Succubus »entlarvt« wurden und beleidigt die Flucht ergriffen, da nach diesem Tabubruch ihre Ehe mit einem Sterblichen gestört war. In dem Märe vom Peter von Staufenberg hatte der Priester so lange von der Verbindung mit der Mahrt abgeraten und einen Exorzismus vorgeschlagen, bis der Feengeliebte sich beugte und seinen eigenen Untergang besiegelte. Die von ihren übernatürlichen Frauen nach dieser geistlichen Intervention verlassenen Geliebten zeigten sich in den wenigsten Beispielen besonders erfreut über diese Erlösung aus den Klauen des vorgeblichen Teufelsweibes, denn oft ging mit dem Verschwinden der Frau auch der Verlust von Glück, Reichtum und vor allem der gemeinsamen Kinder einher. Paracelsus erwähnte diese Fee in seinem *Liber de nymphis* als Nymphe von Staufenberg, der Romantiker Friedrich de la Motte Fouqué ließ sich von diesem Wasserfeensujet zu seiner Erzählung von der *Undine* (1811) inspirieren, die dann Albert Lortzing schon 1816 in seiner gleichnamigen Oper vertonte.

Die aus der Tiroler und der Kärntner Volkssage bekannten Saligen waren Glück bringende Wesen, die engen Kontakt mit den Menschen pflegten, und, ähnlich den Hausgeistern, Ratschläge erteilten und auch bei den Bauern aushalfen. Spielte aber bei den Hausgeistern die erotische Beziehung zu ihren Wirtsleuten fast keine Rolle, so war diese bei den Saligen dominant. Die Salige beharrte bei einer Verbindung mit einem Menschen aber auf der Einhaltung der von ihr gestellten Bedingungen: So durfte eine Salige nicht geschlagen oder beschimpft werden, das Essen sollte ihr nicht mit der linken Hand gereicht werden, weder durfte man sie mit Namen ansprechen noch nach ihrer Herkunft fragen, denn dann musste sie ihren menschlichen Partner verlassen. Wald- oder Wildfrauen legten sich zu den verheirateten Bauern ins Bett, womit deren Ehefrauen nicht einverstanden waren und entsprechend reagierten und das lange Haar abschnitten usw. Unschwer lässt sich hier die erotische Phantasie der Männer als Hintergrund der Überlieferungen ausmachen, die aus moralischen Zwängen auszubrechen versuchten. Die skandinavische Variante kannte ebenso diese liebeshungrigen Waldfrauen, die aber eine äußerst hässliche Rückseite, ähnlich der mittelalterlichen Frau Welt, hatten. Die mittelalterlichen Wilden Frauen galten als sexuell äußerst aggressiv, forderten wie die »raue Else« lautstark die Minne des von ihnen auserkorenen Ritters, wurden aber im Unterschied zu ihren späteren Verwandten in der Sage, den Wildfräulein, als abstoßend und hässlich beschrieben, da das Erlösungsmotiv eine dominante Rolle spielte. So wurde z. B. aus der hässlichen wilden Frau mit dem illustrativen Namen »raue Else« nach ihrem Bad in der wunderbaren Quelle eine wunderschöne höfische Dame.

Die in Anlehnung an den keltischen Feenglauben entstandene, in der mittelalterlichen Literatur thematisierte erotische Beziehung zu einer Fee – einem Wesen aus der keltischen niederen Mythologie, das unter dieser Bezeichnung im deutschsprachigen Raum außer im Rheinland oder Südtirol nicht vorkommt – gehört ebenso zum Komplex der gestörten Mahrtenehe. Auch hier stellte die Fee Bedingungen an ihren Liebespartner, erteilte ihm Ver- und Gebote, die er nicht übertreten durfte, es aber dennoch immer wieder tat. Sie fungierte als Schutzgeist, Geliebte und Gabenspenderin, brachte dem Ritter Glück, das ihn aber nach dem Tabubruch genauso verließ wie sie ihn.

Das von Paracelsus vorgestellte und fast ausschließlich im Gelehrtendiskurs beheimatete Konzept der Elementargeister kannte ebenfalls die Möglichkeit einer Partnerschaft mit den Menschen. Paracelsus sprach in seinem *Liber de nymphis, sylphis, pygmeis et salamandris et de caeteris spiritibus* (1566) von den seelenlosen Wesen, die deshalb Beziehungen mit den Menschen eingehen wollten, weil sie damit eine Seele gewinnen konnten. Die im Volksglauben angenommenen, in den Elementen wirkenden Kräfte versuchten, die Menschen mit Opfern und Verehrung günstig zu stimmen. Paracelsus'Naturphilosophie ordnete den Elementen bestimmte Geistergattungen zu: Erdgeister oder Gnome, Wassergeister oder Undinen, Luftgeister oder Sylphen, Feuergeister oder Salamander entstammten dem Chaos und waren aus den jeweiligen Elementen gebildet. Diese vorwissenschaftlich zu nennende Systematik fand nahezu keinen Eingang in den Volksglauben, wurde aber von der Romantik begeistert rezipiert und fortgeschrieben.

Während sich die Gelehrten über die Frage der Freiwilligkeit bzw. Unfreiwilligkeit des Dämonenverkehrs Gedanken machten, blieb der Verkehr mit einem gespenstischen Liebhaber meist freiwillig, da es sich dabei fast immer um die tief betrauerten Ehepartner oder Liebhaber handelte, die unzeitig vom Tod dahingerafft worden waren. Das oft zitierte »Hofgeschwätz« oder *De nugis curialium* des Walter Map kolportierte einen höchst befremdlichen Bericht über einen Ritter, der seine Frau verloren hatte. Wenig später sah er sie nachts in einem dunklen Tal mit anderen Frauen. Er entführte sie und lebte mit ihr sein Eheleben weiter, sie gebar ihm sogar Kinder, die man die Söhne der Toten nannte. Ähnliches berichtete der Chronist Johann von Viktring im *Liber certarum historiarum*. Verstorbene, die wieder Kontakt zu ihren Lieben aufgenommen, nachmals sogar eine Zeit lang weiterhin geschlechtlichen Umgang mit ihnen gepflegt haben, sind in der spätmittelalterlichen Literatur mehrfach nachgewiesen. Das Motiv von Intimbeziehungen zwischen Lebenden und Toten fand auch in einigen Fällen Eingang in die deutschen Sagen.

Wilhelm Werner von Zimmern übernahm in seiner Chronik die anonyme Verserzählung *Von der undankbaren Wiedererweckten*. In der Form einer Gespenstergeschichte wurden die fatalen Folgen der Untreue dramatisch erörtert und ausgeschmückt. Ein Mann konnte den Tod seiner schönen, aber flatterhaften Gemahlin nicht verwinden und brachte es nicht übers Herz, ihren Leichnam zu begraben, sondern lebte mit ihm. Lange flehte er Gott an, ihm zwanzig Jahre seiner Lebenszeit für die Wiederbelebung seiner Frau einzutauschen. Gott erhörte ihn, die Frau wachte auf und fand einen sehr gealterten Ehemann vor. Bei einer Tanzveranstaltung verfiel sie wieder in ihren alten Lebensstil, wandte sich bald einem schönen Jüngling zu und wollte ihren alten Ehemann verlassen. Sie schlug alle Warnungen in den Wind, und die Strafe ließ nicht lange auf sich warten: Sie alterte und verweste in den Armen ihres jungen Liebhabers, während ihr Mann seine Jugend zurückerhielt. Daraufhin änderte er sein Leben, aber sein Vertrauen in das weibliche Geschlecht war dahin. Dieses Motiv der aufrechten Beziehung über den Tod hinaus kolportierte noch Walter Scott in seinen Briefen über Dämonologie und Zauberei von 1830. Als ein Weber, dessen Ehefrau verstorben war, sich neu verheiraten wollte, erschien ihm seine Ehefrau und berichtete ihm, dass sie nicht wirklich tot sei, sondern ihr Dasein im Elfenland fristen müsse, er aber könne sie mit Hilfe seiner Freunde und des Priesters befreien.

Aber nicht nur im christlichen Kontext ist die Geschichte der Liebe über den Tod hinaus angesiedelt. Die oft verfilmte thailändische Legende um *Mae Nak* erzählt die Geschichte eines Paares, das durch einen Krieg getrennt wurde. Der Mann musste seine schwangere Ehefrau verlassen, um in den Krieg zu ziehen. Als er nach Ende des Krieges zu ihr und dem in der Zwischenzeit geborenen Kind zurückkehrte, musste er nach einiger Zeit bemerken, dass er mit einem Gespenst zusammenlebte, und wandte sich an den obersten Priester seines Tempels um Beistand. Dieser vollzog einen Exorzismus, entnahm der Frau einen Knochen aus ihrer Stirn und das Gespenst konnte endlich Ruhe finden.

Literatur:

Blöcker-Walter, Monika: Imago fidelis – Incubus. Die Umdeutung eines Traumbildes im Mittelalter, In: Variorum munera florum. Festschrift H.F. Haefele. Sigmaringen (1985) S. 205–209; Briggs, Katherine: The Fairies in Tradition and Literature. London (1967) S. 146–154; Holznagel, Franz-Josef: Ignorierte Warnungen armer Seelen, lehrreiche Begegnungen mit den Ahnen und eine undankbare Wiedererweckte. Die ›Gespenster‹ des Wilhelm Werner von Zimmern (1485–1575) und ihrer Funktionalisierungen. In: Gespenster. Erscheinungen, Medien, Theorien. Hg. v. Moritz Baßler/Bettina Gruber/Martina Wagner-Engelhaff.

Würzburg (2003) S. 5573–53; Lecouteux, Claude: Geschichte der Gespenster und Wiedergänger im Mittelalter. Köln und Wien (1987) S. 45–
47; Lecouteux, Claude: Zur Entstehung der Melusinensage. In: Zeitschrift für deutsche Philologie 98 (1979) S. 73–85; Röhrich, Lutz: Mahrtenehe: Die gestörte Mahrtenehe. In: Enzyklopädie des Märchens Bd. 9
(1999) Sp. 44–53; Tuczay, Christa: Incubus. In: Mittelalter Mythen, Bd. 2.
Dämonen, Monster, Fabelwesen. Hg. v. Werner Wunderlich und Ulrich
Müller. St. Gallen (1999) S. 333–341.

GEIST- UND DÄMONENBESESSENHEIT

Sowohl das Phänomen der Besessenheit als auch die Maßnahmen der Austreibung der Geister durch Exorzismus sind nicht
auf das Mittelalter und die frühe Neuzeit oder überhaupt auf
das christliche Abendland beschränkt. Der Glaube, dass ein
Gott oder Dämon von einem Menschen Besitz ergreifen kann,
indem er dessen physische und psychische Handlungsfähigkeit
und Willenskraft übernimmt, lässt sich in vielen Kulturen nach-
weisen. Das Entgrenzungsphänomen – als Heraustreten aus der
Normallage und Besetzung dieser durch eine andere Entität definiert – kann durch einen guten oder bösen Geist bewirkt werden. Eine Besetzung durch Dionysos wurde als beflügelnder
Rausch erlebt und, z. B. beim Schamanen oder auch in anderen
Besessenheitsreligionen und -kulten, als freiwillige Inbesitz-
nahme durch Geister verstanden.

Im Alten und Neuen Testament gibt es zahlreiche Anspielungen auf Dämonisches und Dämonen sowie auf die Besessenheit
durch unreine oder böse Geister. Die jüdische Überlieferung
spricht vom bösen Geist, dem Dibbuk, der die sündige Seele eines Menschen repräsentiert, die nach seinem Tod umgehen
muss. Wenn der Dibbuk Menschen besetzt, verfallen diese in
Tobsucht und Geistesverwirrung. Der Zaddik oder Meister
treibt ihn zusammen mit zehn Mitgliedern der jüdischen Ge-
meinde unter Zuhilfenahme von Gebeten und Räucherungen
aus.

Dämonen stellte man sich schon in der Antike als Wesen vor,
die in Wüsten und unreinen Orten wohnten und von dort aus

die Menschen anfielen, besetzten und schädigten. Im alten Israel wurden Schicksalsschläge, sowohl Gutes als auch Böses, allein auf Jahwe bezogen. Die Vermittler zwischen Jahwe und den Menschen waren die Engel. Der nach der ägyptischen und babylonischen Diaspora in die jüdische Glaubenswelt eingegangene Dämonenglaube konnte trotz aller Bestrebungen nicht ausgerottet werden. Das Neue Testament überlieferte Begegnungen mit Dämonen vor allem im Kontext der Besessenheit. So haben Jesus und vereinzelt die Apostel böse Geister ausgetrieben und auch die durch sie verursachten Krankheiten geheilt. Die Auferstehung Jesu bedeutete den Bruch der Macht der Dämonen.

Im Mittelalter schloss man an den antiken Glauben an und verortete die Dämonen in Zwischenbereichen, meist in der Luft. Menschen besetzen konnten entweder Totengeister oder Dämonen. Besessenheit wurde besonders in der Exempelliteratur als Strafe für die noch so geringe Übertretung einer Norm verstanden. Die schon in der Antike belegte Vorstellung, dass man einen Dämon über flüssige oder feste Nahrung in sich aufnehmen kann, übernahm das Mittelalter und schrieb ihn in zahlreichen Varianten fort.

Heiligmäßigen Personen wurde die Gabe, Geister auszutreiben, zugeschrieben, diese sahen sich auch ständig dämonischen Angriffen ausgesetzt. Schon in Jesu Teufelsaustreibungen wurden Krankheiten, Unfälle etc. als Dämonenangriffe gewertet. Der Teufel konnte den menschlichen Körper angreifen, ihn in Besitz nehmen und ihn krampfartig verzerren und lähmen. Freilich konnte der Teufel auch subtil vorgehen und natürliches Aussehen vortäuschen, d. h. es war immer ein Kriterium, eine Unterscheidung der Geister notwendig, um die Identität oder Provenienz des besetzenden Wesens festzustellen. Diese Unterscheidung, oftmals auch mit Ekstase verbunden, wurde wiederum als Gottesgnade gesehen.

Bonaventura (1221–1274) sprach in seinem frühen Sentenzenkommentar zu Petrus' Lombardus (1095–1160) theologisch-programmatischer Lehrschrift über Besessenheit und äußerte sich im 2. Buch zu der Möglichkeit der Dämonen, jeden Körper zu durchdringen und auch sich ungehindert in ihm zu bewegen, die (Wirts-)Person zu quälen, falls sie nicht von einer höheren Gewalt daran gehindert wurden.

Die dämonologischen Kompendien des Martin Delrio (1551–1608) und Johann Weyer (1515–1588)präsentierten das von ihnen gesammelte Material entweder als Tatsachen- oder Lügenberichte. Der Arzt Johann Weyer schilderte Begebenheiten und Begegnungen mit Besessenen, deren Mägen die unheimlichsten und vor allem sehr große Dinge aufwiesen, die sie erbrachen; begleitet waren diese Phänomene von Wangenkrämpfen bzw. Krämpfen des ganzen Körpers, wobei die Augäpfel unter dem oberen Augenlid verschwanden und die Besessenen mit veränderter Stimme sprachen. Auch Antonius Benivenius (1533–1598), ein Arzt des 16. Jahrhunderts, beobachtete ein 16–jähriges Mädchen, das große, gebogene Nägel auswarf, die unmöglich in die Speiseröhre gepasst hätten. Ab dem 16. Jahrhundert war die Besessenheit Gegenstand des neuen Mediums der Flugschriften, und die Fallberichte erfuhren eine zunehmend sensationsliterarische Charakterisierung, die bis heute, verstärkt durch zahlreiche Verfilmungen, weiter anhält.

Die Heilung von Besessenen durch Austreibung der Dämonen wurde ab dem 5. Jahrhundert in zahlreichen Heiligenviten und -legenden thematisiert: so von einer Nonne namens Euphrasia, dem hl. Gallus, der mit Beschwörungen Dämonen und wilde Tiere vertrieb, und neben vielen anderen auch dem hl. Eugendus, der ein besessenes junges Mädchen heilte, das dermaßen raste, dass man es fesseln musste. Aus dem Leben des hl. Bernhard von Clairvaux wurden mehrere Teufelsaustreibungen berichtet, in zwei Fällen heilte er die Besessenen durch Weihwasser. Langwierig gestaltete sich die Teufelsaustreibung bei Gerhoch von Reichersberg. Die von drei Dämonen besessene Frau hatte Rom, Compostela und andere berühmte Wallfahrtsorte aufgesucht und kam endlich nach Formbach in Oberösterreich. Der Abt des Klosters versuchte es mit Exorzismen und Gebeten, doch die Dämonen verlachten die Bemühungen. Durch langes, wiederholtes Beten des ganzen Klosters gelang es schließlich, die drei Dämonen nach und nach auszutreiben. Interessant dabei ist, dass die jeweils zurückgebliebenen Dämonen den Verlust ihrer Gefährten beklagten.

Das Kapitel 10 des *Hexenhammers* erörterte Besessenheit im Kontext der Hexerei als Machenschaften der Hexen, die Teufel dazu anstifteten, Menschen zu besetzen.

Schon die Exorzismuserzählungen der Bibel und hier besonders die Dämonenaustreibung in Gerasa (Mk 5,1–20) hatten illustriert, was mit Besessenen geschieht, wenn ein Dämon sie besetzt. Nicht nur verlieren sie ihre soziale Anbindung, sie sind auch eine Gefahr für andere Menschen. Jesus' Heilung der Besessenen durch Austreibung der Dämonen wurde deshalb auch als Reintegrationsbestrebung interpretiert. Nach dem Exorzismus konnte der bislang sich völlig asozial und gefährlich Verhaltende wieder am gesellschaftlichen Leben teilnehmen. Die Symptome der Besessenheit wurden ebenso unterschiedlich beschrieben wie der soziale Status der Besessenen. Oft blieb Besessenheit unerkannt, da sich der Besessene unauffällig verhielt und erst bei einer Predigt aggressiv wurde und einen potentiellen Exorzisten abzuwehren versuchte. Zudem zeigten sich Besessenheitssymptome nur zeitweilig, so in Mt 17,14–21, wo das Kind plötzlich niederfiel, Schaum aus dem Mund austrat und es laut mit den Zähnen knirschte. Da Besessene oft als tobsüchtig geschildert wurden und wie Psychotiker Riesenkräfte entwickeln konnten, führten diese auffälligen Analogien zwangsläufig zur Identifizierung von Besessenheit und Psychose. Epidemische Besessenheitsphänomene, die als Mittel interpretiert wurden, mit gesellschaftlichen Repressionen umzugehen, sind aber nicht mit den sehr unterschiedlichen Einzelfällen der biblischen Evidenzen gleichzusetzen.

Der lateinische Apologet Minucius Felix (ca. 3. Jahrhundert) führte aus, dass zu seiner Zeit niemand an der Existenz der Dämonen gezweifelt habe, diese brächten großes Leid über die Menschen, da sie die Menschen verwirrten, unruhig schlafen ließen, in ihre Körper hineinkröchen, sie körperlich und seelisch krank machten und die Menschen so dazu zwingen wollten, ihnen zu dienen. Bei Saturn, Serapis und Jupiter handle es sich um Dämonen, die selbst ihre eigene Schande, also ihre Sünden, aus den Menschen heraus bekannten.

Abgesehen von den Krankheitsdämonen ging es beim Taufexorzismus vor allem um heidnische Götterdämonen und die

Exorzismus durch den hl. Leonard

Dämonen des Lasters, die die Menschen besetzt hielten. Wenn ein Heide zum Christentum übertrat, musste er sich von seinen Göttern lösen, die nun zu Dämonen degradiert wurden, diesen den Vertrag aufkündigen und sich zum Christengott bekehren. Danach empfing er die Taufe, dabei trieb man die Dämonen aus. Die Erwachsenentaufe war folglich ein Taufexorzismus. Deshalb hatten die antiken Christen in der Vorbereitung auf die Taufe und bei der Taufzeremonie selbst Exorzismen durchgeführt. Gemeindeangehörige trugen den Titel Exorzist und vereidigten die Täuflinge beim Namen Christi darauf, ihre Sünden zu bekennen, die ihnen dann in der Taufe vergeben wurden. Die Taufe selbst war ein jüdischer Ritus, in dem Reue und Vergebung der Sünden im Vordergrund standen. In der Folge stand der Lebenswandel der Täuflinge zur Debatte. Dieser wurde durchleuchtet und dabei die jüdische Vereidigung, der Exorzismus übernommen. Der Kandidat musste den heidnischen Göttern absagen, und der im Körper des Christenanwärters vermutete Dämon des Lasters sollte ausgetrieben werden. Der Exorzist bedrohte die Dämonen, und zwang sie zu antworten. Wenn Sünden nicht ausgesprochen wurden, blieb der Dämon im Menschen stecken, dann war die Taufe nutzlos. Die Exorzisten bedrohten, beschimpften und schlugen die unreinen Geister.

Um Besessenheit von einem wahrsagenden (Heiden-)Gott ging es in der viel interpretierten eigenartigen Geschichte von der heidnischen Wahrsagerin aus dem makedonischen Philippi. Diese verfiel angesichts des Paulus in eine prophetische Ekstase und erkannte ihn als den Diener des wahren Gottes. Ihre Geistbesessenheit war insofern von den vorher beschriebenen unterschieden, als sie sich als Wahrsagerin freiwillig von einem Python, einem Wahrsagegeist, besetzen ließ, um ihre Aufgabe erfüllen zu können. Da das Mädchen als Wahrsageklavin für einen römischen Haushalt gearbeitet hatte, verklagte der Besitzer Apostel Paulus wegen des erlittenen finanziellen Verlustes bei der Obrigkeit. D. h. also, hier wurde freiwillige Geistbesessenheit mit der dämonischen Besessenheit kurzerhand gleichgesetzt und der Geist ausgetrieben. Da die Austreibung funktioniert hatte, konnte die Sklavin nicht mehr wahrsagen.

Auch die zweite vor allem in der populären Forschung häufige Verwechslungsthese, dass nämlich die Unkenntnis einer Psychose dazu führte, diese als Besessenheit einzuordnen, zeigt Schwächen, aber auch Überschneidungen vor allem im Melancholiediskurs. Wohl bewertete man Krankheiten als von Dämonen verursacht, Salomo heilte, verfasste heilende Sprüche zur Beruhigung der Kranken und hinterließ Exorzismusformeln. Damit konnten diejenigen, die diese Formeln vortrugen, die Dämonen aus den Menschen vertreiben. Die Vertreibung geschah mit einem Ring, der unter der Siegelfläche eine Wurzel nach dem Rezept des Salomo hatte, der Kranke roch daran und der Dämon wurde durch die Nasenlöcher herausgezogen.

Mehrere Bibelstellen spielen auf die Einordnung von psychischen Krankheiten als Besessenheit an. In Mt 17,14–16 geht es um ein bekanntes Wunder Jesu. Ein Vater bat Jesus, seinen mondsüchtigen Sohn zu heilen, der oft ins Feuer oder Wasser fiel und von Jesu Jüngern nicht geheilt werden konnte. Jesus exorzierte den Jüngling, indem er den Dämon im Jüngling bedrohte. Als Verursacher von Krankheit nahm Jesus ganz selbstverständlich einen Dämon an. Weder Jesus noch die Apostel haben hinterfragt, ob eine Krankheit natürlich oder übernatürlich verursacht würde, denn sie waren davon überzeugt, dass der Teufel jeden angreifen und besetzen und alle nur möglichen Krankheitssymptome erzeugen konnte, die durchaus natürlichen ähnelten. Während sonst bei Erscheinungen die Gabe der Unterscheidung der Geister in Anschlag gebracht wurde, schien eine solche Unterscheidung bei Besessenheit und Krankheitssymptomen nicht nötig zu sein.

Die hippokratische Medizin vertrat eine gänzlich andere Auffassung, sie deutete Krankheiten, Unglücksfälle primär als natürlich, konnte sich aber erst im 16. Jahrhundert gegen die vorherrschende Ansicht von der durch Krankheitsdämonen verursachten Besessenheit behaupten. So suchte man die merkwürdigsten Symptome auf natürliche Weise zu verstehen. Der Aristotelesanhänger Petrus Pomponazzi in Padua (1462–1525) und der Arzt Levinus Lemnius (1505–1568) zogen Melancholie als Ursache für die merkwürdigen Zustände verwirrter Menschen in Erwägung. Diese litten am Überfluss an schwarzer Galle, die Körper und Geist verdarb. Alle Gemütsverfassungen und Geisteszustände wie Liebe, Zorn, Trübsinn, Visionen, aber auch ungewöhnliche Kraft, Krämpfe, Kopfschmerzen, Ohnmachten ließen sich nun als Folgen des Ungleichgewichts der schwarzen Galle erklären. Auch die Fähigkeit zu Glossolalie, die man Besessenen nachsagte, führte Lemnius darauf zurück. Melancholie war in der frühen Neuzeit die Standarderklärung für die zuvor als Besessenheit klassifizierten Zustände. Mit folgender Einschränkung: Unter der Annahme, dass natürliche Krankheiten natürliche Heilmittel erforderten, kamen beim

Fehlen derselben übernatürliche Ursachen infrage. Deshalb räumten die meisten Gelehrten auch ein, dass der Teufel Leute verhexen und besetzen und übernatürliche Ursachen als natürlich erscheinen lassen konnte. Auch der Arzt Weyer, ein erklärter Gegner der Hexenverfolgung, schrieb viele psychische Leiden der Melancholie zu, so räumte er aber doch ein, dass eine große Zahl der Leiden durch den Teufel verursacht sein könnten. So erzählte er die Geschichte eines Arztes, der ein besessenes Mädchen für eine Melancholikerin hielt, weil der Teufel selbst erfahrene Ärzte täuschte. Genau diese Fähigkeit der Dämonen, etwas vorzutäuschen, erschwerte eine differenzierte Diagnose. 1614 hatte Papst Paul V. (1552–1621) mit seiner Formulierung des *Rituale Romanum* ein Unterscheidungskriterium entworfen. Demnach gibt es besondere Zeichen, durch die man zwischen Besessenen und Melancholikern zu unterscheiden vermag: Zeichen der Teufelsbesessenheit sind die Fähigkeit, in unbekannten Fremdsprachen zu sprechen oder diese ohne Vorkenntnis zu verstehen, das Entdecken von Geheimnissen oder örtlich weit entfernten Ereignissen, außerordentliche Kraft und andere Fähigkeiten ähnlicher Art. Diese Prüfungskriterien sind bis heute gültig. Die strenge Formulierung des *Rituale Romanum* setzte die Hürde sehr hoch, sodass tatsächliche Besessenheit kaum mehr möglich erschien, und konnte sich daher auch nur sehr langsam durchsetzen. Die schon etablierten älteren Rituale, wie Exorzismusgebete, hatten bis ins 18. und 19. Jahrhundert Gültigkeit.

Der Exorzismus geriet im Rahmen der Religionskriege zum Machtinstrument des französischen Hofes und Kampfes gegen die Hugenotten, wie z. B. der spektakuläre Fall des Mirakels von Laon, in dem das französische Mädchen Nicole Bobry exorziert wurde. Die Modifizierung des Ritus führte zu einer Hochblüte des Exorzismus ab dem 16. Jahrhundert. Ausgelöst wurde die Exorzismuswelle um 1563 in Augsburg durch Petrus Canisius, den Träger der jesuitischen Gegenreformation, der unter Anrufung der Jungfrau Maria vor einer riesigen Menge an Zuschauern Exorzismus durchführte. In der schon etablierten Frankfurter Buchmesse erhielten Gegner und Befürworter ihr Podium, Beschreibungen von Besessenheitsfällen überschwemmten zusammen mit Exorzistenhandbüchern das Land. Die Handbücher propagierten die Technik des Exorzisierens und führten zur weiteren Systematisierung der Teufelsaustreibung, aber auch zu einer Regulierung der Tätigkeit und Abgrenzung gegenüber den Volksexorzisten, die in Eigenregie handelten. Es waren meist Vertreter der niederen Priesterschaft oder Laien, die ihre kargen Einkünfte dadurch aufbesserten.

Im 18. Jahrhundert versuchten die Proponenten der Aufklärung, den Exorzismus und andere als abergläubisch eingestufte Formen der Volksfrömmigkeit zurückzudrängen. Das Volk, so schien es, reagierte mit einem Anstieg der Besessenheitsfälle, Teufelsbesessenheit und Teufelsaustreibungen gerieten zum Massenphänomen. Die Gründungen der ersten Irrenanstalten konnten eine gewisse Kanalisierung der ausufernden Besessenheitsepidemie erreichen.

Der umstrittene Pater Johann Joseph Gaßner (1727–1779) sammelte und las alles, was das Wissen seiner Zeit zu Besessenheit und Exorzismus bereithielt, und begann, seine Kenntnis zuerst auf seine eigenen körperlichen und seelischen Leiden und jene anderer Kranker anzuwenden. Er löste damit einen Gelehrtenstreit aus, als er begann, in Ellwangen, Regensburg und Sulzbach Tausende von Menschen mit Exorzismen zu behandeln. Seine Gegner kritisierten, dass er und seine Patienten nur vorgaben, den Teufel auszutreiben, und es sich um geschickten Betrug handle. Andere wieder argumentierten, dass er in Wirklichkeit Franz Anton Mesmers tierischen Magnetismus einsetze, also nur scheinbar Wunder hervorbringe. Man sprach also nicht mehr von der Melancholie, denn die Humorallehre war für die Mediziner nicht mehr ausschlaggebend, da man die schwarze Galle gesucht und nicht gefunden hatte. Mit der differenzierten Lehre des *Rituale Romanum* ist es der katholischen Kirche gelungen, den Exorzismus als Option für besondere Krankheiten bis heute aufrechtzuerhalten.

Ein merkwürdiger Fall aus der ersten Hälfte des 20. Jahrhunderts, der an die beschriebenen Besessenheitsphänomene erinnert, führte im Zuge der Untersuchungen zur Gründung der Österreichischen Parapsychologischen Gesellschaft. Ein rumänisches Bauernmädchen, Eleonore Zugun, war von ihrer Gönnerin, der Gräfin Wassilko-Serecki, nach England zur Untersuchung durch das *Laboratory of Psychical Research* in London gebracht worden. Das Mädchen hatte darüber geklagt, dass es zu bestimmten Zeitpunkten periodisch von einem unsichtbaren Wesen, das es Dracu nannte, die rumänische Bezeichnung für Teufel, gequält und sogar gebissen und gekratzt wurde. Obwohl schmerzhaft und auch oberflächlich sichtbar verletzt, trug sie aber keine dauerhaften Schäden davon. Zudem begannen sich plötzlich Gegenstände zu bewegen (siehe auch Poltergeist), was auch von anderen Leuten beobachtet und beglaubigt wurde. Das Mädchen hatte schon in Rumänien unter dem Quälgeist zu leiden gehabt und wurde auch in London im Beisein von Augenzeugen vom Geist gekratzt und gebissen und dabei auch fotografiert und gefilmt, es waren angeblich auch Zahnabdrücke zu sehen, die weiß vernarbten, aber wieder verschwanden. Da die Vorfälle bereits in Rumänien auftraten und die Bauern diese Dracu, also dem Teufel zuschrieben, so vermuteten die Wissenschaftler, dass es sich hierbei um eine Art Besessenheitsphänomen handelt. Die Attacken verschwanden auch beim Eintritt der Menses.

Besonders tragisch endete der Einsatz des Exorzismus im bekannten Fall der bayerischen Studentin Anneliese Michel, an der ein paar Monate vor ihrem Tod mehrfach das *Rituale Romanum* vollzogen wurde, da sie angeblich mit veränderter Stimme sprach, eigenartige Wundmale auftraten usw. Das streng katholische Mädchen, das wohl selbst von ihrer Besessenheit überzeugt war, starb an völliger Unterernährung und Erschöpfung.

Die päpstliche Universität bildet nach wie vor Exorzisten aus, allerdings wird jenen Menschen, die sich von Dämonen verfolgt oder gar besetzt glauben, in erster Linie die Tröstung der Gebete und Sakramente angeboten.

Literatur:

Crapanzano, Vincent: »Spirit Possession«. In: Encyclopedia of Religion. Mircea Eliade. New York (1987). Bd. 14: 12–19; Dinzelbacher, Peter: Enthusiasmus und Besessenheit. In: Wörterbuch der Mystik. Stuttgart (1998) S. 143–144; Dillinger, Johannes: Beelzebulstreitigkeiten: Besessenheit in der Bibel. In: Dämonische Besessenheit: Zur Interpretation eines kulturhistorischen Phänomens. Hg. v. Hans de Waardt/Jürgen Michael Schmidt/H.C. Erik Midelfort/Sönke Lorenz/Dieter Bauer. Bielefeld (2005) S. 37–62; Findeisen, Hans. Besessene als Priester. Schamanen nordasiatischer Völker. (1954); Fischer, Edda: Die »Disquisitionum Magicarum libri sex« von Martin Delrio als gegenreformatorische Exempel-Quelle. Frankfurt am Main (1975); Franz, A. Die kirchlichen Benediktionen im Mittelalter. 2 Bde. Freiburg i. Br. (1909); Hagen, Rune: Traces of Shamanism in the Witch Trials of Norway: The 1692 Trial of the Sami Shaman Anders Poulsen. In: Dämonische Besessenheit: Zur Interpretation eines kulturhistorischen Phänomens. Hg. v. Hans de Waardt/Jürgen Michael Schmidt/H.C. Erik Midelfort/Sönke Lorenz/Dieter Bauer. Bielefeld (2005) S. 307–325; Kallendorf, Hilaire: Exorcism and Its Texts. Subjectivity in Early Modern Literature of England and Spain. Toronto (2003); Klein, G.: Besessenheit und Exorzismus in den deutschsprachigen Flugschriften des 16. Jahrhunderts. Wien (1990); Klinnert, Renate S.: Von Besessenen, Melancholikern und Betrügern: Johann Weyers De Praestigiis Daemonum und die Unterscheidung der Geister. In: Dämonische Besessenheit: Zur Interpretation eines kulturhistorischen Phänomens. Hg. v. Hans de Waardt/Jürgen Michael Schmidt/H.C. Erik Midelfort/Sönke Lorenz/Dieter Bauer. Bielefeld (2005) S. 89–105; Lederer, David: »Exorzieren ohne Lizenz …«: Befugnis, Skepsis und Glauben im frühneuzeitlichen Bayern. In: Dämonische Besessenheit: Zur Interpretation eines kulturhistorischen Phänomens. Hg. v. Hans de Waardt/Jürgen Michael Schmidt/H.C. Erik Midelfort/Sönke Lorenz/Dieter Bauer. Bielefeld (2005) S. 213–231 Midelfort, Erik H.C.: Natur und Besessenheit: Natürliche Erklärungen für Besessenheit von der Melancholie bis zum Magnetismus. In: Dämonische Besessenheit: Zur Interpretation eines kulturhistorischen Phänomens. Hg. v. Hans de Waardt/Jürgen Michael Schmidt/H.C. Erik Midelfort/Sönke Lorenz/Dieter Bauer. Bielefeld (2005) S. 73–87; Merkelbach, Reinhold: Exorzismus und Teufelspakt in der Spätantike. In: Hestia und Erigone: Vorträge und Aufsätze. Leipzig (1996) S. 339–362; Mulacz, Peter: Historical Profiles in Poltergeist Research. In: From Shaman to Scientist. Hg. v. James Houran. Lanham (2004) S. 127–190; Mulacz, Peter: Eleonore Zugun – the Re-Evaluation of a Historic RSPK Case. In: The Journal of Parapsychology, Vol. 63/1 (March 1999) S. 15–45; Petzoldt, Leander: Der Teufel und der Exorzist. Dämonische Besessenheit in Sage und Volksglauben. In: ders.: Märchen, Mythos, Sage. Beiträge zur Literatur und Volksdichtung. Marburg (1989) S. 12–34; Pongracz, Marion: Dämonen und Dämonenkampf in der ägyptischen Wüste: Ursprung und Wesen der Dämonenvorstellungen der Wüstenväter des 4. bis 6. Jahrhunderts. Wien (2003).

Ab dem Hochmittelalter häuften sich die Geistersichtungen und damit auch die Gefahr, auf Betrügereien der Dämonen hereinzufallen. Vorhanden waren schon die Hinweise, die Gnadengabe des Apostels Paulus, und Ignatius von Loyola schloss die Unterscheidung der Geister in seine geistlichen Übungen ein.

Bei den Geisterdialogen und auch in anderen Texten wird der Zweifel an der Provenienz der Geister angesprochen. Das zentrale, dahinter liegende Konzept, die *discretio spirituum*, die Unterscheidung der Geister, gründet auf eines der vom Apostel Paulus genannten Charismen, wurde aber erst zwischen dem Ende des 14. Jahrhunderts und dem 17. Jahrhundert als eigenes Textgenre verarbeitet. Mehrere der wichtigen Werke zu diesem Thema stammen aus dem deutschsprachigen Gebiet, vor allem von der Universität Wien, an der Heinrich von Langenstein (1325–1397) lehrte. Ebenfalls großen Einfluss übten die vergleichbaren Abhandlungen von Nicolaus von Dinkelsbühl (1360–1433) und Heinrich von Friemar (der Ältere) (1245–1340) aus. Auf dem Konzil zu Konstanz von 1415 kam es aufgrund der Visionen Birgittas von Schweden (1303–1373) zu Kontroversen. Deshalb verfasste Johannes Gerson (1363–1429) von der Universität von Paris sein Werk *De probatione spirituum*, worin er das Misstrauen gegenüber Träumen und Visionen insbesondere von Frauen ausführt. Da es große Ähnlichkeiten zwischen den Manifestationen guter und böser Geister gibt, erstellt Gerson die Liste der Tugenden, durch die sich gute Visionäre auszeichnen müssen: So mahne die *discretio*, das rechte Maß beim Essen, zur Vorsicht bei Visionären, die behaupten, ständig zu fasten. Ganz allgemein müsse man Visionen und Erscheinungen einer strengen Prüfung mittels sechs Fragen unterziehen: *Quis, Quid, Quare, Cui, Qualiter, Unde*. Das spricht für Personen in Amt und Würden wie des Priestertums, aber auch für Personen mit universitärem Titel und für schriftliche glaubhafte Überlieferung.

Eine andere Abhandlung befasst sich direkter mit Totengeistern, und zwar der *Tractatus de animabus exutis a corporibus* des Jacob von Jüterbogk (1381–1465) bzw. Jacob vom Paradies, der an der Universität Krakau lehrte, dann Abt des Zisterzienserklosters Paradies wurde und 1465 in Erfurt starb. Jacobs Traktat wird in den älteren Ausgaben dem Geisterdialog des Johannes Gobi beigefügt. Zu Anfang bemerkt der Verfasser, dass die Seelen der Toten sich nicht immer für das Auge sichtbar zeigen, sondern sich auch bemerkbar machen, indem sie Steine werfen, Töpfe zerbrechen und Schemel umwerfen und die verschreckten Bewohner in die Flucht schlagen. Die Geister machen sich durch Geräusche herumgeworfener Gegenstände, Pfeifen, Niesen, Seufzen, Schluchzen, Klagen und Händeklatschen bemerkbar. Der Autor beschreibt all diese Vorkommnisse, um seine Leser zu beruhigen und sie aufzufordern, den armen Seelen zu helfen und selbst Buße zu tun. Der schon mehrfach erwähnte Jakob von Jüterbogk behauptet, dass Geistererscheinungen ein ausschließlich christliches Phänomen seien, da sich in anderen Glaubenskreisen wie dem Judentum oder dem Islam nur Dämonen den Lebenden zeigen. Er konzentriert sich darauf, Kontakt mit den Seelen aufzunehmen, und entwickelt nach den Vorbildern der Geisterdialoge Methoden, wie man mit den Seelen sprechen, was man sie fragen solle: Vier oder fünf Priester begeben sich nach Beichte und Messe an jenen Ort, an dem der Geist erscheint. Jede nekromantische Methode wird abgelehnt und durch eine kirchliche Zeremonie ersetzt. Ein Exorzismus wird nicht genannt, da die ritualisierte Form und der dafür vorgesehene Leiter erst später offiziell eingesetzt werden. Dann werde eine zu Maria Lichtmess gesegnete Kerze herbeigebracht, Weihwasser gesprengt, man bekreuzigt sich und singt dabei die sieben Psalmen oder das Johannesevangelium. Dann folgt ein einfaches Gebet, bei dem man Gott bittet, er möge dem Geist erlauben zu offenbaren, wer er ist, warum er gekommen ist und was er wünscht. Jakob gibt an, dass ein ausführliches kirchliches Ritual nicht immer nötig ist. Im häuslichen Rahmen könne der verstorbene Gatte seiner Ehefrau direkt erscheinen und umgekehrt, der Vater seinem Sohn, die Mutter der Tochter, der Bruder der Schwester usw. Auch hier stellt der Autor die Verwandtschaftsbeziehungen in den Vordergrund. Wenn nicht alle kirchlichen Garantien vorliegen, muss man auf andere Kriterien zurückgreifen, um den Wahrheitsgehalt der Erscheinung zu überprüfen. Folgt man den biblischen Beispielen, so ist gewiss, dass die Erscheinung eines guten Geistes einen Schrecken auslöst, der nur kurz anhält, ebenfalls ein gutes Zeichen ist die Übereinstimmung zwischen der Erscheinung und dem Geist, der sich dahinter verberge. Ein guter Verstorbener bewahre seine menschliche Stimme und Gestalt, während ein böser Geist sich oft in einen Löwen, Bären, Frosch, Hund, eine Schlange oder schwarze Katze oder einen schwarzen Schatten verwandelt. Nur die Erscheinung einer weißen Taube sei ein gutes Omen. Schließlich könne man auch die Worte und die Gesten des Geistes als untrügliche Zeichen bewerten, denn wenn sie Glauben und Moral widersprächen, dann habe man es mit einem bösen Geist zu tun.

Diese oft detaillierten Verfahrensweisen dienen dazu, den agierenden Geistlichen die Kontrolle und die Deutungshoheit über den Jenseitsglauben zu gewährleisten. Auch wenn sichtbare Totenerscheinungen selten sind, so können die Verstorbenen Offenbarungen der Bibel und auch spätere Offenbarungstexte verifizieren. Fegefeuer, Ablässe und Seelenmessen werden nun feste Bestandteile des frommen Lebens, das das Fortkommen der katholischen Kirche entscheidend sichert. Dennoch sind die Zeichen nicht immer eindeutig, der Teufel lauert auf die kleinste Verfehlung, und die Angst vor Dämonen und der Hexerei formiert sich bereits im Spätmittelalter.

Literatur:

Dinzelbacher, Peter: Unterscheidung der Geister. In: Wörterbuch der Mystik. S. 506–507; Lexikon der Mystik; Hense, Elisabeth: Frühchristliche Profilierungen der Spiritualität: Unterscheidung der Geister in ausgewählten Schriften. Berlin (2010); Schlosser, Marianne (Hg.), Die Gabe der Unterscheidung. Texte aus zwei Jahrtausenden. Würzburg (2008); Schneider, Michael: Unterscheidung der Geister. Die ignatianischen Exerzitien in der Deutung von E. Przywara, K. Rahner und G. Fessard (= Innsbrucker Studien 11). Innsbruck-Wien (1983 u. ö.).

V. TOTENGEISTER UND WIEDERGÄNGER

DAS WESEN DER GESPENSTER

Wenn von Geistern die Rede ist, meint man für gewöhnlich Totengeister oder Spukgeister oder auch Gespenster. Die Etymologie von Geist: althochdeutsch, mittelhochdeutsch *geist* aus westgermanisch **gaista-* m. »überirdisches Wesen«, oder »Gemütsverfassung« aus indogermanisch **g̑heis-d* »außer sich sein«, aber auch gotisch *usgeisnan* »erschrecken anord. *geiskafullr* »völlig erschrecken«. Geist hat erst in christlicher Zeit die Bedeutung »böser Geist« bzw. »Dämon« angenommen, die Furcht vor einem Geist war also schon in der Frühzeit im Bedeutungsfeld vorhanden. Verwandt mit dem Begriff »Geist« ist das mittelhochdeutsche Wort *ungehiure* für »Monster«, »Dämon«, neuhochdeutsch »Ungeheuer«. Gott ist der *hiure*, während der Teufel das Gegenteil, der *unhiure*, genannt wird. Es besteht auch ein Zusammenhang mit *hold* und *unhold* und lateinisch *larva*, die als *talmasga* = masque wiedergegeben werden. Eine andere Bedeutungslinie stellt Geist zu Seele als dem »sich Bewegenden« oder »etwas, das bewegt wird«, aus althochdeutsch *ano* »Ahne«, lateinisch *animus* aus der Wurzel **an*, die Vorstellungen beinhalten wie, dass die durch plötzlichen Tod frei werdende Seele zum Sturm wird.

Geister »geisten«, »gespensten«, »gehen um«. Der Geisterglaube und die Geisterfurcht waren und sind bei nahezu allen Völkern lebendig und wurden durch unterschiedliche, meist apotropäische Bräuche verstärkt, die oft erst mit dem Christentum aufgekommen sind. Tote und Geister bewohnten, von den Lebenden geschieden, einen ihnen zugehöriges Reich im Westen, wo man auch den Teufel verortete. Die in den Bergen gewähnten Totenreiche entstanden aus dem Brauch, die gefährlichen Toten aus dem Bereich der menschlichen Häuser und Ansiedlungen zu verbannen und sie in den Höhlen der Berge zu bestatten. Der Tod erhielt auch den Namen Hauptmann vom Berge, wie auch die Geister überhaupt einer Hierarchie unterworfen waren: Agrippa nannte sieben Geisterfürsten, Johann Hartlieb einen mit Namen Salathiel.

Das Aussehen der Geister variierte, sie konnten als heidnische Götzenbilder, als Christen, in menschlicher oder tierischer Form, als Irrlichter oder leblose Gegenstände oder immer in derselben Gestalt oder immer anders erscheinen. Als Farbe wurde oft Grau angegeben, der Glaube an ein Feuerjenseits brachte andererseits sehr viele Belege für feurige Geister hervor. Wenn sie sich bekleidet zeigten, dominierte seit dem Mittelalter Weiß, die Farbe des Leichentuchs. Oft waren sie bis auf ein Glied, meist die Hand, unsichtbar, wenn nicht, erschienen sie als amorphe Gestalten, weder konnte man Arme und Beine unterscheiden noch den Kopf. Sollten die Gespenster mit ihrem Äußeren auf ihren Status im Jenseits, ihr zu büßendes Vergehen oder aber auf ihre Todesart hinweisen, konnten sie sich durchaus körperlich zeigen. Weit bekannt und nahezu stereotyp zu nennen ist das Gespenst, das seinen Kopf unter dem Arm trägt, das nicht nur Parallelen mit den *Akephaloi*, den kopflosen Monstren der antiken Sage aufweist, im Mittelalter im Gefolge der Wilden Jagd auftrat und ab dem 15. Jahrhundert zu magischen Zwecken als Morddämon beschworen wurde.

Das Grauen vor den übermächtigen Geistern machte diese verehrungswürdig und ist deshalb besonders bei den sogenannten animistischen Religionen der indigenen Völker zu beobachten. Der Glaube an eine Wirkmächtigkeit der Geister bleibt in den Hochkulturen vom christlichen Mittelalter bis in die Gegenwart erhalten.

Obwohl die Haus- oder Krankengeister und auch die für die Nebel- und Wetterphänomene verantwortlichen Geister meteorologischen Charakters nicht mit den Totengeistern identisch sind, gibt es dennoch Überschneidungen. So stellte man sich die Seelen der Toten im Sturmwind vor wie die Wilde Jagd, aber auch die Vorstellung von der Geisterkutsche deutete in diese Richtung. Dem Erscheinen eines Gespensterzuges folgten Sturm und Regen.

Antike Schriftsteller wie Plinius, aber auch die Bibel hatten immer wieder verlassene Häuser, Ruinen und Einöden als Wohnstätten der Geister angegeben. Da an diesen Orten die Unterscheidung von individuellen Toten nicht mehr möglich bzw. auch gar nicht vorhanden war, wurde diese später nachträglich durch Lokalsagen geschaffen. Aber nicht ihre Wohnstätte war gefährlich, der Tote selbst als lebender Leichnam bedeutete Unheil, weshalb man seine Wiederkehr nach Kräften zu verhindern suchte. Die Totengeister gingen um, wenn ihr Körper nicht nach den Riten beerdigt wurde, und fanden erst Ruhe, sobald das geschehen war. Aber auch wenn keinerlei Versäumnisse auszumachen waren, erschienen die Toten zu bestimmten Zeiten, so am 9. Tag nach ihrem Tod, jeden Samstag, alljährlich zu ihrem Todestag, in bestimmten Nächten vor Allerheiligen, Weihnachten usw. Motiviert wurden sie von der Neugierde, aber auch Sorge um ihren Besitz, wenn die testamentarischen Verfügungen nicht eingehalten oder ihre Wünsche von den Erben ignoriert wurden.

Die Lebenden konnten die Wiederkehr verhindern oder auch erschweren, indem man ihnen Grenzen setzte, die sie nicht zu überschreiten vermochten, wie z. B. fließendes Wasser oder Hausschwellen. Auch die Anschauung, dass die Seele nach dem Tod aus dem Körper austritt und sich neben dem Leichnam aufhält, spielte eine gewisse Rolle. Wenngleich die Angst vor den umgehenden Toten dominierte, wurden sie nicht generell als bösartig charakterisiert. Ähnlich den Hausgeistern konnten sie allerdings Schabernack treiben, Wanderer in die Irre leiten und necken, an neuralgischen Punkten auf Reisende lauern, sie auch ins Wasser ziehen. Hier sind die Wirkungsbereiche der Gespenster und Naturgeister vermischt. Sagen von Steine werfenden Geistern, die Wanderer erschreckten, aber auch verstorbene Leichenschänder, die immer wieder frische Leichname ausgruben, fanden Verbreitung. Hatte jemand Geld vergraben, so fand er keine Ruhe, bis sein Schatz gehoben war. Dieser schatzhütende Totengeist erschien zu Mitternacht und winkte den Menschen, um ihnen den Schatz zu zeigen. Wenn der Betreffende dem Geist stillschweigend folgte und den Schatz hob, war der Geist erlöst. Manchmal erhielt der Geistern begegnende Mensch ihm wertlos erscheinende Gegenstände, die sich aber, wie im Märchen, in Gold verwandelten.

Die Plage- oder Quälgeister setzten den Menschen auf vielerlei Weisen zu, hinderten sie am Essen und Trinken, polterten in ihren Häusern, zogen nachts den Schläfern die Decke weg, hinderten die Senner an ihrer Arbeit, blockierten Mühlen oder verstopften Wasserläufe. Besonders für die Nutztiere stellten sie eine Gefahr dar, da sie sie so lange quälten, bis diese starben, oder machten sie zumindest deren Milch ungenießbar. Sie stellten den Frauen nach, die sie zum sexuellen Verkehr nötigten, hier vermischen sich die Vorstellungen mit den Dämonen. Jede Geisterberührung hinterließ Spuren, die meist auf ein Feuerjenseits deuteten. Die zurückbleibenden roten Male verkündeten den baldigen Tod. Gutwillige Menschen waren meist vor Geisterattacken sicher, sollten aber bei Erscheinungen möglichst nicht sprechen. Der Hahnenschrei setzte dem Geistertreiben meist ein Ende.

Die Möglichkeit einer Geisterbesetzung haben wir bereits erörtert. Entsprechende Beschwörungsformeln treiben die Geister aus, die dabei einen entsetzlichen Gestank hinterlassen, umgekehrt kann man auch einen Geist durch Gestank, aber auch Geschrei vertreiben. Um die Geister wegzuhalten, hat man schon früh versucht, mit ihnen bindende Verträge zu schließen. Pakte mit bösen Geistern und Dämonen sind schon in der Antike belegt. Diese Verträge überantworten den Menschen demjenigen, mit dem er den Pakt geschlossen hat, und so muss dieser Mensch im Tod als Geist umgehen.

Ebenso wie bei den Natur- und auch Hausgeistern sagte man den Totengeistern die Gabe der Weissagung und Wahrsagerei nach. Hexen und Zauberer befragten Totengeister für Liebeszauber, Soldaten wandten sich an die Totengeister, um ihre Losungsnummern, Bestohlene um den Namen des Diebes zu erfahren bzw. wo der gestohlene Gegenstand wieder aufgefunden werden konnte. Wetterumschwünge und auch andere Naturkatastrophen wie Erdbeben kündigten sie durch Erscheinen an, auch wann es Krieg geben sollte, und sogar eigene Untaten. Geister sagten den Tod eines Menschen voraus, Geistersichtigen verkündeten sie ihn.

Auch die Frist des Umgangs der Totengeister gestaltete sich unterschiedlich. Wenn die Verstorbenen sich eines Eigentumsdeliktes schuldig gemacht hatten, mussten sie umgehen. Die Zeitspanne war unterschiedlich, die Frist erstreckte sich von

Wochen bis hin zu Jahren, oft gar Jahrhunderten, bis zum Jüngsten Gericht. Im Mittelalter führte die Kirche die Möglichkeit der Fürbitten und Seelenmessen für die Verstorbenen ein, was fristverkürzend wirken sollte. Einer bestimmten Gruppe von Sündern war es bestimmt umzugehen, darunter waren Betrüger, Grenzsteinfrevler, Meineidige, Frauenverführer, Mörder, die im Grab keine Ruhe fanden und die Lebenden erschreckten. Totengeister erwiesen sich oft auch als nützlich für die Lebenden: Sie warnten bei Gefahr oder wenn die Lebenden Schaden nehmen konnten usw. Es war angezeigt, diese Warnungen nicht leichtfertig zu missachten. Die wohlwollende Seite der Totengeister, speziell der Ahnengeister, konzentrierte sich in der Antike vor allem in der Förderung der Fruchtbarkeit und damit dem Fortbestand der Familie.

Die Kommunikation der Lebenden mit den Toten gestaltete sich nicht immer wie in den mittelalterlichen Geisterdialogen, von denen noch zu sprechen sein wird, wo die Geister zumindest von ihren Angehörigen gehört und auch verstanden werden. Da die Geister nach übereinstimmender Meinung über keinen festen Körper verfügen, müssen sie die Stimmbänder der Medien zum Sprechen benützen. Nach einer anderen Auffassung werden die Geister durch den Tod ihrer Stimme beraubt, sie sind stumm und man muss sie erst zum Reden bringen. Seit der Antike existierte aber auch die Vorstellung einer eigenen Götter- und Geistersprache, die sich in Wettergeräuschen äußerte, wie dem Grollen des Donners und dem Säuseln des Windes bei Gottheiten und Totengeistern. Das merkwürdige Phänomen der Glossolalie, des Zungenredens, bei dem plötzlich andere Sprachen gesprochen werden können, die das betreffende Medium vorher nicht beherrscht hatte, ist vor allem in Zusammenhang mit dem Pfingstwunder gebracht worden. Im Kontext der sogenannten Tanzwut konnten ekstatische Tänzer (beispielsweise beim Aachener Johannistanz) Geister sehen, die sie mit ihren Namen riefen.

Literatur:

Lecouteux, Claude: Geschichte der Gespenster und Wiedergänger im Mittelalter. Köln und Wien (1987); Mengis, Carl: Geist. In: Handwörterbuch des deutschen Aberglaubens. Hg. v. Hanns Bächthold Stäubli u. Eduard Hoffmann-Krayer. Berlin (1987) Bd. 3, Sp. 472–510; Mengis, Carl: Geistersprache. In: Handwörterbuch des deutschen Aberglaubens. Hg. v. Hanns Bächthold Stäubli u. Eduard Hoffmann-Krayer. Berlin (1987) Bd. 3, Sp. 553–555; Rohmann, Gregor: Tanzwut: Kosmos, Kirche und Mensch in der Bedeutungsgeschichte eines mittelalterlichen Krankheitskonzepts. Göttingen (2013).

Abgrenzungen und Überschneidungen

In der Bibel fehlen Totengeister fast völlig, daher ist es auch verständlich, dass die christliche Glaubensgemeinschaft der ersten Jahrhunderte den Gespensterglauben als heidnisches Relikt ablehnte. Einige Passagen der Evangelien äußerten eine große Zurückhaltung gegenüber jeglichem Totenkult. Für das Neue Testament ist Gott nicht der Gott der Toten, sondern der Lebenden (Mt 22, 32). Zwar lassen Jesus und später die Apostel Tote auferstehen, aber ein solches Wunder ist nicht mit der Rückkehr eines Verstorbenen gleichzusetzen. Mehrere Textabschnitte der Evangelien können als ausdrückliche Zurückweisung des Geisterglaubens gedeutet werden. Als Jesus auf dem Wasser wandelt, werden seine Jünger von Furcht ergriffen und vermeinen ein Gespenst zu erblicken, weshalb Jesus sie beruhigen muss (Mt 14, 25 und Mk 6, 49). Als Jesus dann nach seiner Auferstehung den Frauen erscheint, beruhigt er die Frauen mit denselben Worten. Auch ist bezeichnend, dass die Apostel der Auferstehung Jesu vorerst keinen Glauben schenken und meinen, sie hätten geträumt (Lk 24,11). Als Jesus endlich seinen Jüngern erscheint, erschrecken sie und vermeinen einen Geist zu erblicken. Daraufhin fordert er sie auf, ihn zu berühren, denn kein Geist habe Fleisch und Knochen, und schließlich speist er mit ihnen, um ihnen einen Beweis für seine Lebendigkeit zu liefern.

Von ähnlichem Charakter ist die Szene der wunderbaren Befreiung des Apostels Petrus. Die Jünger wollen der Magd nicht glauben, dass Petrus gekommen sei, und halten sie für verrückt. Den größten Einfluss in dieser Angelegenheit hat jedoch die Geschichte von der Auferstehung des Lazarus (Lk 16, 27–31). Hier belehrt Abraham den Reichen nicht nur darüber, dass es im Jenseits keinen Verbindungsweg zwischen dem Aufenthaltsort der Glückseligen und dem der Verdammten gebe, sondern er lehnt es auch ab, Lazarus zu seinen noch lebenden Brüdern zu schicken, damit er sie vor den Qualen warne, die ihnen ein sündiges Leben im Jenseits beschert. Genauso deutet auch Augustinus das Gleichnis: Es ist ausgeschlossen, dass die Toten auf die Erde zurückkehren. Der einzige biblische Bericht über den Geist eines Toten findet sich im Alten Testament, in der Geschichte von der Frau von Endor. Die Bibel schildert hier einen Akt der Nekromantie (siehe dort), welcher heimlich für den König Saul durchgeführt wurde, obwohl dieser selbst diese Praktiken verboten hatte.

Aus dem Frühmittelalter sind nur wenige Beschreibungen von Geistererscheinungen überliefert. Für diese lässt das dualistische Weltbild, das nur Erscheinungen Jesu, der Engel und Heiligen, aber auch der Dämonen kennt, noch keinerlei Raum. Eine wichtige Funktion der frühen Heiligen der Merowinger- und Karolingerzeit bestand darin, die als Unheil bringend aufgefassten bösen Geister der Toten auszutreiben. Als Protagonisten des neuen Glaubens schlugen sie die dem Heidentum und dem Aberglauben zugeschriebenen Toten in die Flucht und verdammten sie. So soll der hl. Bischof Germanus von Auxerre ein Haus von unheilvollen Schatten befreit haben, die an diesem Ort umgingen, weil sich dort Leichname befanden, die nicht würdig bestattet worden waren. Der Patron des Burgenlandes, der hl. Martin, zwang nach Aussagen seines Hagiographen Sulpicius Severus um 397 den »gemeinen Schatten« eines Räubers, den die Menschen eines Ortes wie einen Märtyrer verehrten, seinen Namen preiszugeben und seine Verbrechen zu gestehen. Damit war ein sehr prägnantes Modell entwickelt, das von anderen Hagiographen wieder aufgegriffen wurde. So sind beispielsweise über den hl. Patrick, den Missionar Irlands, ebensolche Taten überliefert. Bereits die Kirchenväter setzten unheilbringende Tote und Dämonen gleich, die frühmittelalterlichen

Exorzismusformeln trennten nicht zwischen böswilligen Toten und Dämonen. Das Besprengen mit Weihwasser und Salz, bei gleichzeitigem Hersagen einer Beschwörungsformel, sollte jedes Gespenst und jeden Dämon vertreiben.

Die zehn Bücher Geschichten Papst Gregors des Großen (540–604) waren eine der wichtigsten Quellen zu frühmittelalterlichem Glauben und Aberglauben, die während des gesamten Mittelalters einen großen Bekanntheitsgrad beanspruchen konnten. Seine Gespensterberichte spielten im monastischen Milieu, berücksichtigten viele, ihm zugetragene Berichte und gewährten einen guten ersten Blick in die frühmittelalterlichen Gespenstererscheinungen. Die wiederkehrenden Verstorbenen wandten sich mit ihren Anliegen an die Lebenden, die den Toten mit Fürbitten und Seelenmessen ihre Sühne zu erleichtern vermochten. Die Praxis, an den ersten dreißig Tagen nach dem Verscheiden eines Menschen die Totenmesse zu lesen, war Ende des 5. Jahrhunderts schon etabliert. Das in der Messe zelebrierte symbolische Teilen der Speisen mit den Verstorbenen förderte zudem die Verbreitung dieses Ritus, weil dadurch die Christen von Bestattungsbräuchen mit allzu heidnischem Charakter, wie Trankopfern, Banketten und Opfergaben auf dem Grab, abgehalten wurden. Die Hauptursache für die wachsende Zahl von Geistererscheinungen ab dem 9. Jahrhundert war die Entstehung des liturgischen Totengedenkens. Seit der Karolingerzeit war ein System spezieller Totenmessen, die am 3., 7. und am 30. Tag nach dem Verscheiden einer Person gelesen werden, fest verankert.

Von größtem Einfluss auf das literarische Schrifttum und in diesem Zusammenhang auf das Motivinventar der europäischen Literaturen waren die sogenannten englischen Hofkleriker: Walter Map (1140–1210), Gerald von Wales (1146–1223) und Gervasius von Tilbury (1150–1235). Alle drei waren Weltgeistliche, hatten eine Schule oder Universität besucht und verdankten ihre soziale Stellung dem Wohlwollen des Herrschers, in dessen Dienst sie standen. Walter Maps Hauptwerk *De nugis curialium* oder *Hofgeschwätz* entstand 1182 und widmete mehrere Kapitel den Erscheinungen phantastischer Wesen teuflischen Ursprungs. Wilhelm von Newburgh (1136–1198) hatte im letzten Buch seiner englischen Geschichte *Historia rerum anglicarum*, bei dem es um merkwürdige Begebenheiten ging, von vier Totenerscheinungen aus der jüngsten Vergangenheit geschrieben. Diese Totengeister waren allerdings keine um Fürbitten flehenden gequälten Seelen, sondern schadenstiftende, gefährliche Tote, die an die *draugr*, die Wiedergänger der skandinavischen Sagas erinnern. Diese schreckten ihre Verwandten, ließen die Hunde nachts heulen, sollen Krankheiten hervorgerufen und Menschenblut getrunken haben. Es handelte sich um Nachzehrer: In ihren Gräbern lagen blutgetränkte Leichen mit roten Gesichtern und zerrissenem Leichentuch.

Gervasius von Tilbury schrieb die *Otia imperialia* oder »Die kaiserlichen Mußestunden«, eine Sammlung von *Mirabilia*, die ihm im Laufe seiner Reisen im anglo-normannischen Königreich und in der Provence erzählt wurden. Eine eigentümliche Geschichte handelte von einem Toten, der seine Witwe tötete, weil sie das ihm gegebene Versprechen, Witwe zu bleiben, nicht einhielt. Als sie nach der Trauung mit ihrem zweiten Mann aus der Kirche zurückkehrte, sah nur sie ihren verstorbenen Mann auf sich zukommen. Der Wiedergänger tötete sie mit einem Mörser, den er ihr auf den Kopf schmetterte. Für Gervasius lag das Wunderbare an dieser Geschichte vor allem darin, dass sich hier ein Gegenstand von selbst durch die Luft bewegte, und nur die Frau den Toten sah und damit seine Anwesenheit bestätigte. Es ist dies eine Darstellungsform, die sich vor allem für die filmische Adaption hervorragend eignet und deshalb auch vielfach übernommen wurde.

Was die altnordische Literatur des Mittelalters über eine pagane Vergangenheit berichtete, trat mehr oder weniger verbrämt auch in christlichen Quellen hervor. Die Pfählung eines unzeitig Verstorbenen bzw. ungetauften Kindes empfahl Burchard von Worms in seinem besonders für abergläubische Vorstellungen wichtigen *Decretum*. Selbstmörder wurden im Mittelalter in Flüsse geworfen, womöglich ein Reflex, welcher der antiken Vorstellung des Wassers als Grenze zwischen Totenreich und den Lebenden entspricht. Caesarius von Heisterbach (1180–1240) beschrieb in seinen Wundergeschichten in anschaulicher Weise den Brauch der Fesselung eines Toten, der gerade im Begriff war, sich zu erheben. Verdächtigen Toten drückte man die

Augen zu und verstopfte Mund und Nasenlöcher, setzte sie unter aufgeschichtete Steine oder versenkte sie in Gewässern. Blieben die Maßnahmen wirkungslos, dann griff man zur Radikalmethode, der Verstümmelung wie Köpfen oder Verbrennen. Die Vorstellung von einer (körperlichen) Rückkehr der Toten erklärt sich teilweise aus der archaischen Seelenvorstellung, der Annahme, dass der Mensch mehrere Seelen besitze, darunter auch ein Alter Ego, das im Körper, im Blut in den Knochen weiterlebt, sodass dieses Haus der Seele völlig zerstört werden muss. Was umgeht, ist das Alter Ego, das imstande ist, in der Erde zu versinken, ohne Spuren zu hinterlassen. Auch dieses Motiv wurde vom späteren Vampirmodell aufgenommen. Wiedergänger belegen also zwei Jenseitsvorstellungen: die heidnische Auffassung vom Grab als Wohnsitz des Toten und die der anderen Welt bzw. der christlichen Hölle.

Bei den Kelten gehörte der Kessel zu den wichtigsten Kultrequisiten. Es gab davon drei, und der dritte, der Kessel der Wiedergeburt, interessiert uns hier ganz besonders. Im zweiten Zweig des *Mabinogi* besaß Bran den Kessel, der die Eigenschaft hatte, Tote, die am Abend in den Kessel geworfen wurden, am Morgen wieder lebendig machen zu können, allerdings konnten diese Wiedergänger nicht sprechen.

Erst gegen Ausgang des Mittelalters und in der frühen Neuzeit setzte die theoretisch-theologische Fachliteratur über Teufelsspuk und Gespenster ein, die zu Geistererscheinungen vom kirchlichen oder allgemein christlichen Standpunkt Stellung bezog. Jakob von Paradies oder auch Jakob von Jüterbogk verfasste über 100 theologisch-didaktische Werke, wobei in diesem Zusammenhang besonders *De animabus exutis a corporibus* (1454), in Deutsch *Von der Wiederkehr der Seelen Verstorbener*, interessiert. Dieses populärste Werk erwähnte zeitgenössische Spukberichte über Polter-, Nies- und Kratzgeister sowie sichtbar erscheinende Tote, um Hilfe suchende Seelen aus dem Fegefeuer und auch Geistermessen. Die Seelen der Toten, die sich nicht immer sichtbar zeigten, sondern sich auch als Polter- und Klopfgeister bemerkbar machten, um befragt zu werden, mussten mithilfe eines detailliert beschriebenen Rituals beschworen, ihre Herkunft und Absichten festgestellt werden.

Mit Luther zeichnete sich eine neue Entwicklung ab: Im Mittelalter waren die Grenzen zwischen Lebenden und Toten durchlässig, da die ruhelosen Seelen die Fürsprache der Kirche für sich in Anspruch nahmen. Die Kirche nutzte die Heiligen als ihre Fürsprecher im Jenseits, die Reformation setzte diesen bewährten Beziehungen ein Ende, indem sie den Heiligen- und Reliquienkult aufhob, die wichtige Vermittlertätigkeit der Heiligen und das Fegefeuer abschaffte. Wiedergänger und Totengeister wurden damit in die »Illegalität« verbannt und alle Gespensterwesen dem Teufelsreich zugewiesen. Die damit einhergehende Dämonisierung der Wiedergänger und Geister und die Erklärung sämtlicher nicht natürlich erklärbarer Erscheinungen als Teufelsspuk unterbanden jede bisher noch geduldete Kommunikation mit ihnen. Somit war die Kirche der Verantwortung gegenüber den Gespenstern enthoben, aber gleichzeitig der Exorzismus institutionalisiert.

Mit der Möglichkeit eines wesentlich schnelleren Buchdrucks mit beweglichen Lettern gegen Ende des 15. Jahrhunderts kamen auch die ersten Veröffentlichungen von Sensationsberichten, wozu insbesondere Wiedergänger- bzw. Gespenstergeschichten zählten. Das umso mehr, da seit der Reformation die restriktive Zensur gelockert war. Die Bemühungen des Johannes Trithemius (1462–1516) und des Agrippa von Nettesheim (1486––1535), Telepathie und Spukphänomene durch natürliche physikalische Ursachen erklären zu wollen, stießen auf Unverständnis und brachten sie selbst in schlechten Leumund. Ähnlich erging es Paracelsus (1493–1541), der teils aufgrund seiner ihm fälschlich zugeschriebenen Schriften zum Okkultisten und Hermetiker avancierte und dessen Buch über die Elementargeister noch das 19. Jahrhundert faszinierte und auch beeinflusste. In seiner *Astronomia magna oder die ganze Philosophia sagax* von 1537 erklärte er das Erscheinen von Wiedergängern aus einem elementaren sichtbaren und einem astralen unsichtbaren Leib des Menschen, von denen Ersterer nach dem Tod schneller verwese, während der astrale Leib nicht an das Grab gebunden sei, sondern sich im Lebensraum des Toten frei bewege und daher auch, eben als Geist, gesehen werden könne. Dieser Geist sei aber weder die Seele des Toten noch dessen Körper noch ein Urlauber aus dem Fegefeuer, sondern ein Astralleib im modernen Sinne, und zwar sei dieser umso kräftiger, wenn der Mensch in gesundem Zustand eines plötzlichen unnatürlichen Todes gestorben sei. So erkläre sich, dass hingerichtete Mörder und deren Opfer optimale Voraussetzungen für das Spuken mitbrächten. Das Bemerkenswerte an Paracelsus' sehr moderner synkretistischer Gespenstertheorie ist, dass diese trotz bzw. entgegen der protestantischen Lehre menschliche Gespenster anerkannt hat und deren Erscheinen ohne Mithilfe des Teufels zustande kommt.

Der Züricher kalvinistische Theologe Ludwig Lavater verfasste 1569 eine systematische Schrift zum Gespensterglauben *Von gespänsten, unghüren, fälen und anderen wunderbaren dingen*. Er erklärte viele der Gespenstererscheinungen durch Irrsinn, Angst, Sinnestrübung, Trunkenheit, Täuschung oder Betrug. Als Kalvinist verstand er die katholischen Predigtmärlein als bewusstes Mittel der Furchterzeugung, was nicht von der Hand zu weisen ist, und lehnte die Vorstellung von Gespenstern rigoros ab. Der von ihm konstatierte Rückzug von Geistererscheinungen sei auf die zunehmende Mündigkeit der Christen zurückzuführen. Dieses Werk, das auch Verhaltensregeln für den Umgang mit Poltergeistern und Gespenstern und seiner Klassifikation der Geister und Gespenster nach Typen gab, blieb über lange Zeit als grundlegendes Nachschlagewerk bestehen. Die lateinische Fassung wurde ins Französische und Englische übersetzt, dieser schrieb man den Einfluss auf Shakespeares *Hamlet* zu. Aber auch die Katholiken meldeten sich zu Wort: Pierre Le Loyer legte 1586 eine 1000–seitige Schrift vor, in der er die Idee des Fegefeuers zu retten versuchte und die Meinung vertrat, dass die im Himmel befindlichen Seelen auf die Erde herabsteigen könnten. Ganz nebenbei griff er ein juristisches Problem auf, das besonders in späterer Zeit Bedeutung erlangte: die Frage nämlich, ob man den Mietvertrag kündigen könne, wenn man sich in einem Spukhaus einmietet.

Der Schüler Agrippas, der ebenso berühmte Arzt Johann Weyer, eiferte in fünf Büchern seiner Schrift über den Betrug der Dämonen *De praestigis daemonum* gegen die teuflische Magie, er forderte die Todesstrafe für Zauberer, plädierte aber für

Milde gegenüber Hexen. In seiner *Pseudomonarchia Daemonum* zählte er 68 Geister auf. Dieses Werk beeinflusste wiederum das anonyme Faustbuch, von dem bei den Höllenzwängen noch die Rede sein wird.

Literatur:

Finucane, R.C.: Ghosts. Appearances of the Dead. Cultural Transformations. New York (1984); Hersperger, Patrick: Kirche, Magie und ›Aberglaube‹: Superstitio in der Kanonistik des 12. und 13. Jahrhunderts. Köln u. a. (2010); Holznagel, Franz-Josef: Ignorierte Warnungen armer Seelen, lehrreiche Begegnungen mit den Ahnen und eine undankbare Wiedererweckte. Die ›Gespenster‹ des Wilhelm Werner von Zimmern (1485–1575) und ihre Funktionalisierungen. In: Gespenster. Erscheinungen, Medien, Theorien. Hg. v. Moritz Baßler/Bettina Gruber/Martina Wagner-Engelhaff. Würzburg (2003) S. 5573–53; Lecouteux, Claude: The Return of the Dead. Ghosts, Ancestors, and the transparent Veil of the Pagan Mind. Rochester (1996); Lecouteux, Claude: Das Reich der Nachtdämonen. Angst und Aberglaube im Mittelalter. Düsseldorf (2001); Lecouteux, Claude: Geschichte der Gespenster und Wiedergänger im Mittelalter. Köln und Wien (1987); Müller, Ingeborg/Lutz Röhrich: Der Tod und die Toten. In: Deutsches Jahrbuch für Volkskunde 13 (1967) S. 346–397; Röhrich Lutz: Das Verhalten zum Tod und zu den Toten in der Volksdichtung. In: vom Kirchhof zum Friedhof. Wandlungsprozesse zwischen 1750 und 1850. Hg. v. der Arbeitsgemeinschaft Friedhof und Denkmal. Kassel (1984) S. 89–107; Sawicki, Diethard: Leben mit den Toten. Geisterglauben und die Entstehung des Spiritismus in Deutschland 1770–1900. Paderborn (2002).

UNTERHALTUNGEN MIT MITTELALTERLICHEN GEISTERN

Die im Spiritismus systematisierte Kommunikation mit Geistern war im Mittelalter in den Geisterdialogen präfiguriert. Die längste der von Gervasius von Tilbury gesammelten *Mirabilia* berichtete vom Geist eines verstorbenen jungen Mannes aus Beaucaire, der seiner Cousine zwischen dem Monat Juli und dem 29. September 1211 zu wiederholten Malen erschien. Diese

Begebenheit lag zu dem Zeitpunkt, als Gervasius sie hörte, erst kurze Zeit zurück und hatte großes Aufsehen erregt. Als Marschall des kaiserlichen Hofes in Arles erhielt er Kenntnis davon und nahm schließlich selbst Kontakt zu dem Toten auf. Sein Bericht sollte alle Zweifler von der Wiederkehr der Toten überzeugen. Der Verfasser beabsichtigte auch, mithilfe der Stimme des Toten die Frömmigkeit generell zu fördern.

Der Tote mit dem Vornamen Wilhelm bzw. Guillaume entstammte einer angesehenen Familie aus Apt und war zu seinem Onkel nach Beaucaire geschickt worden, da er in seiner Heimatstadt an gewalttätigen Auseinandersetzungen beteiligt gewesen war. Auch in Beaucaire war er in Schlägereien verwickelt und verletzte sich dabei tödlich. Dieser gewaltsame Tod prädestinierte ihn zum Wiedergänger, obwohl er mit den Sakramenten versehen gestorben war und auch seinem Mörder vergeben hatte. Drei bis fünf Tage nach seinem Tod zeigte er sich seiner Cousine, einem 11–jährigen Mädchen, mit der er zu Lebzeiten in Zuneigung verbunden gewesen war. Sie hatte ihn auch gebeten, ihr nach seinem Tode zu erscheinen, um sie über sein Los im Jenseits aufzuklären. Eines Nachts erschien ihr Cousin, nur in einige Lumpen gehüllt. Verständlicherweise zeigte sie zuerst Angst, er aber gab sich zu erkennen und sie begannen ein Gespräch. Die Eltern im Nebenraum hörten die Stimmen, den Toten sahen sie nicht. Sieben Tage später erschien der Verstorbene wieder dem Mädchen, das in der Zwischenzeit zusammen mit den Eltern für ihn gebetet hatte. Die Gebete zeigten Wirkung, denn der Tote trat nun ordentlich gekleidet auf. Der Dämon, der mit dem Toten mitkam, verschwand, als ihn das Mädchen mit Weihwasser besprengte. Innerhalb von wenigen Tagen verbreitete sich die Nachricht von dieser Geistererscheinung, und das junge Mädchen musste von nun an anderen Personen als Medium dienen, die dem Toten Fragen stellten. Der Tote beklagte sich über einen feurigen Gürtel, den er tragen musste und der ihn peinigte. Diesen hatte er ausgeliehen, aber nicht zurückgegeben. Als der rechtmäßige Besitzer seinen Gürtel zurückerhielt, hatten die Schmerzen ein Ende. In den darauffolgenden Tagen sprach das junge Mädchen im Namen des Priors und anderer Gelehrter mit dem Toten. Zuletzt gelang es einem Priester, direkt mit dem Toten zu kommunizieren. Die Offenbarungen des Toten betrafen hauptsächlich das Schicksal der Seelen nach dem Tod: Der Verstorbene berichtete vom Streit der gefallenen Engel mit den guten Engeln um seine Seele, bis die guten Engel den Sieg errungen hätten. Nach dem Tod müssten die Seelen vier oder fünf Tage umherwandern, etwa so lange hatte der Geist des Toten benötigt, um dem Mädchen zu erscheinen. Nach einigen Tagen kämen die Seelen jener Menschen, die weder heilig noch verdammt seien, ins Fegefeuer, das sich in der Luft befinde. Für die Verdammten gebe es eine Hölle der Luft, die Vorstufe zur unterirdischen Hölle, die auf das Jüngste Gericht folge. Auf die Gerechten warte Abrahams Schoß, der ein in der Luft befindliches Vorparadies darstelle. Dieses gehe dem Gerichtsparadies voraus, das auf das Jüngste Gericht folge, wenn die Heiligen ihren Körper der Herrlichkeit wiedererlangt hätten und in die Anschauung Gottes kämen. Diese Topographie des Jenseits unterschied sich in mehrfacher Hinsicht von den kirchlichen Vorstellungen. So gab es laut Guillaume im Jenseits nicht drei Hauptaufenthaltsorte, sondern fünf. Der Geist erörterte detailreich die Situation der Seelen im in der Luft befindlichen Fegefeuer. An diesem Ort verlaufe die Zeit mit der gleichen Geschwindigkeit wie die irdische, es gebe Tag und Nacht, und den gequälten Seelen werde zwischen Samstagabend und Sonntag Ruhe gegönnt. Jede der Seelen besitze einen hl. Michael, von diesem hätte er auch die Antworten auf die gestellten Fragen. Die Geister der Toten besäßen keine echten Körper, sondern nur ein Abbild. Weil er, wie alle Toten, Kenntnis der Vergangenheit und der Zukunft besaß, konnte er seinen Onkel und Cousin vor einem Mordanschlag bewahren. Allerdings konnten die Seelen nur die Seelen anderer gerade verstorbener Personen sehen, die sie zu Lebzeiten gekannt hatten.

Ein Jahrhundert nach Gervasius von Tilbury legte Johannes Gobi, der Prior der Dominikaner von Alès 1324 in Avignon einen Bericht über die Totenerscheinungen des Gui von Corvo vor, den er zwischen dem 27. Dezember, also dem Namenstag Johannes' des Täufers befragt hatte und der am 16. Dezember gestorben war. Seit diesem Tag ging der als unsichtbar geschilderte Geist im ehelichen Schlafgemach um. Die Darstellung fand großes Echo, wurde aus dem Lateinischen in mehrere europäische Volkssprachen, auch ins Deutsche, übersetzt und illustriert. Johannes Gobi befragte den Geist dreimal: In der Nacht zum 27. Dezember stellte er ihm dreißig Fragen, die der Geist sofort beantworten musste. Die zweite Befragung endete vorzeitig, da Johannes Gobi vergessen hatte, den Geist zum Gehorsam aufzufordern. Nach acht Fragen verschwand dieser. Das letzte Treffen fand am darauffolgenden Tag mit vertauschten Rollen statt, der Geist prangerte die schlechten Prediger, die Zerrüttung der Ehen an und bat am Schluss um 300 Messen für sich und seine Frau. Da er sich danach nicht mehr bemerkbar machte, nahm Johannes Gobi an, dass er das Fegefeuer verlassen habe und zu Ostern ins Paradies eingegangen sei.

Johannes Gobi versammelte am Ort der Erscheinung ein Expertenteam um sich, das aus einem Magister der Theologie, einem Lektor der Philosophie aus seinem Kloster und einem Notar fürs Protokoll bestand. Eine vom Bürgermeister der Stadt beigegebene Eskorte von 200 Bewaffneten hatte die Aufgabe, die Hauseingänge zu sichern. Alle mussten beichten, der Prior las eine Totenmesse und besprengte alle Winkel des Hauses mit Weihwasser. Um Mitternacht erschien der Geist und die Witwe bat ihn, sich zu erkennen zu geben, dann unterwarf Johannes Gobi den Geist unter seinen Willen und stellte ihm ebenso Fragen zum Jenseits. Der Geist antwortete, dass das Fegefeuer aus zwei Teilen bestehe. Am Tage erleide er das gemeinsame Fegefeuer, das sich im Zentrum der Erde befinde, und in der Nacht das individuelle Fegefeuer, das sich dort befinde, wo er gesündigt habe, also im Schlafzimmer. Auch die anderen Antworten des Geistes bestätigten anerkannte Vorstellungen über das körperliche Feuer, das die körperlosen Wesen im Fegefeuer erdulden, über den Nutzen der Fürbitten und den Beistand der Engel. Die Witwe litt unter schweren Schuldgefühlen wegen einer Verfehlung, die sie mit ihm im Ehebett begangen hatte, die aber nicht erklärt wurde. Vermutlich ging es um abweichendes Sexualverhalten der Ehepartner. Das Paar hatte die Sünde zwar gebeichtet, aber nicht Sühne geleistet. Durch die Beschwörung des Geistes nahm der Priester gleichzeitig an der Frau einen Exorzismus vor.

Aus dem Spätmittelalter stammt ein etwa vierzig Seiten umfassender Bericht, der ausführlich die Erscheinung des Großvaters Heinrich Buschmann bei seinem Enkel Arndt zwischen dem 11. November 1437 und dem Himmelfahrtstag 1438 schildert. Arndt Buschmann schrieb diesen Text auf Anweisung des Toten nach seinem Eintritt in den Prämonstratenserorden, wo er schreiben gelernt hatte, nieder. Abgesehen von den Diskussionen, ob Arndt der alleinige Urheber des Textes gewesen war, haben wir hier ein äußerst interessantes Zeitdokument vor uns, das auffällige Parallelen und Einflüsse anderer Visionsberichte, und auch zum vorher erwähnten Bericht des Johannes Gobi, aufweist. Während des Zeitraums von 26 Wochen erschien Heinrich Buschmann, der vierzig Jahre vorher gestorben war, seinem Enkel vierzehn Mal. In der ersten Phase war Arndt bemüht, den Geist seines Großvaters zu beschwören und ihn dazu zu bewegen, seine Sünden zu bekennen, um seine Rettung aus dem Fegefeuer zu beschleunigen.

In den Séancen des Spiritismus, von welchen noch die Rede sein wird, drehte sich die Situation um: Nun waren es die untröstlichen Lebenden, die mit ihren Verwandten oder auch ihnen persönlich unbekannten, aber berühmten verstorbenen Persönlichkeiten sprechen wollten.

Literatur:

Schmitt, Jean-Claude: Die Wiederkehr der Toten. Geistergeschichten im Mittelalter. Stuttgart (1995); Seelmann, Wilhelm: Arnt Buschmans *Mirakel*. In: Niederdeutsches Jahrbuch 6 (1880) S. 40–67; Baar, Marlies. Ein Gespenst aus Westfalen. Mehr als Spuk. In: Gespenster. Erscheinungen, Medien, Theorien. Hg. v. Moritz Baßler/Bettina Gruber/Martina Wagner-Engelhaff. Würzburg (2003) S. 39–53.

VERHÄNGNISVOLLE VERSPRECHEN

Kameradschaften und Freundschaften bestehen über den Tod hinaus, so die Kernbotschaft vieler Geistererzählungen, die bis in die Jetztzeit, und hier vor allem im Film, ungebrochen fortge schrieben wird. So wie die Cousine ihren Cousin Wilhelm, den Geist von Beaucaire, bittet, zurückzukommen und ihr von seinem Schicksal im Jenseits zu berichten, besteht das Kernelement der Erzählung im Versprechen von Freunden, Verwandten, Eheleuten, nach dem Tod miteinander in Kontakt zu bleiben. Dadurch ist der Ablauf der Geschichte im Wesentlichen vorgegeben. Dieser Kontrakt geht vom einfachen Versprechen bis zur eidesstattlichen Erklärung und hat für beide einen bindenden Charakter. Der Tote erfüllt sein Versprechen, erscheint dem Freund nach einer gewissen Zeit und gibt ihm Aufschluss über das Jenseits und auch über sein eigenes Schicksal.

Eine der ersten Erzählungen hat Wilhelm von Malmesbury (1080/90–1142) in seiner *Geschichte der englischen Könige* aufgezeichnet, und sie wurde ab dem 12. Jahrhundert in zahlreichen Varianten erzählt. So erwähnten Helinand von Froidmond (1150–1229), Vinzenz von Beauvais (1184/1194–1264), Robert von Serlo (1201–1274), Jacques de Vitry (1180–1240), Étienne de Bourbon (1195–1261) und Jacobus von Voragine (1228/1229–1298) die Geschichte von der verabredeten Wiederkehr. Letzterer verschaffte der Erzählung in seiner *Legenda aurea* weite Verbreitung, da er die Geschichte als Erlebnis des Siger von Brabant, einem berühmten Gelehrten, ausgab.

In zwei Dokumenten ähnlichen Inhalts, der *Vorauer Novelle* und den *Reuner Relationen*, ging es um die exemplarische Geschichte zweier Freunde, die durch den Charakter eines Augenzeugenberichtes bestechen. In der *Vorauer Novelle* aus der Mitte des 13. Jahrhunderts gaben sich zwei entlaufene Klosterschüler dem sündigen Weltleben und sogar der Schwarzen Kunst hin. Sie versprachen einander, dass derjenige, der zuerst stürbe, dem anderen in der 30. Nacht erscheinen und ihm von seinem Schicksal berichten sollte. Das Gedicht bricht hier ab, aber es ist leicht aus der angenommenen lateinischen Vorlage, der 1. Reuner Relation, zu erschließen, dass der Sünder in die Hölle geht. Die Angabe eines bestimmten Zeitraums, hier dreißig Tage, bezeugt den Glauben, die Toten könnten nach ihrem Begräbnis »weiterleben«. Besonders die vorzeitig Verstorbenen waren noch eine gewisse Zeit zwischen Diesseits und Jenseits in einer Zwischenwelt gefangen. Ein weiteres Charakteristikum der mittelalterli-

chen Varianten des Freundesversprechens und der Geisterbe-
richte allgemein ist ihre Entstehung im monastischen Kontext.
Die spätmittelalterliche *Zimmersche Chronik* des Grafen Christoph von Zimmern (gest. 1566) verlegte die Erzählung ins Jahr
1445 und berichtete nun über zwei Handwerksgesellen.

Eine Verserzählung des 13. Jahrhunderts mit dem Titel *Der
dankbare Wiedergänger* bzw. *Rittertreue* handelte von einem Ritter,
der seine Zeit mit der Teilnahme an Turnieren verbrachte und
dabei sein ganzes Geld ausgab. In einer Stadt zeigte man ihm
den Leichnam eines armen Ritters, der sich kein Begräbnis hatte leisten können, und er spendete aus Loyalität zu seinem Stan-
desgenossen sein letztes Geld. Einige Zeit später wollte der Ritter an einem Turnier teilnehmen, bei dem die Hand einer Dame
ausgelobt war. Da er aber nunmehr über keinerlei Mittel verfügte und nicht einmal ein Pferd besaß, wollte er das Ansinnen
schon aufgeben. Unerkannt erschien ihm der Tote, dem er das
Begräbnis gezahlt hatte, und stellte ihm sein Pferd zur Verfügung. Als Bedingung knüpfte er daran, dass der Turniergewinn
geteilt werde. Der Ritter willigte ein, siegte und erhielt die Hand
der Dame. In der Hochzeitsnacht kam der Wiedergänger und
forderte die Einhaltung des Versprechens. Traurig, aber ohne
Widerrede willigte der Ritter ein, und der Wiedergänger gab
sich als Geist zu erkennen. Da ihn der Ritter aber sehen konnte,
forderte er ihn auf, den Beweis anzutreten: Der Wiedergänger
ließ ihn seinen Körper berühren. Da dieser anscheinend nur aus
Luft bestand, er also durch ihn hindurchfassen konnte, war der
Beweis erbracht.

Der von Wolfgang Behringer so trefflich porträtierte Hirte
Chonrad Stoecklin und sein Freund, der Ochsenhirt Walch, hatten sich acht Tage vor Fastnacht getroffen und über das Jenseits
gesprochen, das sie überaus faszinierte. Sie wollten unbedingt
darüber Bescheid wissen, wie es tatsächlich dort aussah, und
fassten daher einen Beschluss, den auch Stoecklin später zu Protokoll gab. Sie versprachen einander, dass derjenige, der zuerst
stürbe, zum anderen zurückkehren solle, um ihm darüber zu
berichten. Tatsächlich starb Jacob Walch 1578 zu Beginn der Fas-
tenzeit. Chonrad ging in den Wald, um Holz zu schneiden, und
sah dort seinen verstorbenen Freund. Er empfand keinerlei

Furcht, da er ja dessen Erscheinen bereits erwartet hatte. Die Botschaft, die das Gespenst überbrachte, blieb durchaus in der katholischen Tradition mit Warnungen vor Lastern und dem Zusammenhang zwischen Sünde, Buße und Fegefeuer.

Ende des 16. Jahrhunderts wurde die Begebenheit dann mit historischen Personen verknüpft, eine Erzählstrategie, die der Geschichte zu einer besonderen Autorität und Authentizität verhelfen sollte. Die *Annales ecclesiastici* des Cäsar Baronius verknüpften sie mit Marsilius Ficinus und seinem Freund Michael Mercato. Aus dieser schon bei Wilhelm von Malmesbury beobachteten Verflechtung mit bekannten Personen bildete sich ein eigener Erzählstrang der Geschichte heraus, während sich die Fabel mit einfachen Studenten als Protagonisten im Volk weiterverbreitete. Waren im Mittelalter und der frühen Neuzeit die Zwecke des Berichtes auf der Ermahnung zum gottgefälligen Leben und Warnungen vor Lastern als Hintergrund auszumachen, verschiebt die Sage nun den Schwerpunkt und betrachtet das Versprechen der Freunde als Frevel. In der vom Sagensammler Wossidlo 1894 aufgezeichneten Variante sind die Protagonisten der Erzählung Köchin und Stubenmädchen.

Relativ spät taucht die Geschichte als Vereinbarung eines Liebespaares auf. Bezeichnend dabei ist, dass nun die Jenseitstopographie nicht mehr im Interessensfokus liegt. Die Lebenden erfahren nichts darüber und müssen sich mit der lapidaren Aussage begnügen, dass es ganz anders im Jenseits sei als erwartet. Dafür treten dann andere Motive in den Vordergrund, wie z. B. der weite Weg, den die Verstorbenen auf sich nehmen müssen, um wieder ins Diesseits zu kommen, und sie artikulieren auch ihren Unwillen darüber.

Schon in den mittelalterlichen Berichten operierten die Autoren und Erzähler mit Affirmationsstrategien. Ab dem 16. Jahrhundert tauchten plötzlich Evidenzen für das Jenseitsfeuer in der Form von Abdrücken auf. Dieses Motiv der eingebrannten Hände, das in der alpenländischen Sagentradition eine große Rolle gespielt hatte, verband sich nun in einer der Sagen aus Tirol mit dem Motiv des Versprechens. Auch der große Illusionist und Zauberkünstler Harry Houdini, der sich vom Geistergläubigen zu einem Skeptiker entwickelt hatte, soll mit Charles

J.A. Carter, einem anderen Zauberer, einen diesbezüglichen Pakt geschlossen haben und vereinbarte ein Codewort als Erkennungszeichen. Doch offenbar klappte es nicht. Die Erzählung wurde im Laufe der Zeit unterschiedlich kontextualisiert und war durch ihre Kürze und Ein-Episodigkeit geeignet, ins Schwankhafte gedreht zu werden und begegnet daher häufig in humoristischer Form. Schon Boccaccio hatte in der 10. Novelle des 7. Tages die Geschichte als Schwank erzählt.

Die Faszination des Lebens nach dem Tod hat das Motiv der versprochenen Rückkehr nahezu bis in die Gegenwart am Leben erhalten und ist vor allem gut in den zahlreichen alpenländischen Sagensammlungen dokumentiert.

Literatur:

Heyl, Adolf: Volkssagen, Bräuche und Meinungen aus Tirol. Brixen (1897) Nr. 13; Jegerlehner, Johann: Sagen und Märchen aus dem Oberwallis. Basel (1913) S. 208, Nr. 112; Müller, Ingeburg/Röhrich, Lutz: Deutscher Sagenkatalog. X Der Tod und die Toten. In: Deutsches Jahrbuch für Volkskunde 13 (1967 S. 346–397; Petzold, Leander (2004): Botschaften vom »Dritten Ort«. Zum Phänomen der feurigen Hände in der religiösen und okkulten Subkultur der Gegenwart. In: H.L. Cox (Hg.): Aspekte »religiöser« Kultur. Rheinisches Jahrbuch für Volkskunde. Siegburg: Franz Schmitt, S. 287–304; Petzoldt, Leander: AT 470: Friends in Life and Death. Zur Psychologie und Geschichte einer Wundererzählung. In: Rheinisches Jahrbuch für Volkskunde 19 (1968) S. 101–161; Petzoldt, Leander: Die Botschaft aus der Anderswelt. Psychologie und Geschichte einer Wundererzählung. In: Märchen, Mythos, Sage. Beiträge zur Literatur und Volksdichtung Hg. von Leander Petzoldt. Marburg (1989) S. 101–144; Siegmund, G.: Das Fortleben nach dem Tode im Lichte des Phänomens von eingebrannten Händen. In: Fortleben nach dem Tod. Hg. v. A. Resch. Innsbruck (1980) S. 473–503; Klapper, Josef. Erzählungen des Mittelalters. Breslau (1914) Nr. 8 und Nr. 53; Röhrich, Lutz (Hg.): Erzählungen des späten Mittelalters und ihr Weiterleben in Literatur und Volksdichtung bis zur Gegenwart. Sage, Märchen, Exempel und Schwänke mit einem Kommentar. 2 Bde. München (1962–1967).

EINLADUNGEN UND ENTFÜHRUNGEN:
ZWERGE, FEEN, ALIENS

Der Unterschied zwischen den durchaus gewollten Begegnungen mit den Toten und der aufgezwungenen verhängnisvollen Einladung soll in diesem Kapitel thematisiert werden. Des Weiteren werden Entführungsgeschichten und der Alien-Mythos thematisiert.

Der am englischen Hof beheimatete Waliser Weltgeistliche Walter Map (1135–1209) hat in seinem hofkritischen Werk *De nugis curialium* (1180/1186) einige Geisterbegegnungen aufgezeichnet, u. a. die Geschichte des Königs Herla, den ein Zwergenkönig bei sich eingeladen hatte. Der Zwerg herrschte über ein großes Volk und schloss mit König Herla einen Vertrag, dass er an Herlas Hochzeit teilnehmen werde und Herla dann ein Jahr später zu seiner kommen sollte. Der Zwerg behauptete auch, mit Herla verwandt zu sein.

Diese rätselhafte Begegnung des Königs mit einem Zwerg hat die doppelte Einladung des Toten zum Hintergrund, denn mehrere Quellen kolportierten, dass eigentlich ein Toter zur Hochzeit seines noch lebenden Freundes erschienen war und eine Gegeneinladung ausgesprochen hatte. Im Unterschied zu den vorher erwähnten Gespenstergeschichten ist aber hier nicht von vornherein klar, dass es sich beim Zwerg um einen Toten handelte. In der von Walter Map erzählten Variante schien es zumindest vordergründig um ein elbisches Wesen, einen Zwerg, zu gehen, nicht um ein Gespenst. Allerdings fällt ein Detail ins Auge: Die Zwergengesellschaft, die tatsächlich zur Hochzeit des Königs erschien, verschwand beim ersten Hahnenschrei. Dieses Motiv ist vor allem für die germanischen lichtscheuen elbischen Wesen vertraut – das Sonnenlicht lässt Zwerge, aber auch Trolle versteinern. Lichtscheuheit kennen wir auch als hervorstechendes Merkmal für den berühmtesten Wiedergänger, den Vampir Stokerscher Prägung.

Spannend wurde es dann, als Herla die Einladung des Zwergenkönigs wahrnahm. Herla folgte dem Zwerg in eine Höhle, und sie erreichten seine hell erleuchtete Wohnung, wo sich das Hochzeitsfest mit aller Pracht entfaltete. König Herla wollte sich

nun nach der Feier auf den Heimweg machen, der Gastgeber begleitete Herla zum Ausgang der Höhle und gab ihm zu den
Gastgeschenken einen Hund mit, der ihn geleiten sollte, den
man aber nicht auf den Boden setzen durfte, sondern tragen
musste. Wieder aus der Höhle, begab sich der König auf den
Rückweg und wollte erfahren, was sich in der Zwischenzeit er-
eignet hatte, und fragte unterwegs einen Hirten dazu. Der Hirte verstand nur mit Mühe die Sprache des Königs, kannte auch
nicht den Namen der Königin, wusste aber, dass es in längst
vergangener Zeit einmal eine Königin mit diesem Namen gegeben hatte, die Gemahlin eines gewissen Königs Herla, der in
dem Berg in Begleitung eines Zwerges verschwunden war und
niemals wiederkehrte. Mittlerweile waren zweihundert Jahre
vergangen.

Die sogenannte Autre Monde oder Anderswelt symbolisiert
oft das Totenreich in der literarischen Darstellung des Mittelalters und hat vielerlei Zugänge. Sterbliche, zur falschen Zeit am
falschen Ort, geraten in den Bannkreis der Feen, Zwerge, Dämonen oder Geister, nehmen unfreiwillig an Tänzen und Lustbar-
keiten teil und haben Schwierigkeiten, wieder in die eigene Welt
zurückzukehren. Gelingt die Rückkehr, ist sie mit Zeitverlust
und anderen Widrigkeiten verbunden. Auch sind es die Bewohner der anderen Welt, die den Kontakt mit Sterblichen absichts-
voll zu suchen scheinen: Überirdisch schöne Frauen kreuzen
den Weg eines Ritters, der sich mit den Feen in einem Minnever-
hältnis verbindet. Schon Albrecht von Halberstadt (um 1200) erwähnt in seinen *Metamorphosen* Waldfrauen, die um einen heiligen Baum herum tanzen. Ortnit geht auf einem schmalen, von
kleinen Füßen ausgetretenen Pfad und trifft den Zwerg Alberich, seinen Vater. Olaus Magnus (1490–1557) hatte als der erste
nordische Schriftsteller die Elfenringe erwähnt. Im 11. Kapitel
des 3. Buches seiner *Historia de gentibus septentrionalibus* (1555)
schrieb er, dass Gespenster an vielen Stellen ihre von Musik be-
gleiteten Rundtänze aufzuführen pflegten. Nach Sonnenaufgang sah man dann ihre Fußspuren. Die Einheimischen glaubten, es seien Menschenseelen, die nach dem Tode zur Strafe für
ihre Wollust um die Erde herum schweben müssten. Diese Berichte sind allerdings wesentlich jünger als es scheint, denn vor

dem 17. Jahrhundert gibt es keine Belege. Die vom sogenannten Nachtvolk entführten oder in einen Elfenring geratenen Menschen tauchten (nach einer Beschwörung) am dritten Tag (bzw. nach einem Jahr wieder) auf, blass und unkenntlich, mit verzerrtem Gesicht, angeschlagener Gesundheit und oft mit Zeitverlust, in der irrigen Annahme, es seien nur 24 Stunden vergangen. Bemerkenswert und gerade für den Erzählstil der Sage charakteristisch sind die sachlichen Details, welche ein fest geglaubtes, reales Geschehen bezeugen.

Elfentänze werden von vielen Forschern, vor allem Lecouteux, den spätmittelalterlichen Totentänzen (Wiedergängern) an die Seite gestellt, sind für die Lebenden gefährlich, da in den Kreis gezogene Menschen in diesem mitgerissen werden und wiederum die Zeit verlieren oder sogar im selben Jahr sterben. Diejenigen Stellen, wo Elfen (und in der Nachfolge Hexen) sich am liebsten aufhalten und tanzen, wurden deshalb mit einem Tabu belegt, da jeder Mensch, der unabsichtlich in den Hexenring trat, in die Macht der Elfen und Hexen fiel. Mit der Entdämonisierung der Hexen und Feen trat im 20. Jahrhundert ein neuer wirkmächtiger Entführer auf, der Fremde aus anderen Welten, das Alien.

Mehrere Male geschah es, dass Piloten bemerkenswerte und unerklärliche Himmelserscheinungen wahrnahmen, und Radarstationen diese teilweise auch aufzeichneten, welche scheinbar allen physikalischen Gesetzen für Flugkörper zu widersprechen schienen. Erwiesen ist, dass es ungeklärte Erscheinungen jener Art gab, die dann als UFOs in die Geschichte eingehen sollten.

Zwischen 1950 und 1952 erreichte die öffentliche Diskussion einen ersten Höhepunkt. Es traten allmählich zwei Lager auf: Die Fraktion der Ufologen phantasierte über Antriebssysteme und Stoffwechsel der Außerirdischen und sah die Invasion der Welt voraus; die Kritiker und »Entlarver« bezeichneten alle Augenzeugen als Verrückte und Lügner. 1952 trat dann – im Rahmen dieser Kontroverse – eine weitere Zuspitzung auf den Plan: Es traten die ersten Menschen öffentlich auf, die in voller Überzeugung von sich behaupteten, von UFOs entführt worden zu sein. Begeisterte Ufologen und Entlarver lieferten sich Presseschlachten um die öffentliche Meinung.

Jung war einer der ersten Beobachter, der hier einen Mythos erkannte. Er publizierte 1959 eine damals fast nicht beachtete Studie mit dem Titel: *Ein moderner Mythus. Von Dingen, die am Himmel gesehen werden.* Jung beobachtete, dass das offenbar komplizierte Phänomen neben einer möglichen physikalischen Grundlage auch eine wesentlich ins Gewicht fallende psychische Komponente besitzt. Er stellte Verbindungen mit religiösen Visionen her, welche immer dann auftreten, wenn sich Zeiten mit großer persönlicher oder kollektiver Angst oder Gefahr oder gesellschaftliche Umbrüche ankündigen. Bemerkenswert aber ist in diesem Zusammenhang insbesondere, dass Jung in keiner Weise die Frage in den Vordergrund stellt, ob das UFO-Phänomen eine subjektive oder objektive Beobachtung sei und welchen Grad der Glaubwürdigkeit die Berichte haben, sondern die Vorgänge im Bewusstsein des jeweiligen Beobachters und des gesellschaftlichen Kollektivs betrachtet. Schon bald befassten sich Amerikas Psychologen, Psychoanalytiker und Psychiater unterschiedlichster Provenienz mit den Entführungsopfern; als Fachterminus für den Bewusstseinszustand, in dem das Erlebnis stattfindet, wurde bezeichnenderweise der alte Begriff hypnagoger Zustand (in dem meist optische Halluzinationen, die ungeordnet und bruchstückhaft im Halbschlaf auftreten) gewählt.

1969 verblüffte der Astronom und spätere Ufologe Jaques Vallée mit seinem Buch, *Passport to Magonia* (1969 auf Deutsch erschienen unter dem Titel: *Konfrontation – Begegnungen mit Außerirdischen und wissenschaftlichen Beweisen*) die anderen Ufologen mit der aufsehenerregenden These, dass UFOs bemerkenswerte Parallelen mit religiösen Erscheinungen, dem Feen-Glauben, Berichten von Zwergen mit übernatürlichen Kräften und Sichtungen von Luftschiffen im 19. Jahrhundert und Nahtoderlebnissen aufweisen.

Im Rahmen seiner Dissertation *Mysteries in the Eye of the Beholder: UFOs and Their Correlates as a Folkloric Theme Past and Present,* approbiert im Folklore Department der Indiana University (1982), verglich Thomas Bullard moderne UFO-Entführungen systematisch mit Berichten der Besuche bei Feen. Bei den Alienbegegnungen überwiege das feindliche, aggressive Element, doch wurde auch hier eine Botschaft übermittelt. Der Entrück-te erhielt Antworten, Mahnungen, genauso wie der mittelalter-liche Mönch vor ihm. Die Aliens stünden aber eher den bedroh-lichen Teufelsgespenstern des Wilden Heeres nahe, als den dankbaren Toten. Doch existieren bereits Berichte von freundli-chen, benevolenten, engelsgleichen Außerirdischen, die mittels Channeling-Botschaften (ohne gewaltsame Entführung) mit der disparaten Menschheit in Verbindung treten.

Literatur:

Brøndegaard: Elfentanz und Hexenring. In: Rheinisches Jahrbuch für Volkskunde, 19. (1968) S. 162–210; Bullard, Thomas E.: Mysteries and the Eye of the Beholder: UFOs and their Correlates as a Folkloric The-me Past and Present. Indiana University (1982); Evans, Hilary: Visions, Apparitions, Alien Visitors: A Comparative Study of the Entity Enig-ma, Wellingborough (1984); Meheust, Bertrand: UFO Abductions as Religious Folklore. In: Phenomenon: From Flying Saucers to UFOs – 40 Years of Facts and Research Compiled. Hg. v. Ed. H. Evans. London (1988) S. 352–357; Meisen, Karl: Der in den Himmel entrückte Bräuti-gam. Entstehung, Wanderung und Wandlung einer Volkserzählung. In: Rheinisches Jahrbuch für Volkskunde 6. Jg. (1955) S. 118–228; Sulz-gruber, Werner: Zeiterfahrung und Zeitordnung vom frühen Mittelal-ter bis ins 16. Jahrhundert, Hamburg (1995); Thompson, Keith: Angel and Aliens: UFO and the Mythic Imagination. New York (1991); Wolf-zettel, Friedrich: »Fee, Feenland«, in: Enzyklopädie des Märchens Bd. 4 Berlin (1984) Sp. 945–965; Zaleski, Carol: Otherworld Journeys. Ac-counts of Near-Death Experience in Medieval and Modern Times, New York 1987; Knoblauch, Hubert: Berichte aus dem Jenseits. Mythos und Realität der Nahtoderfahrung. Freiburg (1999).

TOTENHEERE UND WILDE JÄGER

Schon antiken Schriftstellern waren geisterhafte Erscheinungen von Kriegern auf ehemaligen Schlachtfeldern vertraut. Tacitus verglich die Kampfeswut der Harier mit der eines Totenheeres, Pausanias erwähnte in seiner Beschreibung Griechenlands, dass im nächtlichen Marathon die Geister gefallener Krieger und wiehernde Pferde zu hören und zu beobachten waren, die in der Luft kämpfenden Heere stellte Plinius in seiner *Naturgeschichte* zu merkwürdigen Himmelserscheinungen. Spätere Berichte lassen zwei Gruppen unterscheiden: Die in der Schlacht umgekommenen Krieger oder Soldaten bestreiten den Kampf als Wiedergänger erneut, das andere sind Himmelserscheinungen am Vorabend einer kriegerischen Auseinandersetzung oder Gedenktage an eine Schlacht.

Als besonders signifikant für dieses Phänomen erachtete die spätere Forschung die herumschweifende Schar der Unterweltsgöttin Hekate. Zudem glaubten die Römer an nachts umgehende Tote. Tertullian in seinem Traktat über die Seele, *De anima*, führt aus, dass die Seelen derer, die eines vorzeitigen Todes gestorben seien, so lange umgingen, bis der Rest ihrer Lebenszeit verbraucht sei. Ähnlich ergehe es den Seelen derer, die einen gewaltsamen Tod gefunden haben. Die Antike kennt also zwei Gruppen von Totenheeren, eines das in der Luft kämpft und wahrscheinlich aus toten Kriegern besteht und die Vorstellung von nachts umgehenden toten Seelen, als deren Anführerin oft die Unterweltsgöttin Hekate firmiert. Besonders jene Toten, die vorzeitig gestorben waren, gehen bei diesen Schwärmen mit.

Im 5. bzw. 6. Jahrhundert hatte der Neoplatoniker Damascius berichtet, dass der Hunnenkönig Attila unter den Mauern von Rom eine Schlacht schlug und die Seelen der dort Gefallenen drei Tage und Nächte hindurch weiterfochten. Geistersoldaten sollen auch bei Marathon gekämpft haben. Lokalsagen erwähnen immer wieder, dass die Geister der Gefallenen sich auf historischen Schlachtfeldern zu den Jahrestagen immer wieder zur ewigen Schlacht formieren.

Während bei allen Sichtungen eines Geisterheeres der Beobachter niemals Kontakt mit dem Heer aufnimmt, weder mit den Geistern kommuniziert noch eine Botschaft empfängt, wendet sich die Erscheinung der Höllischen Jagd mit einer Botschaft an den betreffenden Zuschauer. In der Literatur des 12. Jahrhunderts taucht dafür die Bezeichnung *Mesnie Hellequin* oder »Hellequins Gefolgschaft« auf. Diese Vorstellung ist bis in unsere Zeit in unterschiedlichen Varianten nachgewiesen. Zum ersten

Mal berichtete der anglo-normannische Mönch Ordericus Vitalis (1075–1142) davon. Im 16. Kapitel seiner Kirchengeschichte berichtete er die Ereignisse um die Freveltaten eines gewissen Roberts von Bellême, u. a. die Belagerung seines Feindes, die dieser 45 Jahre zuvor begangen hatte. Als Robert Hugo von Grandmesnil 1091 belagerte, soll im gleichen Jahr eine Erscheinung der *Mesnie Hellequin* gesichtet worden sein. Das erfuhr Ordericus von einem Priester namens Walchelin, der in der Nacht zum 1. Januar 1091 nach einem Krankenbesuch mitten in der Einöde den Lärm eines gewaltigen Heeres vernahm. Der Priester versteckte sich und sah einen mit einem Knüppel bewaffneten Riesen, der ihm befahl, den Marsch des Heeres zu beobachten. Es erschienen verschiedene Gruppen, eine große Schar Fußvolk mit Lasttieren, unter denen sich dem Zeugen bekannte, kürzlich verstorbene Nachbarn befanden. Dann kam eine Gruppe von Totengräbern, denen sich der Riese anschloss, sie trugen 50 Bahren mit Zwergen, die einen großen Kopf hatten. Zwei schwarze Dämonen trugen einen Baumstamm, auf den ein Unglückseliger gefesselt war, ein schrecklicher Dämon saß auf dem Baumstamm und schlug dem Unglücklichen Sporne in Nieren und Rücken. Auch diesen Gequälten erkannte der Priester wieder. Er war jener, der zwei Jahre zuvor den Priester Stephan umgebracht hatte und dann gestorben war, ohne Buße zu tun.

Als mehrere Tausend Ritter an ihm vorbeigezogen waren, erkannte Walchelin, dass es sich hier um die *Mesnie Hellequin* handeln musste, die, wie er vorher schon gehört hatte, angeblich vielen Menschen erschienen war. Da er fürchtete, nicht ernst genommen zu werden, wenn er nicht einen Beweis für seine Vision liefere, beschloss er, eines der schwarzen Pferde aus dem Geisterheer zu fangen. Nach ein paar erfolglosen Versuchen gelang es ihm endlich, seinen Fuß in einen Steigbügel zu stecken, doch sofort fühlte sich sein Fuß verbrannt und seine Hand schrecklich kalt an. Er musste das Tier loslassen, und es kamen vier Ritter, die ihn des Diebstahls bezichtigten und ihm befahlen, ihnen zu folgen. Der vierte Ritter trug Walchelin eine Nachricht für seine Frau und seine Söhne auf: Da er sich widerrechtlich eine Mühle, die er als Pfand für ein Darlehen verwaltet hatte, angeeignet und seinen Erben vermacht hatte, musste er das glühende Mühleisen im Mund tragen. Walchelin sollte nun seiner Frau und seinem Sohn ausrichten, sie sollten die Mühle dem rechtmäßigen Erben zurückgeben. Der Priester weigerte sich, die Identität des Toten anzuerkennen, doch dieser konnte ihn schließlich überzeugen. Als er sich aber weiterhin weigerte, als Botschafter zu dienen, packte ihn der Geist des Toten mit seiner Feuerhand an der Kehle und hinterließ ein Mal. Nach weiteren Aufschlüssen informierte ihn der Tote, dass auch er bald sterben werde. Danach war der Priester eine Woche krank und berichtete dem Bischof von den Vorfällen. Er lebte noch 15 Jahre und Ordericus Vitalis konnte ihn selbst befragen und das Brandmal sehen. Ordericus Vitalis erteilte mit seinem Bericht eine unangenehme Lehre: Auf den endlosen Zug der Toten wartet in den meisten Fällen aufgrund ihrer Verbrechen vor dem Tode die Hölle mit drastischen Strafen.

Zwischen 1108 und 1138 wurde in ein Manuskript des *Liber miraculorum Sancte Fidis* ein Erscheinungsbericht aus dem Elsass eingefügt, der die Sichtung von zwei unterschiedlichen Totenheeren bezeugte. Das *Chronicon Uraugiensis* des Ekkehard von Aura berichtete 1123 vom Auftreten eines bewaffneten Geisterheeres in der Gegend von Worms, das man einige Tage lang aus einem Berg hervorgehen und dorthin wieder zurückkehren sah. Einer der Geister erklärte den Bewohnern, sie seien die Seelen von noch nicht lange vorher verstorbenen Rittern. Die Waffen seien wie ihre Bekleidung und die Pferde die Ursache ihrer Qual, weil sie früher mit ihnen gesündigt hätten. Alles, was sie an ihnen sähen, sei feuerglühend. Aus den Reden der Geister wird erkennbar, dass sie von ihrer Buße durch Gebete und Almosen erlöst werden können.

Die von mittelalterlichen Theologen übernommene, auf Platon zurückgehende Ansicht, nach der besonders die Seelen der gewaltsam Verstorbenen nach ihrem Tod herumschweifen, um so die ihnen gesetzte Lebenszeit zu vollenden, wurde von Caesarius von Heisterbach christlich uminterpretiert. Die gewaltsame Tötung, die den Menschen unmittelbar aus dem Leben reiße, berge die Gefahr, dass man keine Zeit für Reue und Buße habe und damit der Hölle anheimfalle. Caesarius' Geschichte handelte von den Erscheinungen der von einem Jäger verfolgten Pfaffenkellnerin bzw. Pfarrerskonkubine. In der Nacht, die auf ihr Begräbnis folgte, erschien die vor dem Jäger fliehende Pfarrersgeliebte einem Ritter und seinem Diener. Der Ritter versuchte, die Frau vor dem Höllischen Jäger zu schützen. Aus Angst vor dem Jäger machte sie sich los, wobei ihre Haare ausgerissen wurden. Der nachjagende Teufel ergriff sie und ritt mit ihr weg. Ihre Haare blieben in den Händen des Ritters zurück und dienten als Beweis seiner Erfahrung. Daraus konnte man folgern, welche Strafe eine Frau, die zu Lebzeiten ein Verhältnis mit einem Priester hatte, im Jenseits erwartete. Diese Verfolgung einer nackten Frau ist in unterschiedlichen Varianten nachgewiesen und gehörte Ende des 16. Jahrhunderts bereits zu den belehrenden Exempeln. Die Geschichte von der Frau, die wegen einer zu Lebzeiten aufgeladenen Schuld dazu verdammt war, von einer Meute Höllenhunde verfolgt zu werden, bildete eine Erzähltradition aus, die bis ins 19. Jahrhundert nachweisbar ist.

Eine um 1250 im Rheinland erstmals aufgezeichnete Geschichte handelt von einem riesigen Wilden Jäger, der aber keine sündhaften Menschen, sondern Feen, Holzleute und Zwerge hetzte. Im Eckenlied, einem Heldenepos des 13. Jahrhunderts, das zur sogenannten Dietrichepik gehört, erzählte der Protagonist Dietrich von Bern, dass er in den Tiroler Wäldern einem wilden Mädchen begegnet sei, einer Königin über ein fernes Land beim Meer, das ein Herr des Waldes verfolgte. Dieser Waldherrscher mit Namen Fasolt war ein Riese, der mit seiner Hundemeute der wilden Königin nachstellte. Dietrich beschützte sie und stritt mit Fasolt, der sich aber auf keinen Kampf mit Dietrich einließ. Ein anderes Epos aus dem Dietrich-Sagenkreis handelt von der Tiroler Zwergenkönigin Virginal, die jedes Jahr ein Mädchen an den Riesen Orkise ausliefern musste. Parallelen sind offensichtlich, auch in der spät aufgezeichneten Wunderer-Erzählung. Der Wunderer war ebenfalls ein Jäger, der in den Tiroler Bergen die Frau Fortuna (bzw. Frau Saelde) jagte, und Dietrich beschützte sie. Lecouteux hat die Gestalt des menschenfressenden Riesen, der es auf Frauen abgesehen hat, als Herrn der Tiere verstanden, der alle Tiere jagt, auch jene, die unerlaubt in sein Gebiet eindringen. Die späteren Versionen der bis ins

19. Jahrhundert erzählten Sage vom Wilden Jäger handeln von den Moosweiblein, die ihnen im Wald begegnenden Menschen um Hilfe anflehen. Die Hilfe, die sie erbitten, besteht darin, dass der Mensch Kreuze auf einen Baumstamm ritzt, dort können sie sich setzen und ausruhen. Sie müssen also die Menschen dazu bringen, das für sie zu tun. Warum diese Weiblein gejagt werden, erscheint unklar.

Literatur:

Birkhan, Helmut: Kelten. Versuch einer Gesamtdarstellung ihrer Kultur. Wien (1997) S. 809–817; Derks, Paul (1991): Wodan und das wuetende Heer. In: Brandt, Rüdiger/u. a. (Hg.): Etwas Schriftliches zum Fest. Horst Wenzel zum 50. Geburtstag. Essen, 51–122; Kellner, Beate (1994): Mythen in Jacob Grimms Deutscher Mythologie. Diss. München (gedruckt als: Grimms Mythen. Studien zum Mythosbegriff und seiner Anwendung in Jacob Grimms Deutscher Mythologie. Frankfurt a. Main/Bern); Lecouteux, Claude: Phantom Armies of the Night. The Wild Hunt and the Ghostly Procession of the Undead. Rochester (1999); Meisen, Karl: Die Sagen vom Wütenden Heer und Wilden Jäger, Münster (1935).

WEISSE FRAUEN UND VERSCHWINDENDE ANHALTER

Das Bild, das wir auch heute noch vor Augen haben – unabhängig von den einschlägigen filmischen Adaptionen, die neue Charakteristiken in die Ikonographie der Geistererscheinung eingebracht haben –, sobald wir an eine Geistererscheinung denken, ist das einer weiß gekleideten Frau.

Den ersten Beleg für ein Tod verkündendes, weiß gekleidetes Gespenst lieferte wieder Caesarius von Heisterbach. Im Dorf Stammheim im Kölner Bistum lebten zwei Ritter mit Namen Hugo und Gunther. Letzterer war nicht zu Hause, und seine Magd führte die Kinder am Abend hinaus und sah eine weiß gekleidete Frauengestalt über den Zaun blicken. Die Magd fürchtete sich, und die Frau ging stumm zur Besitzung Hugos und schaute auch dort über den Zaun und dann zur Frau, woher sie auch gekommen war. Wenige Tage später wurde der ältere Sohn Hugos krank und sagte seinen eigenen Tod nach 7 Tagen voraus und den seiner Schwester nach ebenfalls sieben Tagen, danach starben auch die Mutter und die Magd. Die Geschichte weist auch ganz konkret darauf hin, dass die Weiße Frau vom Friedhof kam, totenbleich war und offenbar auch die Grenze des Zaunes nicht überschreiten konnte.

Seit dem 15. Jahrhundert sind Sagen über dieses Weiße Gespenst im Umlauf, die seit dem 17. Jahrhundert auch literarisch verarbeitet worden sind. Oft ist die Weiße Frau eine Ahnfrau, die Schuld auf sich geladen hat und nun als unerlöster Geist umherwandert, meist vor Todesfällen warnt oder diese, wie in Caesarius' Geschichte, stumm vorausdeutet. Unterschiedliche Nachweise der Sage verorten diese im jeweiligen regionalen Kontext und sind von Neuhaus in Böhmen, Ansbach, Bayreuth, Berlin usw. in Umlauf. Die Weiße Frau aus Neuhaus identifiziert die Sage mit der mit Johann von Lichtenstein verheirateten Gräfin Perchta von Rosenberg, die glückliche Ereignisse weiß gekleidet und Unglück in schwarzer Tracht anzeigt. Das deutsche Weiße Gespenst verbindet man mit Kunigunde von Orlamünde, die nach dem Tod ihres Ehemanns 1293 ihre Kinder ermordete, um eine Besserstellung für eine Eheschließung mit dem Burggrafen von Nürnberg zu erreichen. Als die Plassenburg an die Hohenzollern kam, war Kunigunde als Gespenst zu sehen, desgleichen in anderen Hohenzollernschlössern. Auch andere historische Namen waren als »ursprüngliche« Weiße Frau in Umlauf. Seit dem 17. Jahrhundert gab es Versuche, die Sage zu verifizieren und die historische Person zu eruieren, an die sich die Sage geknüpft hatte.

Auch im Berliner Stadtschloss geistert angeblich seit 1598 eine weiß gekleidete Gestalt, die Johann Georg, dem Kurfürsten von Brandenburg, acht Tage vor seinem Tod erschien. Man vermutete eine verstorbene Geliebte des Vaters des Kurfürsten, die Johann Georg hatte enteignen und gefangen nehmen lassen. Auch bei späteren Gelegenheiten wurde die weiß gekleidete Gestalt gesehen. Daneben sind Fälle bekannt, wo sich Betrüger das Aussehen des Schreckgespenstes aneigneten. Dieses Hohenzollern-Gespenst soll sogar noch 1940 erschienen sein. Auch in an-

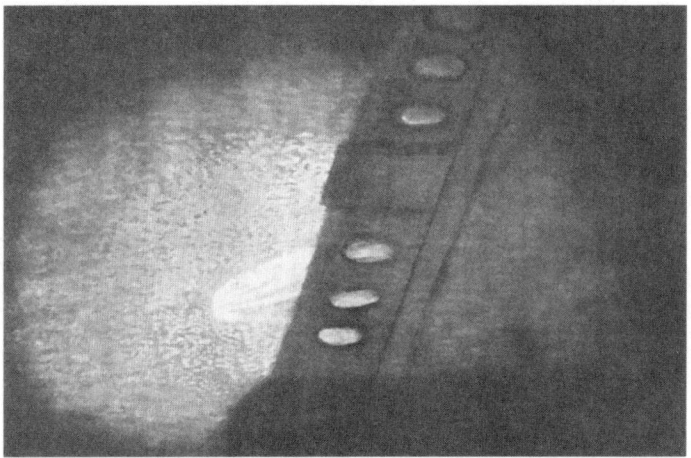

Die weiße Frau von Schloss Bernstein

deren Adelsfamilien gab es den Tod prophezeiende Gespenster, mitunter mit dem Detail, dass sich hinter der Gestalt eine Ermordete verberge. So im Schloss Stettin die als Hexe hingerichtete Sidonia von Borcke oder das Gespenst in Erinnerung an den ermordeten Jakob von Baden.

Die Sage von der Weißen Frau von Bernstein über die wiederholt seit dem 19. Jahrhundert berichtet wurde, war nicht nur im Burgenland, sondern in ganz Österreich bekannt. Dort hatte der Burggraf auf Burg Bernstein seine ihm untreu gewordene Frau einmauern und sterben lassen und deren Liebhaber getötet. Ihr Geist erschien vor seinem Tod und auch öfter danach, zuletzt 1914, kurz vor Kriegsausbruch.

Ähnliche Geschichten erzählt man sich in der Slowakei: Die ungarische Adelige Julianna Koronay-Géczy (1680–1714) hatte ihre Stadt aus Liebe zum kaiserlichen Truppenkommandeur, der die Stadt belagern ließ, verraten. Er ließ sie dennoch enthaupten, und bald darauf setzten die Geschichte um sie als gespenstische Weiße Frau ein. Auch in England und Frankreich sind Sagen um White Ladies bzw. Dames blanches in Umlauf. In Darwen in Lancashire geistert eine zu Lebzeiten politisch engagierte Arbeiterin als Weiße Dame umher.

Die Sagensammler des 19. Jahrhunderts legten Anthologien über die Berichte an, und das Motiv wurde nicht nur durch Franz Grillparzers Ahnfrau weitergesponnen, sondern auch von Theodor Fontane, der in seiner Effi Briest ein Porträt einer weißen Frau erwähnt, außerdem wird sie in Gespensterballaden und Opern dargestellt. Filmische Adaptionen wie *The Terror* (Schloss des Schreckens, Regie: Roger Corman, Francis Ford Coppola, Jack Nickolson u. a. 1963) oder High Spirits (Die Geister sind willig, Regie: Neil Jordan 1988) nahmen sich des Stoffes an.

Die sogenannte Moderne Sage, im englischsprachigen Raum bekannt unter dem Begriff *urban legend*, schrieben die Geschichte fort mit der Weißen Frau als Phantom-Anhalterin, die im anglo-amerikanischen Raum als *Vanishing Hitchhiker*-Legende bekannt geworden ist. Der gleichnamige Titel Jan Harold Brunvands bahnbrechender Studie *The Vanishing Hitchhiker* machte nicht nur diesen Begriff der Modernen Sage bzw. Zeitungssage allgemein bekannt, sondern belebte auch die Erzähltradition der Gespenstergeschichte neu.

Dabei geht es darum, dass an Orten, wo ein Autounfall oder ein ähnlich gelagerter Unglücksfall geschehen ist, ein Gespenst in Form eines Anhalters auftritt. Diese oder dieser steigt ein, bleibt während der Fahrt stumm und verschwindet nach einer gewissen Zeit aus dem Auto. Den Hintergrund der Geschichte bilden Unfallberichte, aber auch – wie eine hawaiianische Variante – die älteren Stoffe des Erdenwandels der Götter.

Die erste folkloristische Studie stammt von Richard Beardsley und Rosalie Hankey, die Varianten sammelten und sie nach wissenschaftlichen Kriterien einordneten. Meist ist das Gespenst weiblich, erscheint am Jahrestag ihres durch einen Autounfall erfolgten Todes und gibt dem anhaltenden Fahrer eine Adresse, zu der sie möchte, durch die sie dann als längst Verstorbene ausgewiesen wird. Oft lässt das Gespenst auch einen Gegenstand, anhand dessen man sie identifizieren kann, im Auto zurück.

Seit 1975 hat man Anhaltergeschichten um eine Nonne als Anhalterin gefunden, auch in der Region der österreichisch-deutschen Grenze, ebenso 1977 um Mailand. Die Nonne prophezeite, dass ein Erdbeben zu erwarten sei, was nicht eintraf.

Auch in den USA, und zwar in Tacoma in Washington und in Eugene in Oregon, wurde die Gestalt einer autostoppenden Nonne gesichtet, die düstere Prophezeiungen und Warnungen aussprach. Eine Untergruppe der Sage erzählte von einer gespenstischen Anhalterin, die Rache für ihren Tod nahm, indem sie die Insassen des anhaltenden Autos ebenfalls verunfallen ließ. Eine Adaption des Stoffes, allerdings mit vertauschten Rollen, präsentierte die berühmte *Orson Welles Show*: Nicht der Anhalter war der Geist, sondern der Fahrer des anhaltenden Autos.

Literatur:

Avenarius, Wilhelm: Rund um die Weiße Frau. Ein Geister-Handbuch. Übersinnliche Erscheinungen im Volksleben, auf Burgen und Schlössern. Sigmaringendorf (1987); Brunvand, Jan Harold: The Vanishing Hitchhiker: American Urban Legends and Their Meaning. London (1983); Fischer, Hubertus (Hrsg.): Klosterfrauen, Klosterhexen. Theodor Fontanes Sidonie von Borcke im kulturellen Kontext. Neustadt am Rübenberge (2005); Goss, Michael: The Evidence for Phantom Hitch-Hikers. Wellingborough (1984); Grässe, Johann/Georg Theodor: Sagenbuch des Preußischen Staats. Glau (1868–1871); Jaffé, Aniela: Geistererscheinungen und Vorzeichen. Einsiedeln (2008) S. 113–130; Praschl-Pichler, Gabriele: Die Habsburger und das Übersinnliche: Die Weiße Frau in der Hofburg und andere Phänomene. Wien (2003); Minutoli, Julius von: Die Weiße Frau. Geschichtliche Prüfung der Sage und die Beobachtung dieser Erscheinung seit dem Jahre 1486 bis auf die neueste Zeit. Berlin (1850); Vernaleken, Theodor: Mythen und Bräuche des Volkes in Österreich. Als Beitrag zur deutschen Mythologie, Volksdichtung und Sittenkunde. Wien (1859) S. 123–137; Wilpert, Gero von: Die deutsche Gespenstergeschichte. Motiv – Form – Erscheinung. Stuttgart (1994) S. 335–343.

Poltergeister und verlassene Häuser

Der Name für das heute durch Horror-Filme bekannte Phänomen einer klopfenden, lärmenden Entität, die auch mühelos schwere Möbel durch die Luft fliegen lassen kann, ist erst für das 16. Jahrhundert belegt. Erasmus Alberus erwähnt einen *bul-*

regeest, auf den auch Luther in seinen *Tischreden* anspielt. Freilich war das Wort schon vorher im Umlauf, bevor es Eingang in das Lexikon des Erasmus Alberus von 1540 fand.

Der Begriff Poltergeist leitet sich von zwei hauptsächlichen Bedeutungen ab. Die Hauptbedeutung konzentriert sich auf das Geräusch, das Poltern, die Zusammensetzung mit Geist, verweist auf ein Spukphänomen. Die zweite Bedeutung ist Klopfgeist und verweist auf Übernatürliches.

Am Abend vor der Hochzeit wird auch heute noch gerne gepoltert, also Lärm gemacht, daher der Polterabend, das Wort ist zwischen 1517 und 1534 erstmals nachgewiesen. Die Bräuche an diesem Abend beinhalten auch das Zerbrechen alten Geschirrs vor dem Fenster oder der Tür des Paares, um diesem Glück zu bringen. Lärm, laute Geräusche und Rasseln als apotropäische Maßnahmen gegen böse Geister sind schon für die Antike belegt. Im antiken Rom zur Zeit der *Lemuria,* nach den *Lemures,* den Totengeistern benannt, ging das Familienoberhaupt durchs Haus und schlug mit einem Schlegel auf eine Bronzevase. Die ältere Bezeichnung »Polterkammer« ist heute identisch mit der »Rumpelkammer« also mit dem Raum, wo Sperrmüll aufbewahrt wird.

Bis zum 18. Jahrhundert waren beide Bedeutungen für Poltergeist im Umlauf, einerseits als Klopfgeist und andererseits als übernatürliches Phänomen. Vom 16. Jahrhundert an verwendeten Schriftsteller und Forscher den Begriff »Rumpelgeist« für »Poltergeist«. »Rumpeln« bedeutet ja auch, dass Gegenstände laut zu Boden fallen, aber auch durcheinandergeworfen werden. Die Ergebnisse dieser kurzen Wortfelduntersuchung belegen, dass ein Poltergeist ein Klopfgeist, Hausgeist, ein Teufel und ein Totengeist sein kann. Seine hauptsächlichen Aktivitäten beinhalten Lärm machen, Gegenstände werfen und vereinzelt Feuer entzünden. Die Forscher Bozzano, Roll und Wolman haben versucht, Charakteristiken für den Begriff Poltergeist zu erarbeiten und kamen zu folgendem Ergebnis: Der Poltergeist konzentriert sich auf eine Person. Es ist ein bestimmtes Ziel auszumachen, wohin die Gegenstände bewegt werden, die sich sogar durch Wände bewegen, ohne die Oberfläche zu zerstören. In vielen Fällen sind Stimmen zu hören bzw. Klopfgeräusche, die durch bestimmte Methoden verständlich gemacht werden. Die Phänomene hören auf, wenn die zentrale Figur, das Medium oder Familienmitglieder, den Ort verlassen. Die Phänomene zeigen sich entweder bei Tag oder bei Nacht und meist in Zusammenhang mit einem Medium. Die bewegten Gegenstände können Hitze ausstrahlen. Dass hier eine Verschmelzung bzw. Verwechslung mit dem Hausgeist erfolgt ist, hat damit zu tun, dass Aktivitäten sich auf das Haus und den umliegenden Bereich beschränken.

Dass sowohl von Poltergeist als auch Polterdämon die Rede ist, deutet auf die Unbestimmtheit bzgl. der Wesensart dieser Erscheinungen hin. Diese Unsicherheit, wohin diese Phänomene gehören, hat auch zu einer unsystematischen Vermischung von sehr unterschiedlichen Geistwesen geführt. Luther hat die Aktivitäten in Zusammenhang mit teuflischen Irritationen aufgezeichnet und diese Manifestationen mehrmals beobachtet. In einem Fall bat ihn ein Priester aus Süptitz in der Nähe von Torgau um Hilfe. Er gab an, dass der Teufel in der Nacht polterte und ihn schlug und Gegenstände umherwarf, sodass alles in Trümmern lag und er niemals Frieden fand. Einige Male lachte der polternde Teufel auch über ihn, er bekam ihn aber nie zu Gesicht. Seine Familie zog aus, da sie die Zustände im Hause nicht verkraftete. Luther hielt das Erlebnis für teuflische Illusion, der man mit Gebeten den Garaus machen konnte. In einem Kapitel seiner *Tischreden* mit dem Titel *Die Poltergeysten* widerspricht er dem Theologen Andreas Osiander, der meinte, dass es so etwas wie klopfende Geister nicht gebe. (Tischreden, Kritische Gesamtausgabe 3, 3814). Als Beweis für seine These erzählt Luther vier Anekdoten aus seinem persönlichen Umfeld. Jedes Mal war er durch ein lautes Geräusch aufgeschreckt worden und Geschirr war zerbrochen, ohne dass ein Urheber der Geräusche aufzufinden war. Jedes Mal begegnete er dieser teuflischen Unbill mit Gebeten. Seiner Ansicht nach kam die Möglichkeit der Teufelsbesessenheit als Ursache in Betracht.

Während die Unterscheidung zwischen Klopfgeistern und Geräuschspuk für die Moderne sinnvoll erscheint, gibt es für Antike und Mittelalter nur einen Typus des Phänomens. Aristoteles diskutiert es in seiner Abhandlung zu wunderbaren oder merkwürdigen Geräuschen, ebenso Augustinus, der einen Fall verzeichnete, bei dem ein böser Geist Menschen und Tiere eines Hauses quälte, aber mit Gebeten und der Hostie ausgetrieben wurde.

In der Zeit Theoderichs des Großen hatte der hl. Caesarius von Arles (470–542) ebenfalls mit einem *lithobolos*, einem Geist zu tun, der Steine warf. Caesarius reinigte das Haus mit Weihwasser und beendete damit das Ärgernis. Ein anderer, ebenso bekannter Heiliger, der hl. Germanus von Auxerre (378–448), kam auf einer seiner ausgedehnten Reisen am Abend zu einem verlassenen Gebäude, das lange Zeit unbewohnt war. Man warnte ihn und seine Begleiter, dass es in diesem Haus spuke. Germanus und seine Gefährten legten sich dennoch in diesem Haus zur Ruhe, wurden aber durch ein schreckliches Geräusch aufgestört. Ein riesiger Schatten erschien vor dem Mann, der Wache hielt, während die Wände von unzähligen Steinen beschossen wurden. Germanus stand auf, und als er den furchtbaren Geist erblickte, forderte er das Gespenst im Namen Gottes und Jesu Christi auf, zu sagen, wer er sei und was er hier tue. Das Gespenst antwortete ihm, dass er und sein Freund viele verbrecherische Taten begangen hätten und nun hier unbeerdigt keine Ruhe fänden und daher die Lebenden quälen müssten. Der Geist zeigte ihm den Platz ihrer Gebeine. Am nächsten Tag räumten die Nachbarn den Schutt beiseite und fanden Gebeine mit Ketten gebunden. Ein Grab wurde ausgehoben, die Ketten von den Gebeinen entfernt und diese mit Erde bedeckt. Die Fürbitten für die ruhelosen Toten ließen diesen endgültig wegbleiben.

Gregor von Tours hat 100 Jahre später eine Begebenheit aufgezeichnet, bei der zwei Männer von Dämonen angegriffen und mit Steinen beworfen wurden, während sie im Gebet knieten. Zahlreiche Berichte ab dem 12. Jahrhundert bezeugen dämonische Angriffe, Steinhagel, in einem Fall wirft der teuflische Geist sogar Messwein und Oblaten, was sehr untypisch ist. Ein außerordentlicher Fall im Leben des hl. Theodor von Sykean handelte vom kaiserlichen Prinzen Theodor, der von einem üblen Geist heimgesucht wurde. Wann immer man sich zu Tisch setzte, hagelte es Steine und die Kleidung wurde zerrissen, dann tauchten eine Unzahl an Mäusen und Schlangen auf und machten es den Bewohnern unmöglich, dort zu verweilen. Der hl. Theodor verbrachte eine Nacht im Gebet, er besprengte das Haus mit Weihwasser, und Ruhe konnte einkehren. Ähnliches wird vom hl. Willibrord (658–739) erzählt.

Im 10. Jahrhundert erwähnte Notker der Stammler (840–912) aus dem Kloster St. Gallen eine Begebenheit aus dem Leben Karls des Großen. Ein Dämon mit unterschiedlichen Namen spielte den Leuten Streiche, indem er das Haus des Schmieds heimsuchte und das Werkzeug, Hämmer und Amboss durcheinanderwarf. Der Schmied bekämpfte ihn mit dem Kreuzzeichen, aber der Geist schlug ihm einen Handel vor. Wenn er ihm die Schmiede überlasse, so werde er allezeit so viel Wein zu trinken haben, wie er wolle. Doch eines Tages fand man den Geist, band ihn und geißelte ihn. Notker nennt ihn *larva*, aber auch *pilosus*. Er konnte offenbar mit dem Wesen nichts anfangen und schwankt zwischen Geist, Teufel und Hausgeist. Vermutlich handelt es sich dabei um eine Poltergeistgeschichte, die nach dem Verständnis des Aufzeichners adaptiert wurde. Da dieser sich aber über das Wesen des Poltergeists nicht im Klaren war, bettete er seine Interpretationen in die Geschichte ein.

Auch im Bericht Thietmars von Merseburg (975–1018) geht es um verstörende Geräusche im Haus, die einer Frau, deren Ehemann auswärts weilte, und ihren Kindern große Angst bereiteten. Die Nachbarn eilten ihr zu Hilfe, wurden aber ebenso angegriffen. Thietmar verwies als einer der ersten Zeugen darauf, dass es sich wahrscheinlich um einen Wiedergänger gehandelt habe. Ein Priester reinigte das Haus mit Heiligenreliquien und Weihwasser, dennoch wurde die Familie in der folgenden Nacht wieder gestört, allerdings schwächten sich die Geräusche immer mehr ab, je öfter der Priester kam.

Giraldus Cambrensis (1146–1223) bereiste Irland und Wales und beschrieb merkwürdige Vorkommnisse, unter anderem, dass in Teilen von Pembroke böse Geister mit Menschen kommunizierten. Diese seien unsichtbar, aber ihre Anwesenheit sei dennoch zu spüren. Sie machten sich bemerkbar, indem sie in unterschiedlichen Häusern Unflat über die Bewohner ausleerten, aber nicht wirklichen Schaden anrichteten. Selbst die heiligen Sakramente konnten die Geister nicht stoppen. Gervasius von Tilbury (1150–1235), der erste Ethnograph des Mittelalters, schöpfte in seinem Werk *Otia imperialia* (= kaiserliche Muße-stunden) aus mündlicher Überlieferung und erwähnt abergläu-bische Vorstellungen, Geister und Dämonen, u. a. auch die Ei-genschaft der Kobolde, Schabernack zu treiben und Geräusche zu machen. Bis zum Ende des Mittelalters sind keine weiteren Poltergeistfälle bekannt, es werden lediglich ältere Aufzeich-nungen variiert und ausgeschmückt.

Ähnliche Vorkommnisse beschrieben Dämonologen, aber auch damit konfrontierte Exorzisten und andere davon Betrof-fene ab dem 16. Jahrhundert. Was sich änderte, war die Einord-nung des Phänomens. Die lutherische Überzeugung des dämo-nischen Ursprungs der Poltergeister, bei denen es sich nicht um arme, erlösungsbedürftige Totengeister, sondern um Dämonen handle, erforderte eine andere Herangehensweise. Offenbar wird auch, dass die sicherlich weltweit auftretenden Irritatio-nen in Häusern je nach Zeitalter für die gängigen religionskriti-schen und religiösen Diskurse affirmativ eingesetzt wurden. Die dämonologische Einordnung brachte auch die Annahme der Schadenzauberei und Hexerei als Ursache ins Spiel. So im Fall des Trommlers von Tedworth, den Joseph Glanville 1668 in seinem dämonologischen Traktat gegen den Neu-Sadduzäis-mus, der die Existenz der Seele nach dem Tode leugnete, heraus-gab. Glanville erklärte in seiner Schrift den Fall eines geisterhaf-ten Trommelgeräusches in der Stadt Tedworth als Folge der He-xerei des Trommlers gegen den Hausbesitzer John Mompesson. Nachdem dieser den örtlichen Trommler wegen Betrugs ange-zeigt hatte, begannen in seinem Hause die verstörenden Polter-geistaktivitäten. Eine durchaus ähnliche Rachegeschichte ereig-nete sich in Cideville in Frankreich. Es ging um einen Volkshei-ler, der von dem Priester Abbé Tinel angezeigt wurde und we-gen Quacksalberei ins Gefängnis kam. Der Schäfer Thorel wollte seinen »Kollegen« rächen und führte seinen Rachefeld-zug mithilfe der in der Pfarrei aufgezogenen Kinder durch. Beim Jahrmarkt berührte er eines der Kinder und überließ so die Pfarrei einem Poltergeist, der dort fortan wütete. Es war dies nicht der erste Fall, in dem ein heranwachsendes Kind eine

Schlüsselrolle spielte und als Medium agierte. Der Volksheiler Thorel war außerdem imstande, sich zu »verdoppeln« und ebenfalls im Haus spürbar, obwohl er sich nicht dort aufhielt. Ähnliche rätselhafte Vorgänge mit angeblicher Hexerei als Ursache wurden immer wieder bis in die Jetztzeit aufgezeichnet, wie ein rumänischer Fall vom 18. September 2003 vom Spukdorf Valea Stanchiului, das der Geist eines Bauern heimsuchte.

Mit dem Aufkommen des Spiritismus 1848 war ein berühmter Fall einer Poltergeistirritation verbunden. Das Ehepaar Fox lebte mit seinen Töchtern Margaret und Kate in Hydesville, New York, und wurde durch Klopfgeräusche und wandernde Möbelstücke gestört, was die Familie eine lange Zeit in Atem und Unruhe hielt. Geschickt begann die Familie die paranormalen »Fähigkeiten« der Mädchen zu vermarkten und diese als Medien zu präsentieren. Die Schwestern richteten Fragen an den Poltergeist und verbanden die Klopfgeräusche mit Buchstaben des Alphabetes und konnten so mit dem Geist kommunizieren.

Die parapsychologische Forschung begann sich schon im Ausgang des 19. Jahrhunderts für die rätselhaften Phänomene zu interessieren. Allen voran der Astronom Camille Flammarion (1842–1925), der sich neben seinen astronomischen Studien dem Paranormalen zuwandte, auch aktiv an Séancen in Paris teilnahm und die dabei beobachteten Phänomene dokumentierte. Von 1907 an veröffentlichte er eine Studie über Spukhäuser und war überzeugt, dass diese von unsichtbaren Geschöpfen, auch von Totengeistern bewohnt waren, räumte aber ein, dass sich hier Energien von lebenden Personen manifestieren könnten. In Italien arbeitete Ernesto Bozzano an einem ähnlichen Forschungsfeld über Spukphänomene und versuchte sich an einer Klassifizierung, hatte aber Schwierigkeiten, die Spukereignisse einzuordnen, und wies viele Geistererscheinungen als telepathische Übertragungen, subjektive Wahrnehmungen und Halluzinationen aus.

In Österreich, Deutschland, der Schweiz und England befassten sich Reinhard Piper, Bruno Grabinski, Harry Price und Albert Schrenck-Notzing mit Mediumismus, Spiritismus und dem Paranormalen im weitesten Sinn. Letzterer war der Gründer der zweiten Parapsychologischen Gesellschaft in München. Die erste hatte Carl du Prel gegründet, Schrenck-Notzing ging nicht mit du Prels Ansichten in Bezug auf den Spiritismus konform. Bekannt sind seine Untersuchungen zu Medien, er hielt eine Reihe von Séancen ab und untersuchte seine Medien rigoros, um jegliche betrügerische Aktivität auszuschalten. Er war es auch, der einen Zusammenhang zwischen schon in der Kindheit auftretenden spontanen paranormalen Ereignissen und späterem Mediumismus konstatierte.

Schrenck-Notzing hat zahlreiche Poltergeistfälle in Europa untersucht, wie den Spuk in Hopfgarten, Ylojärvi, Neuried in Niederbayern, Nikolsburg und viele andere. Aufgrund seiner Geschicklichkeit als Unternehmer hatte er nicht nur sein Vermögen vermehren, sondern auch über den Krieg hinweg halten können. Damit förderte er vor allem parapsychologische Projekte. Seine Hinterlassenschaft, bestehend aus u. a. technischem Instrumentarium, Datenmaterial und einer mehr als gut bestückten Bibliothek, konnte Hans Bender, nach einigen Schwierigkeiten von Frankreich in sein neu gegründetes Institut in Freiburg hinüberretten.

Gräfin Wassilko von Sereckis (1897–1978) Interesse für die Parapsychologie und paranormale Phänomene wurde durch die Lektüre der Schrenck-Notzingschen Studien entfacht. Sie nahm auch an den damals in Wien stattfindenden Séancen teil, die der Physiker Hans Thirring zu Untersuchungszwecken abhielt. Befreundet war sie mit Baron Winterstein, der mit einem Artikel *Zur Psychoanalyse des Spuks* 1926 hervortrat. Sie untersuchte das umstrittene Medium Kraus und wurde durch ihre Reisen zu ihren Besitzungen in der Bukowina mit dem Bauernmädchen Leonore Zugun bekannt, das neben Besessenheitsphänomenen auch Spuk- und Poltergeistaktivitäten manifestiert hat, die die Gräfin akribisch und vor allem sehr kritisch untersuchte und sich vor allem großzügig des Mädchens annahm. Der schon erwähnte Gründer des Freiburger Instituts, der Psychologe Hans Bender (1907–1991), dissertierte 1933 über *Psychische Automatismen: Zur Experimentalpsychologie des Unterbewußten und der außersinnlichen Wahrnehmung*. Im Laufe der Jahre hat er zahlreiche Poltergeistfälle untersucht, unterstützt durch seinen Laborbus, der mit technischen Instrumentarien versehen war. Bei seinem spektakulärsten und bekanntesten Fall, dem Rosenheim Spuk von 1967, kam es in einer Anwaltskanzlei zu spontanen psychokinetischen Vorfällen, – Gegenstände veränderten plötzlich ihren Ort –, die er auch in der *Zeitschrift für Parapsychologie und Grenzgebiete der Psychologie* (1968) dokumentiert hat. Auch legte er besonderen Wert darauf, in die Betrachtung der sich manifestierenden Phänomene das (sozial)psychologische Umfeld der in den Spuk involvierten Personen einzubeziehen. Nicht nur wurde Hans Benders Vorgehensweise, gerade in diesem Fall von großem öffentlichem Interesse, stark kritisiert, auch die daran beteiligte (Fokus-)Person wurde als Schwindlerin diffamiert. Bender betrachtete Spuk nicht als Eingriff von Geistern, sondern als von traumatisierten Fokus-Personen ausgelöste paranormale Manifestationen. Obwohl in der Mehrzahl der Fälle von Sachschaden in Zusammenhang mit den Poltergeistaktivitäten die Rede ist, scheinen die Bewohner »mit dem Schrecken« davonzukommen. Allerdings gibt es höchst eigenartige Fälle, wo die Personen direkt angegriffen und sogar gebissen werden, wie Eleonore Zugun, das rumänische Bauernmädchen, das Anfang des 20. Jahrhunderts das Zentrum von Poltergeistaktivitäten wurde. Ähnliches wird von der Mystikerin Christine von Stommeln (1242–1312) berichtet, die lange Zeit von Dämonen mit Unflat beworfen wurde, auch Menschen, die im selben Raum anwesend waren, wurden durch die Luft geschleudert und verletzt. Auch bei ihr sind, wie im Zugun Fall und beim Rosenheim-Spuk, die Auslöser junge, wir würden heute sagen, traumatisierte Frauen, die unter Sexualangst leiden.

Abschließend ist zu sagen, dass die jahrhundertelange Erklärung von Poltergeistphänomenen als externe Aktivitäten von Geistern nun auf interne Auslöser, nämlich den dort anwesenden Personen, umgelagert wurde. Der von der parapsychologischen Forschung angenommene Zusammenhang zwischen traumatisierter Fokus-Person und Poltergeist-Aktivitäten sollte auch bei sicherlich berechtigter Skepsis in die kritische Untersuchung und Evaluierung ähnlich gelagerter Fälle einbezogen werden.

Literatur:

Bender, Hans: Der Rosenheimer Spuk – ein Fall spontaner Psychokinese. In: Zeitschrift für Parapsychologie und Grenzgebiete der Psychologie. 11, (1968) S. 104–112; Grabinski, Bruno: Spuk- und Geisterscheinung oder was sonst? Eine kritische Untersuchung. Hildesheim (1930); Lecouteux, Claude: The secret History of Poltergeists and Haunted Houses. From Pagan Folklore to Modern Manifestations. Rochester (2007); Maxwell-Stuart, P.G.: Poltergeists. A History of Violent Ghostly Phenomena. Gloucestershire (2011); Price, Harry: Confessions of a Ghost Hunter. London (1936); Price, Harry: Poltergeist over England: Three Centuries of Mischievous Ghosts. London (1945); Lucadou, Walter von: Psyche und Chaos: Neue Ergebnisse der Psychokineseforschung. Freiburg i. Br. (1989). Mulacz, Peter: Historical Profiles in Poltergeist Research. In: From Shaman to Scientist. Hg. v. James Houran. Lanham (2004) S. 127–190 (mit reichen bibliographischen Angaben zur Geschichte der parapsychologischen Forschung); Thurston, Herbert: Poltergeister. Luzern (1955); Wassilko, Zelda: Der Spuk von Talpa. Leipzig (1926).

SCHATZHÜTER UND SCHATZGEISTER

Eine der bedeutsamsten Episoden im höfischen Abenteuerroman *Reinfried von Braunschweig* handelte von seiner Landung auf dem Magnetberg, auf dem der Zauberer Savilon ein künstliches Reich geschaffen hatte. Reinfried und seine Gefährten entdeckten in einer Höhle, in der der Zauberer Savilon begraben lag, ein in einer Universalsprache abgefasstes angekettetes Buch, aus dem sie die Geschichte des Magiers erfuhren. Savilon hatte sich künstlich in den Modus eines lebenden Toten versetzt, um so, seiner jüdischen Mutter zuliebe, die Geburt Christi zu verhindern. Der im Mittelalter als Magier und Meisterkonstrukteur bekannte Vergil ließ die Geister ein Grab für Savilon errichten, indem er den Teufel dazu brachte, ihm die Schlüssel zu den Zauberbüchern aus dem Meer zu holen, und sperrte ihn dann mit einer List wieder in das Glas, aus dem er ihn zuerst befreit hatte. Bei diesen sicherlich aus der Gelehrtenmagie stammenden Diskursen und ihrer literarischen Ausgestaltung im Roman ist vor allem interessant, dass sich Savilon selbst zum schatzhütenden Totengeist macht. Daneben gibt es noch Hinweise auf dienstbare Geister, die durch Geisterzwang zu Hilfsdiensten gezwungen wurden, und zwar vom berühmtesten Geisterbanner der Bibel, von König Salomo.

Die letzte Ruhestätte der altnordischen Toten, ihr Hügelgrab, enthielt je nach gesellschaftlicher Bedeutung oft wertvolle Grabbeigaben, die sie gegen Eindringlinge vehement verteidigten. In diesem Fall beschützt der als sehr lebendig aufgefasste Tote seinen eigenen Schatz. Auch in der Neuzeit übernahmen die Totengeister die Schatzwache. Allerdings ging es hier nicht, wie in den mittelalterlichen Quellen, um Gräber, denn diese öffneten die Schatzsucher normalerweise nicht. Welche Schätze bewachten die Totengeister dann? Meist ging es um die Reichtümer, die jemand zu Lebzeiten angehäuft hatte, ohne diese gottgefällig zu widmen, also zu Lebzeiten keine frommen Verfügungen getroffen hatte. Wenn derjenige dann starb, ohne diese wichtige Aufgabe erfüllt zu haben, starb er im Stand der Sünde. Als besonders unmoralisch galt es, wenn der Schatz mit unehrlichen Mitteln erworben worden war. Der Schatz betraf den Totengeist selbst, durch sein Umgehen musste er dafür sorgen, dass der Schatz gehoben und so das Gleichgewicht wiederhergestellt wurde. Mit dem vordergründigen guten Werk der Erlösung des Gespenstes gewinnt die Schatzgräberei selbst einen höchst gottgefälligen Stellenwert. Deshalb betonten die Schatzgräber auch ihre lautere Absicht, Gespenster dem Fegefeuer zuzuführen. So hatte z. B. in Nagold ein Schatzgräber von sich behauptet, bereits 42 Gespenster erlöst zu haben.

Während die katholische Theologie den Arme-Seelen-Glauben und die Wiederkehr der Verstorbenen in ihre Glaubenssysteme nach anfänglicher Ablehnung erfolgreich integriert hatte, leugnete der Protestantismus die Existenz des Fegefeuers und damit auch die Totengeister. Die Erscheinungen seien Dämonen, die die Gestalt von Toten annehmen und so die Lebenden täuschen würden. Demnach waren diese Bemühungen der Laien um arme, erlösungsbedürftige Seelen für die Theologen zweifel- und frevelhaft. Die Laienfrömmigkeit hielt aber daran fest, dass die Erlösungsbestrebungen moralisch gut und auch gottgefällig seien.

Hatte man sich über das »spontane« gehäufte Auftauchen von Gespenstererzählungen im 13. Jahrhundert gewundert und eine orale (Volks-)Tradition angenommen, die von den Dichtern nach Belieben »belehnt« wurde, so spricht einiges dafür, dass in den Schatzgräberprozessen der Vorgang umgekehrt war: Die volkstümlichen Berichte und Gerichtsprotokolle bezeugen deutliche Reminiszenzen zur gelehrten spätmittelalterlichen Gespensterliteratur. Zwei weit bekannte Geistertraktate dürften zumindest indirekt bei der Entwicklung des Schatzgeistkonzeptes eine Rolle gespielt haben, die ich oben bereits angesprochen habe, und zwar die Geistererscheinung des Gui de Corvo, der über eine Woche tot war und zurückkam, um in seinem Haus zu spuken und seine Frau zu terrorisieren. Zudem der schon erwähnte spätmittelalterliche Traktat des Kartäusers Jakob von Jüterbogk (1381–1465), der in die sich auf Totengeister und deren Erlösung konzentrierende Schatzmagie Eingang gefunden hat. Die in Schatzgräberlegenden und Prozessberichten zentralen Totengeister waren daran interessiert, auf den von ihnen gehüteten Schatz aufmerksam zu machen und dessen Hebung zu fördern. Wichtig für die Hebung war die Klärung der Frage, ob man es mit einem Toten oder einem höllischen Geist zu tun hatte. Dazu war die schon im Mittelalter aufs Heftigste diskutierte Fähigkeit zur Scheidung der Geister vonnöten. Die auf Schatzgräberei spezialisierten Magier mussten diese Kunst beherrschen. Bei diesen handelte es sich um die altbekannte vagierende Gruppe der fahrenden Schüler und Nichtsesshaften, welchen Jakob Thomasius 1675 mit *Discursus historico-philosophicus de vagantibus scholasticis* ein Denkmal setzte. Diese Schmalspuradepten machten sich den Volksaberglauben zunutze und inszenierten ihre magischen Rituale wie Theaterstücke. Man musste nur, so schreibt Avé-Lallemant in seinem *Deutschen Gaunertum*, die Leute von dem Vorhandensein von Schätzen überzeugen und die Schwierigkeit der Hebung drastisch ausmalen. Besonders wichtig dabei war der schatzhütende Geist, der beschworen werden musste, wozu kostspielige Paraphernalien notwendig waren und daher allerlei Unkosten in Rechnung gestellt werden konnten.

Die ab dem 16. Jahrhundert anhängigen Schatzgräberprozesse brachten immer wiederkehrende Delikte wie die verdammte,

Der Geist im Glas

aus dem Mittelalter vertraute Praxis der Geisterbeschwörung
und Bannung zutage. Beteiligt am Geschehen waren oft magie-
gläubige Kleriker, die geweihte Gegenstände zur Verfügung

stellten. Die auf Zauberei und Teufelsbund lautende Anklage wurde mit Hinrichtung durch Enthauptung bestraft.

Oftmals ging es um das seit König Salomos Überwindung der Dämonen und aus der Volkserzählung als Erzählelement bekannte Motiv eines eingeschlossenen Geistes (Geist im Glas, Flaschengeist). So auch im 1671 geführten Prozess gegen den Schatzgräber Hans Jacob Ranftl aus Kirchdorff. Dieser hatte sich, wiederum mit Hilfe eines Geistlichen, vorgenommen, einen Geist zu beschwören und diesen in ein Glas zu bannen. Letzteres hoffte er von einem böhmischen Glaser zu erhalten. Mit einer Gruppe von Leuten reiste er zu diesem, jedoch ohne den gewünschten Erfolg. Allerdings gelang ihm die Geldbeschaffung für passende Geister, indem er mit Versprechungen leichtgläubige Personen betrog. Im Prozessbericht sind zwei kursierende Warnersagen enthalten, die von der Ermordung der Beschwörer durch die beschworenen Geister berichten.

Schließlich verband sich die Schatzgräberei mit der Wünschelrutengängerei, mithilfe derer man den Schatz genau orten wollte. Gegen die bösen Geister versuchte man sich mit dem Christophlegebet zu schützen. Neben diesen Paraphernalien haben vor allem wie im eingangs zitierten mittelalterlichen Roman Zauberbücher einen besonderen Stellenwert, da man vermutete, dass die darin enthaltenen Beschwörungstexte die Geister zur Herausgabe der Schätze zwingen könnten. Die Schatzgräberei forderte immer wieder Opfer, die dann in Flugschriften, der Vorform der Tabloids, die Runde machten.

Im berühmten Fall der Jenaer Christnachtstragödie waren alle wichtigen Komponenten vorhanden: Man organisierte ein magisches Buch, wollte sich auch Springwurzeln beschaffen, die alles Verschlossene öffnen sollten, und wollte den Schatz am Heiligen Abend heben, da gerade die Nächte zwischen Weihnachten und Dreikönig für Geisteraktivitäten, aber auch magische Operationen als ideal betrachtet wurden. Den Schatzgeist beschworen die beteiligten Männer in einer Hütte, schrieben das Wort Tetragrammaton an die Tür, sprachen ein Vaterunser und zogen einen magischen Kreis um sich. Da die Männer aber ein Kohlenfeuer in der kleinen Hütte entzündet hatten und keine ausreichende Lüftung vorhanden war, kamen zwei ums Leben. Obwohl die medizinische Fakultät der Universität die plausible Erklärung des Unfalltodes anbot, kursierten im Volk die alten Gerüchte: Der Teufel habe sich ihre Seelen geholt.

Ab dem 16. Jahrhundert sind Sagen von Schatzsuchern, den Walen bzw. Venedigern, überliefert, die höchstwahrscheinlich Mangan für die Glasproduktion gesucht haben und dafür ins Alpenland gewandert sind. Man schrieb ihnen nicht nur ausreichende Gesteinskenntnisse, sondern auch magische Fähigkeiten zu. Zur Auffindung der Mineralien benutzten sie Wünschelruten, Bergspiegel und Zauberbücher. Von diesen versprachen sie sich Macht über (schatzhütende) Drachen und Schlangen. Mit dem Aufkommen der Hexenverfolgungen in den Alpenländern erfuhren auch die Venediger Mandln eine Dämonisierung, ähnlich den Zauberern und fahrenden Schülern. Diesen Gedanken spinnt Welling in seinem *Opus Mago-Cabbalisticum* von 1735 weiter. Die Nutzbarmachung der Naturkräfte könne durch die Elementargeister vermittelt werden, auch die Totengeister ließen sich befragen und diese könnten wertvolle Hinweise auf Schätze geben. Die Anleitungen zum Bann der Schatzgeister enthielt das Grimoire *Clavicula Solomonis* und war in Billigausgaben bereits gegen Ende des 18. Jahrhunderts landläufig verbreitet.

Literatur:

Assion, Peter: Jakob von Paradies. In: Enzyklopädie des Märchens. Bd. 7. Berlin (1991) Sp. 453; Assion, Peter: Von den abgeschiedenen Seelen. Kirchenlehre und Volksglaube in der spätmittelalterlichen Fegefeuer- und Geisterliteratur. In: Geist und Zeit. Festschrift R. Wisniewski. Hg. Carola L. Gottzmann, Frankfurt/M. (1991) S. 255–275; Dillinger, Johannes: Auf Schatzsuche. Von Grabräubern, Geisterbeschwörern und anderen Jägern verborgener Reichtümer. Freiburg (2011). Fasbender Christoph: Von der Wiederkehr der Seelen Verstorbener. Untersuchungen zu Überlieferung und Rezeption eines Erfolgstextes Jakobs von Paradies. Heidelberg (1999); Horálek, Karel: Geist im Glas, in: EM, Bd. 5, Berlin 1987, Sp. 922–928; Köhler-Zülch: Venediger. In: Enzyklopädie des Märchens. Bd. 13 Berlin (2010) Sp. 1370–1373; Locher, Emma: Die Venedigersagen. Freiburg/Schweiz (1922); Linde, Roland: Schatzgräberei und Magie. Fallbeispiele aus der Grafschaft Lippe. In: Verflixt. Geister, Hexen und Dämonen. Hg. v. Jan Carstensen/Gefion Apel. Münster (2013) 159–167; Merzbacher, Friedrich: Schatzgräberei und Christophlegebet. Ein archivalischer Beitrag zur religiösen Volkskunde des Mainzer Kurstaates, In: Archiv für mittelrheinische Kirchengeschichte, Bd. 4, Speyer (1952), S. 352–354; Scheutz, Martin. Ein Schatzgräberprozess in Freistadt 1728/29. Armut, kommerzielle Magie, Schatzbeter (Christophlegebet), Teufelspakt und Alltagssituation in Freistadt und Umgebung Anfang des 18. Jahrhunderts. Wien (1993); Tschaikner, Manfred: Schatzgräberei in Vorarlberg und Liechtenstein. Bludenz (2006); Tschaikner, Manfred: Teufelsbanner, Weltspiegel und Geldmännlein: Weitere Fälle von Schatzgräberei im Montafon. In: Bludenzer Geschichtsblätter. 88 (2008) S. 32–44; Tuczay, Christa: Schatzgräberprozesse: Totengeister und Okkulttäter. In: vom Umgang mit Schätzen. Hg. v. Elisabeth Vavra. Wien (2007) S. 197–212; Winter, Leo: Die deutsche Schatzsage. Köln (1925).

Teufelsgespenster und Schreckgestalten in der Neuzeit

Der einflussreiche Jesuit Martin Delrio (1551–1608) veröffentlichte seine *Disquisitionum magicarum* 1599/1600 als Grundlage für Inquisitoren und Gerichte und behandelt neben etlichen anderen wichtigen Themen auch Gespenstererscheinungen. Da seine Auseinandersetzung mit dem Thema in den Kontext der verbrecherischen Magie eingespannt ist, entspringt seine Intention für das Buch einer Sorge um den katholischen Glauben. Im ersten Buch unterscheidet er zwischen erlaubter und unerlaubter Magie und warnt hier vor der Macht des Teufels und vor dem Teufelspakt. Das zweite Buch geht einen Schritt weiter und widmet sich der Frage, ob denn die Dämonen imstande sind, Seelen oder Totengeister erscheinen zu lassen. Im Anschluss daran sagt er, dass die Geister der Toten aufgrund göttlicher Kraft erscheinen können, es aber auch möglich sei, dass die Dämonen uns mit den Erscheinungen narren, d. h. sich für Totengeister ausgeben. Damit legitimiert er die *Discretio spirituum,* die Unterscheidung zwischen Totengeistern und den Dämonen, die vorgeben, Totengeister zu sein. Als Kriterium der Unterscheidung kommt für ihn infrage, dass sich nach dem ersten Schrecken über die Geistererscheinung Freude einstellt, dann darf sicher angenommen werden, dass es sich um einen von Gott zur Erscheinung zugelassenen Geist handelt. Dominiert das Grauen weiter, war es ein Dämon.

Danach gibt Delrio eine Systematik der Dämonen, dabei handelt es sich im Wesentlichen um eine Art Lehre von Elementargeistern, die in den vier Elementen angesiedelt sind. Die Feuergeister hält er für eine Erfindung, die Luftgeister sind sublunare Wesen und können in vielerlei Gestalten auftreten, die Erdgeister sind eine Art gefallene Engel, sie sind aus dem Himmel gestürzt, dazu zählt er die uns mittlerweile vertraute Wilde Jagd, aber auch die Lamien, Diana, Dryaden, Lilith und die Furien. Zu den Wassergeistern zählt er Neptun, Tritonen, Wasserfrauen, Melusine, Feen, Sphinx usw. Zu den lichtscheuen Geistern gehören Asmodeus, Hekate, Charon, Meridiana, Pan, Faun usw.

Auf den ersten Blick erinnert die Lehre des Delrio an Paracelsus' Konzept der Elementargeister, auf den zweiten Blick wird aber deutlich, dass fundamentale Unterschiede bestehen. Nach Paracelsus setzt sich der Mensch aus vier unterschiedlichen Körpern zusammen: erstens aus dem materiellen oder Elementarkörper und zweitens dem spirituellen oder Astralkörper. Daneben, und das hat nicht nur Delrio, sondern auch die Kirche kritisiert, gibt es zwei weitere Körper, die dem Astralkörper ähnlich sind, und zwar das sogenannte *Evestrum,* der Schatten der Seele, das ist ein präfigurierter Körper, der nach dem Tod des Menschen auf Erden bleibt und auch wahrsagen kann. Der vierte ist der *Trarames,* der Schatten der Vernunft. Dieser kann zu Lebzeiten aus dem Körper treten und in Spiegeln, Kristallen und auf allen spiegelnden Flächen erscheinen. Letztere Körper manifestieren sich als »Klopfgeister«.

Der Astralleib kann in Verbindung mit der Seele nach dem physischen Tod des Menschen ohne den Körper so lange weiterleben, bis er von seinem Regentgestirn, dem er untersteht, verzehrt wird. Bis dahin bleibt der Astralkörper dort, wo der Mensch gelebt hat. Daher kann man den Astralkörper auch sehen, dieser kann aber nicht sprechen. Beim gewaltsamen Tod lebt der Astralkörper so lange, bis die vorbestimmte Lebenszeit erfüllt ist, da er eigentlich nicht weiß, dass er tot ist bzw. seinen Körper nicht mehr besitzt. Letztere Vorstellung hat vor allem der Gespensterfilm sehr oft aufgegriffen.

Johann Fischart (1546–1591) bringt 1581 eine Schrift mit dem Titel *Vom außgelasnen wuetigen Teuffelsheer, allerhand Zauberern, Hexen und Hexenmeistern* heraus, eine Bearbeitung von Jean Bodins (1529–1596) Streitschrift *De magorum daemonomania* gegen die Thesen des Hexenprozessgegners Weyer. Auch Bodins Schrift war als Leitfaden für Juristen gedacht. Sowohl bei Delrio als auch in der Nachfolge bei Fischart existieren gute und böse Geister, also solche, die von Gott kommen, und jene, die das nur vorspielen. Fischarts Geisterbegriff ist aber dennoch unterschiedlich und spricht ähnlich wie Paracelsus von störenden Klopfgeistern.

Martin Luther (1483–1546) stimmt in seinen *Tischreden* grundsätzlich damit überein und bringt Beispiele aus dem Alltagsleben. Vielfach erweisen sich Erscheinungen als teuflische Irritationen und dienen einerseits als Beweis für das Wirken des Teufels, haben aber auch, wie in mittelalterlichen Geisterbegegnungen, eine Warnfunktion.

Der Unterschied zwischen katholischer und protestantischer Einschätzung von Geistererscheinungen und die sich daran anschließenden Schlussfolgerungen liegen in der unterschiedlichen Topographie des Jenseits begründet. Während bei den Katholiken das Fegefeuer ein Ort ist, aus dem die Gespenster kommen, um weniger Zeit dort verbringen zu müssen, gibt es nach protestantischer Auffassung nur Himmel und Hölle. Außerdem fungieren bei den Katholiken die Heiligen als Vermittler zu Gott. Aus diesem Grund stellt auch der moderne Spiritismus ein Konkurrenzsystem dar, das u. a. auch deshalb abgelehnt wird. Aus protestantischer Sicht müssen Gespenster öfter auftreten, um vor der Hölle zu warnen, da hier die Ausweichmöglichkeit des Fegefeuers fehlt.

Mit dem Aufkommen der sogenannten Empirischen Psychologie, die auf Christian Wolffs (1679–1754) Schrift *Psychologia Empirica* von 1732 basiert, werden nun die Gespenster als manifeste Illusion und Selbsttäuschung verstanden. Sie sind also nicht mehr Täuschungen und Illusionen des Teufels, sondern des eigenen Bewusstseins. In Christian Thomasius' (1655—1728) berühmter Schrift gegen die Hexenprozesse *De Crimine Magiae* wird die Frau von Endor, die den Propheten Samuel erscheinen lässt, zur betrügerischen Bauchrednerin, die König Saul getäuscht hat.

Ein neues Element bringt Immanuel Kant (1724–1804) in seiner Schrift *Träume eines Geistersehers* in die Diskussion ein, nämlich dass diese Sinnestäuschungen in veränderten Bewusstseinszuständen, in Trance und Ekstase vorkommen. Die vermeintliche Erfahrung der inneren Wahrnehmung, die als äußere Wahrnehmung erlebt wird, entzieht diese der Kontrolle des Verstandes, daher können solche Wahrnehmungen für wahr gehalten werden, sind aber nichts anderes als »Hirngespenster«.

Im 18. Jahrhundert beginnt man sich auch im akademischen Umfeld mit Geistern, Dämonen und Wiedergängern zu beschäftigen. Auch die von Serbien ins übrige Europa dringenden Nachrichten von blutsaugenden Wiedergängern verbreiteten sich rasch. Die Schriften der Aufklärer unternahmen es, den Geister- und Dämonenglauben mit vernünftiger Argumentation zu entkräften, und lösten damit eine öffentliche Debatte um die Existenz von Geistern aus. Die so in den Fokus geratenen übernatürlichen Phänomene wirkten als Multiplikator unterschiedlicher literarischer Motive, und eine vermehrte Adaption des schon in Antike und Mittelalter vorgegebenen Gespenster- und Dämonenmotivinventars setzte ein. Oft hat man auch die zunehmenden Säkularisierungstendenzen ins Treffen geführt, die nun eine Gegenreaktion erhielten und eine Hinwendung zu Religion, Mystizismus und dem Okkulten evozierten. Die Säkularisierung zeigt sich in ihrer Umdeutung der Glaubensinhalte in Aberglauben oder der Überführung in die neuen Wissenssysteme. Jungstillings *Theorie der Geisterkunde* von 1808 deutet die Gespenster als paranormale Phänomene, die naturwissenschaftlich untersucht werden können. Das Interesse an Geistererscheinungen kulminiert und korreliert offenbar mit unterschiedlichen Katastrophen wie Kriegen, Seuchen usw.

Aus der Volksüberlieferung haben Dämonen und Geister in die Literatur Eingang gefunden und dort, losgelöst vom Volksglauben, neue Traditionen gebildet. Spezifische Stofftraditionen wie die Weiße Frau oder der Fliegende Holländer haben sich herausgebildet. Geister und Dämonen finden sich gattungsübergreifend in Märchen, Legenden und Sagen und ab dem 18. Jahrhundert in Novellen, Erzählungen, Balladen, Dramen und Romanen. Der Osterkatalog der Leipziger Messe führt 1800 erstmals eine Reihe von Romanen mit Geistern als Protagonisten.

Die Geister sind aber nicht immer Spukgeister, sondern oft Elementargeister in volkstümlich angehauchten Erzählungen. Im Erlösungsroman sind es Schutzgeister, böse verführende Geister in Teufelsbündlererzählungen. Zu Beginn des Genres der Geistergeschichte bzw. des Geisterromans, die den Spuk nicht rational auflösen, ist Horace Walpoles *The Castle of Otranto* von 1764 auszumachen. Während hier die Ursachen für die geisterhaften Erscheinungen im Dunkeln bleiben, sucht die aufgeklärte Geistergeschichte die paranormalen Phänomene zu erklären. In Ann Radcliffes populären *Gothic Novels* erweisen sich die Schreckgespenster als Intrigen, Betrügereien, aber auch als Träume und Halluzinationen. Im deutschen Sprachraum gab es eine eigene Spielart, die vor allem Geheimbündler und Geisterseher thematisierte, wie Schillers *Geisterseher* von 1787/89.

Die feine Gesellschaft traf sich zu sogenannten Gespenstertees, wo man einander Geistergeschichten erzählte, die dann in der Reihe der Gespensterbücher ab 1810 kursierten. Diese Kontextualisierungen dienten als Affirmationsstrategie der Authentizität der Geschichten. Neue Impulse kamen von der englischen Literatur, und Byrons Vorschlag eines Wettbewerbs in Nachahmung der deutschen Gespenstergeschichten brachte zwei weltberühmte Schreckgestalten hervor, und zwar Mary Shelleys *Frankenstein* von 1818 und Lord Byrons *The Vampyre* von 1819, lange vor Bram Stokers *Dracula* (erst 1897).

In Deutschland haben Autorinnen einen eigenen Zweig der Geistererzählungen ausgebildet, in welchen der Kontakt mit der Geisterwelt sich nicht tragisch, sondern oft lehrreich gestaltet. Meist sind es historisierende Erzählungen, die im Trend der Mittelalterrezeption die Thematik in eine längst vergangene Zeit verlagern. Elise Hollmanns Roman *Hinko von Waldstein mit der eisernen Tasche. Geistergeschichte aus dem fünfzehnten Jahrhun-*

dert (1794) erzählt von einem Teufelsbund und hilfreichen Ahnen, die als Schutzgeister fungieren. Karoline Woltmanns *Die weiße Frau* (1821) und Johanna Neumanns *Clara von Pappenheim oder die nächtlichen Erscheinungen im Schlosse Waldburg* (1828) speisen sich aus der Volksüberlieferung, aus Sagen und Legenden. Den bekannten Schatzgeist, das Petermännchen, macht Heinrich Spieß in seinem gleichnamigen Roman *Das Petermännchen, Geistergeschichte aus dem dreyzenthen Jahrhundert* 1791 bekannt. Das in der Volksüberlieferung aber als ambivalent charakterisierte Petermännchen, erscheint im Roman als grundsätzlich böse und verführt den Protagonisten zu vielen verbrecherischen Taten. Die neue Tendenz, den Einbruch des Geisterhaften und Dämonischen in die Realität weder zu erklären noch als Aberglauben zu diffamieren, sondern in der Schwebe zwischen den beiden Polen zu lassen, trifft den Geschmack des Publikums am besten und wird zur neuen Erzählstrategie, z. B. bei E.T.A. Hoffmanns Schauerromanen, und etabliert die Gespenstergeschichte. Die Einbrüche des unerwarteten irrationalen Grauens in die reale Alltagswelt kennzeichnen die Schauerromantik.

Das 19. Jahrhundert mit seinen unterschiedlichen Strömungen war einerseits sicherlich die Epoche der Begründung der unterschiedlichen Wissenschaftssysteme, andererseits aber auch der romantischen Naturphilosophie, der Anfänge der Psychologie mit dem Magnetismus. Die Naturerforschung widmete sich auch der sogenannten Nachtseite der Natur, der Hellseherei, den Gespenstererscheinungen, dem Paranormalen. Zum ersten Mal wird der Versuch unternommen, die Grenzen der Wahrnehmung auszuloten, eine Aufgabe, die im 20. Jahrhundert u. a. Aldous Huxley fortsetzte.

Die Gespenstergeschichte entwickelte sich zu einem eigenen Genre, das vor allem in der angloamerikanischen Literatur beliebt wurde. Auch in der deutschen Literatur des 19. Jahrhunderts avancierten Geister und Dämonen zum bedeutenden Thema, und die Autoren ließen sich von Lokalsagen und Volksüberlieferungen inspirieren und erschufen neue Gespenstergestalten, wie Annette von Droste-Hülshoff die Irrlichter. Eduard Mörike erzählte in seiner *Historie von der schönen Lau* (1853) von einer Nixe, die im Blautopf in Blaubeuren leben solle. Theodor Storms *Schimmelreiter* 1888 geht auf die Sage des Gespensterpferdes zurück, das schon im Sagenkreis um Dietrich von Bern auftauchte. Anfang des 20. Jahrhunderts waren es Autoren wie Gustav Meyrink, Leo Perutz und Paul Busson, die sich mit Gespenstern jeglicher Provenienz, vermischt mit orientalisch okkulten Lehren, beschäftigten und in literarische Form gossen.

Literatur:

Arnold-de Simine, Silke: Geister und Dämonen. In: Phantastik. Ein interdisziplinäres Handbuch. Hg. v. Hans Richard Brittnacher und Markus May. Stuttgart (2013) S. 376–384; Balke, Friedrich: Wahnsinn der Anschauung. Kants Träume eines Geistersehers und ihr diskursives Apriori. In: Gespenster. Erscheinungen, Medien, Theorien. Hg. v. Moritz Baßler/Bettina Gruber/Martina Wagner-Engelhaff. Würzburg (2003) S. 297–313; Fischer, Edda: Die »Disquisitionum Magicarum libri sex« von Martin Delrio als gegenreformatorische Exempel-Quelle. Frankfurt am Main (1975); Klier, Gerhard: Die drei Geister des Menschen: Die sogenannte Spiritus-Lehre in der Physiologie der Frühen Neuzeit. Stuttgart (2002); Neuber, Wolfgang: Die Theologie der Geister in der Frühen Neuzeit. In: Gespenster. Erscheinungen, Medien, Theorien. Hg. v. Moritz Baßler/Bettina Gruber/Martina Wagner-Engelhaff. Würzburg (2003) S. 25–37; Stadler, Ulrich: Gespenst und Gespenster-Diskurs im 18. Jahrhundert. In: Gespenster. Erscheinungen, Medien, Theorien. Hg. v. Moritz Baßler/Bettina Gruber/Martina Wagner-Engelhaff. Würzburg (2003) S. 127–139; Stockhammer, Robert: Zur Theorie der Gespenster oder Die Un-Logik der Literatur. In: Der Schauer(roman). Diskurszusammenhänge – Funktionen – Formen. Hg. v. Mario Grizelj. Würzburg (2010) S. 13–41; Wilpert, Gero von: Die deutsche Gespenstergeschichte, Stuttgart (1994).

VI. Geister- und Höllenzwänge

Salomo und die Dämonenbeschwörung

König Salomo, dessen Siegel und Ring die Geister bannt und be-
zwingt, ist vor allem durch die Darstellung in den Märchen aus
1001 Nacht bis heute weitläufig bekannt. Die ältere Forschung
vermutete, dass das bis jetzt rezipierte Bild des Salomo als Geis-
terfürst unter iranischem Einfluss entwickelt wurde, die neuere Forschung nimmt keine festen Salomotraditionen an, sondern verschiedene Erzählungen, die miteinander kombiniert
wurden. Seine Macht über die Geister gründet sich auf 1 Könige 5, 9–12. Diese Erzählungen von Salomo als Geisterherr begegnen in unterschiedlichen Ausprägungen, so z. B. im *Testamentum Salomonis* und in zahlreichen Salomosiegeln, die Salomo als Reiter im Dämonenkampf zeigen, der einen Dämon tötet. Andere Quellen erwähnen Salomos Netz, mit dem er die
Dämonen fängt. Die verstreuten Belege erklären freilich nicht
den großen Bekanntheitsgrad der Geisterherrschaft, wohl aber
das wahrscheinlich im 4. Jahrhundert entstandene *Testament Salomos*, eine griechische Schrift über den salomonischen Tempelbau. Eingebettet in die Erzählung von den Heimsuchungen seines Baumeisters, findet sich die Erklärung für Salomos Macht
über die Dämonen. Als Salomo den Tempelbau in Angriff nahm,
war unter seinen Baumeistern ein besonders kluger junger
Mann. Deshalb fiel dem König bald auf, dass sein Baumeister
öfter krank und müde war. Beim Nachfragen kam heraus, dass
ihn ein Dämon allnächtlich besuchte, der nicht nur an seinem
Daumen saugte, sondern auch die Nacht mit ihm verbrachte
und den Tageslohn mitnahm. Für Salomo war die Situation klar,
ein Succubus hatte nicht nur den Baumeister heimgesucht, sondern ihn auch von innen ergriffen. Salomo betete zu Gott um
Hilfe, und Gott schickte ihm den Erzengel Michael, der ihm von
Gott einen Siegelring übergab. Mithilfe des Ringes könne er alle Dämonen einfangen und zwingen, beim Tempelbau zu helfen. Auf dem Siegel waren die heiligen Namen Gottes eingetra-

gen: Sabaoth, Eloi und Iao. Salomo übergab den Ring dem Baumeister und wies ihn an, bei Erscheinen des Dämons diesem den Ring auf die Brust zu drücken und ihm zu befehlen, zu Salomo zu kommen. Der Dämon sträubte sich, musste aber vor dem König erscheinen. Dieser fragte ihn sogleich nach seinem Namen und er bekannte, dass er Ornias heiße, was so viel wie »Antreiber« bedeutet. Der König fragte Ornias, was er in den Menschen bewirke, und erhielt die Antwort, die Gier nach Frauen. Salomo erfuhr auch, dass der Erzengel Uriel den Dämon vernichten könne. Dann übergab er den Ring an Ornias und befahl ihm, den obersten Dämonenherrscher Beelzebul vor ihn zu führen. Ornias drückte Beelzebul den Ring auf und dieser musste ebenfalls Salomo gehorchen. Nach der Reihe traten alle Dämonen an, wie z. B. eine Frau mit Eselshufen, die Onoskelis hieß, die Menschen auf krumme Wege schickte und mit ihnen sexuell verkehrte. Ihre Wirkung entfaltete die Dämonin bei Vollmond, und die Weisheit Gottes, Sophia, war ihr Gegenpart. Sie musste Hanf spinnen für die Seile des Tempelbaus. Der Reihe nach defilierten alle Dämonen an Salomo vorbei, und er zwang sie, ihre Namen zu nennen und zu sagen, welche Laster sie hervorriefen, welche Krankheit sie brächten, in welchem Zodiakzeichen sie stünden und welcher Engel Gottes ihr Gegner sei.

Die Macht über einen Geist durch seinen Namen, die sich unter vielen anderen Belegen noch im bekannten Märchen von Rumpelstilzchen wiederfindet, ist vor allem in der Zauberliteratur von großer Bedeutung. Mit dem Zauberring, den Gott ihm durch den Erzengel Michael übersandt hat, gelingt es Salomo, einen nach dem anderen zu unterwerfen. Charakterisiert werden die Dämonen durch ihre meist sexuellen oder aber idiolatrischen Sünden als Verführer der Menschen oder auch als Krankheitsüberträger. Ein jeder Dämon ist mit einem Sternbild verknüpft und untersteht einem Engel, einer auf ihn zugeschnittenen Beschwörung, Salomo oder Gott selbst. Den schon im *Buch Tobit* genannten mächtigen Dämon Asmodeus, wegen seiner Übeltaten nach Ägypten getrieben und dort gefesselt, beruft Salomo mit dem Ring zu sich und überlistet ihn mit einem Trick. Auch er wird zum Tempelbau eingeteilt, und als dieser fertig errichtet ist, muss er ihn bewachen. Flavius Josephus berichtet in seinen *Jüdischen Altertümern* von Salomo, der die berühmtesten Magier seiner Zeit übertrifft. Bei ihm findet sich die erste Nachricht von Salomonischen Zauberbüchern, deren mehrere schon im Mittelalter und später in der Neuzeit überliefert sind. Die antiken Theorien des Geisterzwangs berufen sich auf die griechisch-ägyptischen Zauberbücher mit Zauberformeln und Bannsprüchen der in Gräbern gefunden Blei- und Goldtäfelchen.

Die Bestrafung der Dämonen, wie sie das *Testamentum* kurz streift, leitet von der jüdisch-christlichen Überlieferung zur arabischen Sage über. Hier wird auch die Frage behandelt, wie Salomo diese starken Dämonen bezwungen hat. Zu Anfang wird darauf eingegangen, wie man die bösen Geister aus den Körpern der Menschen, die sie besetzt haben, vertreiben kann. Damit wird Salomo in den Problembereich des Exorzismus hineingezogen. Die dazu erforderlichen Beschwörungsformeln werden wiederum Salomo zugeschrieben bzw. der Kraft des Ringes, in welchem eine Zauberwurzel eingeschlossen ist. Das *Testamentum Salomonis* gibt zwar Anleitungen für Geisteraustreibungen sowie Zauberformeln an, aber in allen Fällen reicht der Ring mit dem göttlichen Namenszug noch nicht aus, den Willen einiger Dämonen zu brechen. Darunter sind mit eisernen Ketten gefesselte Dämonen, für die keinerlei geeignete Tätigkeit vorhanden ist. Diese sperrt er in Schalen oder Flaschen, so den Meergeist Kynospaston, der einen hybriden Körper besitzt, er ist vorne Pferd und hinten Fisch. Die Überwältigung des Asmodeus, so wie sie der *Talmud* kennt, entspricht der Art, wie Salomo im *Testament* die Dämonen fesselt, nur dass dem Geisterfürsten im Zustand der Trunkenheit oder im Schlaf die geweihte Kette umgeworfen wird. Dass sich nicht alle unterworfenen Dämonen als brauchbar erweisen, weiß auch Mohammed.

Salomo ist Vorbild und Prototyp des Dämonenbeschwörers mit der entsprechenden Hybris, die auch seinen Nachfolgern zu schaffen macht. Einer aitiologischen Legende nach bannt Salomo tausend Teufel in einen kupfernen Kessel und vergräbt ihn. Später finden die Babylonier diesen Kessel und zerschlagen ihn, weil sie Schätze vermuten. Ähnlich der Büchse der Pandora kommen dadurch die Teufel in die Welt. Anders als im griechischen Mythos können die Dämonen aber durch eine List in Behälter gesperrt werden, wie eines der berühmtesten Märchen aus 1001 Nacht, *Die Geschichte von dem Fischer und dem Dämon,* bezeugt.

Spätere Dämonenbanner halten sich an das Reinheitsgebot und verlassen sich auf sorgfältige Vorbereitung mit Fasten, Enthaltsamkeit, Waschungen, Beten, auch Sakramentenempfang, gute Werke usw. Zauberinstrumente wie Ring, Stab, Schwert, Wasser, Öl müssen geweiht werden. Die beste Zeit für Geisterbeschwörungen ist die Nacht, bzw. in manchen Fällen auch das Gegenstück, der Mittag, wo bekanntlich die Mittagsdämonen ihre Macht entfalten. Die Zauberhandlung beginnt mit einem Ziehen der Zauberkreise, in deren Mitte der Zauberer tritt, um vor dem Geist gesichert zu sein. In den immer ausgeklügelteren Ritualvorschriften der Zauberliteratur ist es auch wichtig, auf Stunde und Jahreszeit und bestimmte Tage zu achten. Die drei Kreise von neun Fuß Durchmesser sind in einem Abstand von einer Handbreite anzulegen. Im mittleren Kreis steht der Name des Engels geschrieben, welcher der Stunde der Beschwörung vorsteht, außerdem das Siegel des Engels des Tages. Außerhalb des Kreises sollen vier Pentagramme nach den vier Himmelsrichtungen angebracht werden usw. Um die beschworenen Geister wieder loszuwerden, muss man die Beschwörungsformel rückwärts zitieren. Wer sich mit dem Loswerden, also der Beurlaubung der Geister nicht auskennt, verliert die Macht wie Goethes *Zauberlehrling* oder auch schon Lucius in Apuleius' *Goldenem Esel,* der den Verwandlungsspruch nicht verstanden hat und statt einer Eule ein Esel wird.

Viele der Zauberbücher geben auch Anleitungen zu einem Beschwörungsritual. Der babylonische Talmud setzt einen Mythos in Umlauf, demzufolge Moses außer den Zehn Geboten noch andere geheime Lehren empfangen habe, in die die siebzig Alten eingeweiht worden seien. Daraus hat sich im Wesentlichen die Kabbala entwickelt. Die Kabbalisten suchen geheime Wahrheiten aus dem Pentateuch, Sepher Jezirah und Zohar, herauszuarbeiten, aus der Gewissheit, dass die Schriften als Chiffren für geheime göttliche Namen anzusehen seien. Die Entdeckung und der richtige Gebrauch dieser Namen ist die praktische Kabbala. Ein Meister vermag sich sowohl Dämonen als auch Engel untertan zu machen. Bis in die Jetztzeit liegt in jedem Buch der Zeremonialmagie der Schwerpunkt auf diesen geheimen Namen. Man verbindet z. B. einen speziellen Gottesnamen mit jeder seiner Emanationen, die da sind: Jah, Jehaveh, Elohim, El, Jehod, Eloha, Sabaoth, Shadai, Adonai. Diese sollen von besonderer Wirkkraft sein. Der Name Jehovah oder Jahwe, geschrieben JHVH, da das Hebräische keine Vokale schreibt, paraphrasieren die Kabbalisten mit Tetragrammaton, vier Buchstaben, ein Name, der eine besondere Position in allen Beschwörungsritualen bis in die heutige Zeit innehat.

Die nach ihm benannten Ritualwerke, Siegel und Schlüssel Salomos (Sigillum Salomonis, Clavicula Salomonis) erwähnen aufwendige Vorbereitungs- und Reinigungszeremonien, Gestaltung der Zauberkreise und die notwendigen Dämonennamen. Der kleine Schlüssel Salomos, auch bekannt als *Lemegeton*, enthält Anleitungen, wie Krankheiten und Tod hervorgerufen und nekromantische Beschwörungen vorgenommen werden können. Der magische Kreis muss mit bestimmten Inschriften, vor allem den göttlichen Namen, versehen sein. Ein Dreieck außerhalb des Kreises ist für die ungehorsamen Geister gedacht. Der Magier trägt das vorgeschriebene weiße Gewand, auf dem sich Doppelsiegel und Pentagramm sowie das Siegel des Geistes, der beschworen werden soll, befinden. Dieses spezielle Siegel soll den Dämon zwingen, in menschlicher Gestalt zu erscheinen. Der *Lemegeton* weist Belial aufgrund einer aitiologischen Sage einen besonderen Platz zu: Belial war als Erster von Luzifer geschaffen worden, und König Salomo hatte 72 Oberdämonen in einem Bronzekessel eingeschlossen und diesen in einem tiefen See versenkt. Die Chaldäer hoben den Kessel und brachen ihn auf, worauf die Dämonen an ihre angestammten Plätze zurückkehrten. Nur Belial suchte sich einen Platz in einem Götterbild und erhob seine Stimme aus diesem zum Zweck der Weissagung im Austausch gegen Opfer und Anbetung. Der Magier, der den schrecklichen Belial oder Luzifer selbst beschwor, tat dies stets im Namen Gottes, obgleich diese Tatsache die Kirche sicherlich als noch größere Verhöhnung auffasste.

Schon der vielfach erwähnte Zisterzienser Caesarius von Heisterbach hatte in seinem *Dialogus Miraculorum* mehrfach Beschwörungszeremonien beschrieben, bei welchen die Beschwörer durch Zauberkreise vor den erscheinenden Dämonen solange in Sicherheit waren, als kein Körperglied aus dem Kreis herausragte. Ungefähr ein halbes Jahrhundert später beschrieb Arnold von Villanova, dass er erfahren habe, dass manche Magier Dämonen mithilfe von Idolen, aber auch Worten und Sprüchen beschworen. Der Hofastrologe Friedrichs II., Michael Scotus, verfasste für den Kaiser eine Abhandlung über Astrologie, in der er Dämonen nicht nur namentlich nannte, sondern auch auf die Praxis, wie man diese in Ringe, Gläser etc. einschließt, welche Opfer angemessen sind (wie z. B. Leichenteile oder am besten Teile des eigenen Körpers), einging.

Geisterbeschwörungen und ein entsprechendes Ritual dazu beschrieb Agrippa von Nettesheim (1486–1535) im 3. Buch, Kapitel 16 seiner *De Occulta Philosophia* und nannte auch die Namen der verschiedenen Geister und Dämonen. Im vierten Buch erstellte er eine ausgeklügelte Systematik der die Planeten beseelenden Intelligenzen, die man anrufen kann, um ihre Dienste in Anspruch zu nehmen. Im Unterschied zur späteren äußerst komplizierten Ritual- und Zeremonialmagie gestaltete sich die Anrufung bei Agrippa eher unspektakulär. Sein Zeitgenosse Paracelsus (1493–1541) erklärte in der *Astronomia Magna*, wie der Magier sich Astralgeister und Elementargeister untertan machen konnte. Dazu diente die *magia spectrorum*, die sich mit der Geisterkommunikation beschäftigte, ebenso wie die *nigromantia*, mit deren Hilfe Erscheinungen hervorgebracht werden konnten, und zwar Gespenster, aber auch Astralgeister und Totengeister. Zweck der *Astronomia Magna* war es, den Gebrauch der Geister zu erkennen, die man sich unterwerfen wollte.

Das Faustbuch von 1587 bezeichnete die Beschwörung der Geister als Teufelsbeschwörung, wohl auch, weil alle Bearbeitungen der Fausttradition streng lutherisch orthodox den Teufel als den Urheber aller okkulten Phänomene betrachteten. Nach der Beschwörung geschahen Lichterscheinungen, laute Geräusche, ein Rasseln, als kämen viele Wagen mit Reitern, Waffengeklirr, Musik usw. Darauf kam der Teufel und Geist in Gestalt eines feurigen Mannes und verwandelte sich in einen grauen Mönch. Die sogenannten »Faustischen Höllenzwänge« rezipierten freilich mittelalterliche Beschwörungsliteratur und entstanden – so das Ergebnis der Forschung – erst im 17., 18. und 19. Jahrhundert. Mit Geister- bzw. Engelsbeschwörungen und unterschiedlichen Medien experimentierte auch der Gelehrte John Dee (1527–1608) und viele nach ihm, wobei die Intentionen der Anrufungen und auch die Adressaten wechselten.

Literatur:

Busch, Peter: Das Testament Salomos. Die älteste christliche Dämonologie, kommentiert und in deutscher Erstübersetzung. Berlin (2006); Deines, Roland: Josephus, Salomo und die von Gott verliehene τέχνη. In: Dämonen. Hg. v. Armin Lange u. a. Tübingen (2003) S. 365–392; Guiley, Rosemary: The Encyclopedia of Witches Witchcraft and Wicca. New York (2008) S. 122–124; Kiesewetter, Carl: Faust in der Geschichte und Tradition. Hildesheim (1978); Kühlmann, Wilhelm: Grimmelshausen und Prätorius. Alltagsmagie zwischen Verlockung und Verbot. Anmerkungen zu Simplicissimi Galgenmännlein (1673). In: Simpliciana XXVI (2004) S. 61–76; Lassner, Jacob. Salomo. In: Enzyklopädie des Märchens. Hg. v. Rolf Wilhelm Brednich. Bd. 11(2004) Sp. 1071–1076; Müller-Jahnke, Wolf-Dieter: Zur Geister- und Dämonenlehre des Agrippa von Nettesheim. In: Paracelsus und sein dämonengläubiges Jahrhundert. Wien (1988) S. 16–14; Merkelbach, Reinhold: Exorzismus und Teufelspakt in der Spätantike. In: Hestia und Erigone: Vorträge und Aufsätze. Leipzig (1996) S. 339–362; Otto, Bernd-Christian: Magie: Rezeptions- und diskursgeschichtliche Analysen von der Antike bis zur Neuzeit. Berlin (2011); Petzoldt, Leander: Spiritus familiaris. In: Kleines Lexikon der Dämonen und Elementargeister. München (2003) S. 155–157; Salzberger, Georg: Die Salomo-Sage in der semitischen Literatur. Berlin (1907); Lehrich, Christopher: The Language of Demons and Angels: Cornelius Agrippa's Occult Philosophy. Leiden (2003); Salzer, Dorothea M.: Die Magie der Anspielung. Form und Funktion der biblischen Anspielungen in den magischen Texten der Kairoer Geniza. Tübingen (2010); Tuczay, Christa Agnes: Magie und Magier im Mittelalter. München (2003); Stephens, Walter. Demon Lovers: Witchcraft, Sex and the Crisis of Beliefs. Chicago (2002).

NEKROMANTEN – GEISTERBESCHWÖRER – GEISTERBANNER

Bei der Nekromantie, von griech. νεκρός »tot« bzw. »Toter« abgeleitet, geht es um die Totenbefragung, aber auch Totenbeschwörung, da die Toten nicht freiwillig kommen, sondern herbeizitiert werden müssen. Es ist anzunehmen, dass die Totenbeschwörung und die daran geknüpften Rituale bereits in vorhomerischer Zeit praktiziert worden sind, doch fehlen jegliche Aufzeichnungen darüber. Eine Geschichte der griechischen *Nekromantie* beginnt daher mit Homer. In diesen Zusammenhang gehört eine Szene der *Ilias*, die das Begräbnis für Patroklos beschreibt: Tiere werden geschlachtet und das Blut auf die Erde rund um die Bahre gegossen; der Geist des Patroklos erscheint und stellt sich zu Achilles' Kopf, als dieser schläft, und gibt ihm Anweisungen, was geschehen soll (23, 59–108). In der *Odyssee* (700–650 v. Chr.), Buch 11 (*Nekyia*), gräbt Odysseus auf Circes Anweisung eine Grube und tränkt diese mit einer Mischung aus Milch und Honig, einem süßen Wein, und schüttet Wasser hinzu. Als Letztes streut er Gerste darüber. Er betet zu den Toten und verspricht ihnen ein Opfer bei seiner Rückkehr. Dem Geist des Propheten Teiresias verspricht er ein spezielles Opfer, das eines schwarzen Widders. Mit seinem Bronzeschwert schneidet er die Kehlen von zwei schwarzen Schafen durch, weiblich und männlich, und lässt deren Blut in Richtung Unterwelt fließen. Die Geister erscheinen. Odysseus, der nur an Teiresias interessiert ist, muss sich anstrengen, die hungrigen Geister zurückzutreiben. Das Blut gibt ihnen die Fähigkeit zu sprechen, was offenbar eine gute Gelegenheit bedeuten würde, eine wichtige Stellung bei den Lebenden zu erlangen. Aber bevor Odysseus mit dem endlich erschienenen Teiresias sprechen kann, wird er unerwartet mit seinem toten jungen Kameraden Elpenor konfrontiert, der ihm aufträgt, sein Begräbnis auszurichten. Diese Szene hat alle folgenden literarischen Bearbeitungen beeinflusst.

Das Zeugnis der griechischen Dichter bestätigt, dass an verschiedenen Plätzen Totenorakel existiert haben. In der archaischen und frühklassischen Periode ist das Acheron-Orakel an einem See angesiedelt. Den frühesten und gleichzeitig interessantesten Beleg überliefert Herodot (490/480 v. Chr. – 424 v. Chr.). Er erzählt, dass der korinthische Tyrann Periander seine Frau Melissa beim Acheron beschwört. Die Tragödien des Aischylos (525 v. Chr. – 465 v. Chr.) nehmen in der Geschichte der Nekromantie einen besonderen Stellenwert ein, da er Bedeutung und Umfeld professioneller Nekromanten schildert.

Der wichtigste Text mit nekromantischer Referenz stammt von Lucan. Er lieferte nicht nur ein besonders elaboriertes und anschaulich-unterhaltsames Porträt der Nekromantie, sondern auch die größte Sensation, indem er die Technik der Reanimation einführt, wie sie von der glorreichen thessalischen Hexe Erichtho an dem toten Körper eines pompejanischen Soldaten praktiziert wird. Sie pumpt diesen mit warmem Blut voll, das auch einige mysteriöse magische Ingredienzen enthält. Dann schreit sie unartikuliert und beschwört unterweltliche Mächte. Der Geist erscheint neben dem Körper, will aber nicht sogleich in diesen zurück. Erichtho zwingt ihn mit Schlangen und beginnt eine drohende Einbeziehung der unterweltlichen Mächte. Die Wiederbelebung geht nun vonstatten. Der Körper richtet sich auf und beantwortet die Fragen.

Die Beschwörung des toten Samuel durch die berühmte Hexe von Endor auf Wunsch des König Saul hat sowohl von jüdischen als auch christlichen Autoren eine weite Rezeption und Interpretation erfahren. Zwei Details der Geschichte, die chronologische Eingrenzung und geographische Lage, charakterisieren die darin dargestellte Nekromantie als altertümliche kanaanitische Praxis. Die beschworenen Geister als Gott bzw. Elohim und Mensch und Kommentatoren zitieren einen einzelnen Beleg für diese zwei Begriffe, den toten Propheten Samuel, der als Toter beides wird, Gott und Geist. Dennoch wendet er sich an diese Frau, weil er sich wegen seiner Verbrechen von Gott verlassen weiß und er den Ausgang der Schlacht wissen will. Der Beschwörungsvorgang an sich wird nicht beschrieben, doch erwähnt der biblische Text, dass nur die Totenbeschwörerin Samuel sehen kann und dass sie ihn Saul als Greis schildert. Dann führen Saul und Samuel ein langes Gespräch, an dessen Ende Saul prophezeit wird, dass er am darauffolgenden Tag besiegt und sterben werde.

Die Beschwörungsszene wird von den griechischen und lateinischen Kirchenvätern, insbesondere Augustinus und später von den scholastischen Theologen ausgelegt. Man bemüht sich, die Erscheinung zu verstehen und kommt zu sehr unterschiedlichen Deutungen. Ist der Tote wiederauferweckt worden? Ist es der Geist Samuels gewesen, der sich hier gezeigt hat? Hat die Frau den König mittels eines Tricks getäuscht? Hat der Teufel ein Trugbild mit den Zügen des Samuel erscheinen lassen? Oder ist es gar der Teufel selbst in Gestalt Samuels gewesen?

Je nach Epoche konzentriert man sich auf die eine oder andere Frage und kommt deshalb zu sehr unterschiedlichen Antworten. Daraus erhellt, dass legitime und illegitime Weisen bekannt sind, die Toten anzureden. In den Vorschriften des *Midrasch* gibt es drei Zugangsweisen: suchen, sehen und hören. In den nekromantischen Beschwörungen des ersten Jahrtausends ist es das ausschließliche Privileg des Nekromanten, Geister zu sehen. In der klassischen Szene der Hexe von Endor erscheint Samuel, noch bevor er zitiert wird, womit gezeigt werden soll, dass wichtige heilige Propheten den Nekromanten überlegen sind. Das Medium wird daher hier nicht besetzt, sondern ein Dialog entspinnt sich. Normalerweise spricht eine männliche Stimme aus dem Körper des weiblichen Mediums. Die Szene mit Samuel bleibt ein bedeutendes Zeitdokument in der Geschichte der nekromantischen Praxis. Die Dreiteilung der Rollen – einschließlich der Person, die den Geist beschwört, das Medium und der sprechende Geist selbst – korrespondiert mit signifikanten, ethnografischen Beschreibungen und ist so in einen größeren globalen Kontext der mantischen Kommunikation einzuordnen. Zwei Jahrhunderte später gibt es nur eine Erklärung, es ist Teufelswerk und man spricht generell der Frau, nun Hexe von Endor genannt, ihre Fähigkeiten ab. Jedenfalls bedeutet es für die Ideologen des *Deuteronomion* eine unselige Vermengung. Der Kontakt mit den Toten wird auch in der neuentstandenen Polis der Griechen als befleckend angesehen, eine Vermischung von Göttern, Menschen und Toten, die in drei verschiedene Bereiche geordnet werden, erzeugt Konfusion und ist somit wider die Norm. Die biblische Tradition reagiert auf den unreinen Status der Toten mit Zeremonien, die außerhalb der

Heiligen Stätten praktiziert werden müssen. Die Bezeichnung Nekromantie verwendet schon Augustinus in *De civitate Dei* und Hieronymus in seinem Ezechiel Kommentar. Isidor von Sevilla charakterisiert die Nekromanten in seinem Grundlagenwerk der *Etymologie* als jene, die mit ihren Gesängen die Toten wiedererwecken, um von diesen Antworten die Zukunft betreffend zu erhalten.

Obwohl in der altnordischen Sagaliteratur Nekromantie als Unrecht verdammt wird, überliefern mehrere Sagas eine rätselhafte Praxis der nekromantischen Zukunftsschau, das »Aussitzen« oder *útiseta*. Eine der Methoden schließt das Sitzen auf einer Haut ein. Der Begriff *útiseta* = draußen sitzen bedeutet, vor dem Begräbnisplatz oder Grabhügel zu sitzen. Der *Maríu saga* zufolge ist der Zweck des Rituals, den Ausgang einer Schlacht zu erfahren: Dazu muss man sich auf eine frisch gegerbte Ochsenhaut in einem abgeschlossenen Teil des Waldes setzen und neun Vierecke auf die Haut ritzen, damit der Teufel dann alle Fragen beantwortet. Auch in der *Faereyínga Saga* zeichnet der Zauberer Thrand eine Struktur mit neun Vierecken, um Totengeister zu rufen. Alle Totenbeschwörungen beginnen mit derselben Erweckungsformel. »*Wach auf, wach auf, gute Frau*«, singt Svipdag, »*Wach auf, Angantyr, Hervör weckt dich*« in der *Hervör Saga*. Saxo Grammaticus wartet in seiner *Gesta Danorum* mit weiteren Details auf: Die Riesin Harthgrepa will die Zukunft ihres Schützlings Hadingus erfahren und legt zu diesem Zweck einem Toten ein mit magischen Formeln versehenes Holz auf die Zunge. Wütend wacht dieser auf und stimmt eine lange zornige Tirade an. Die in den Grabhügeln als »lebend« vorgestellten Wiedergänger der altnordischen Sagaliteratur, die *draugar*, können den Lebenden gefährlich werden und sie sogar töten.

Die nekromantische Praxis mithilfe von Zauberformeln und Runen bleibt bis in die Neuzeit lebendig, und noch im 19. Jahrhundert ist ein Erweckungsverfahren bekannt. Dabei muss man das Vaterunser mit Blut auf ein Blatt schreiben, auf einen Stab Runen ritzen und damit zum Friedhof gehen. Um Mitternacht geht man zu einem beliebigen Grab, aber man soll ein kleines mit einem weniger mächtigen Toten wählen. Dann legt man den Runenstab aufs Grab und rollt ihn vor- und rückwärts, sagt das

Vaterunser vom Ende an her sowie einige Zauberformeln und die Toten steigen auf, sind aber oft über die Störung ihrer Ruhe ungehalten. Lecouteux bemerkt, dass es ungefährlicher zu sein scheint, sich ein kleineres Grab, also einen zu Lebzeiten weniger mächtigen Toten zu suchen. Ein Mächtiger bleibt auch im Tode mächtig und kann den Lebenden schaden, wie es das Beispiel des Hartgrepa zeigt: Dreimal wird der Fluch wiederholt, und er erweist sich als Verderben bringend. Die Geister reißen Hartgrepa in Stücke.

Unter Geisterbann ist das Gegenteil des oben beschriebenen Vorgangs der Geisterzitation zu verstehen. Da die erscheinenden Totengeister nicht immer gutmütige helfende oder mahnende, sondern auch störende und böswillige Entitäten sind, will man ihre Wiederkehr verhindern. Dieses Bannen der Geister, das sogenannte Überlesen oder Zusammenlesen, ist weder einfach, noch ist jedermann dazu geeignet. Meist ist diese Gabe angeboren, da man z. B. nur die an einem Sonntag Geborenen dazu für befähigt hält. Einfach ist es auch deshalb nicht, da die einmal erschienenen Geister sich nicht gerne vertreiben lassen. Die geeigneten Maßnahmen dafür zu kennen und ausführen zu können traute man vor allem Geistlichen zu und in besonders schweren Heimsuchungen arbeitete ein Expertenteam von katholischen und protestantischen Geistlichen zusammen. Ab dem Mittelalter und der frühen Neuzeit übernahmen Laien die schwierige Aufgabe, wie die fahrenden Schüler, die vielfach selbst angehende Geistliche waren, aber auch Angehörige der unehrlichen Berufe wie Henker, zudem Kaminkehrer und Zigeuner, Personengruppen, welchen man sonst auch die Kenntnis der magischen Praxis nachsagte und zutraute.

Der zu bannende Geist ist nicht so einfach zu vertreiben und stellt oft die Banner vor eine schwere und vor allem peinliche Aufgabe. Durch seine Kenntnis der Vergangenheit und Zukunft weiß er nämlich über das Leben des Geisterbanners Bescheid und versucht, diesen durch die Kenntnis all seiner Vergehen zu irritieren. Die Mittel, deren sich der Geisterbanner bedient, sind im Unterschied zur Beschwörung nicht die Evokation, sondern die Besprechung oder Incantatio mit einem passenden Ritual.

Der antike Geisterbanner zwingt den Dämon unter seinen Willen und weist diesem einen bestimmten Platz zu, und bestimmt innerhalb welcher »Bannmeile« er sich aufhalten darf. Die dazu erforderlichen Bannsprüche sind teilweise exorzistisch oder auch apotropäisch-prophylaktisch. Bibelsprüche und Kirchenlieder werden sowohl beim Exorzismus als auch beim Bann verwendet. Der Geisterbanner muss darauf achten, die richtigen Sprüche aufzusagen, denn wenn der Bann misslingt, heftet sich der Geist an die Fersen des Banners. Handlungsvorschriften sind ebenso zu befolgen. Der Banner muss unter dem Türstock mit einem Fuß über und mit dem anderen hinter der Türschwelle stehen, das Kreuzzeichen in die Luft zu zeichnen hilft ebenfalls. Gewisse Tiere, wie der Ziegenbock, sollen gegen Geister schützen, auch bestimmte Steine, des Weiteren das Umwickeln eines Baumes mit einem Band oder Bast. Gegen Spukgeister helfen Teufelsgeißeln, die der Banner unter Einhaltung gewisser Zauberhandlungen und Formeln in ein Gefäß mit glühenden Kohlen wirft. Es ist auch möglich, den Geist in ein Tier zu bannen, um ihn dann wegzuführen, diese Ansicht geht auf die biblische Erzählung vom Sündenbock zurück. Aggressive Maßnahmen zwingen die Geister auch, eine kleinere Gestalt anzunehmen, um in ein Gefäß zu passen. Erscheint ein Geist in kleiner tierischer Gestalt oder als Dunst, kann er sich nach dem Bannritual noch weiter verkleinern und in das vorbereitete Behältnis schlüpfen. Wer die Flasche öffnet, lässt auch den Geist frei. Als Geisterbehälter fungieren kreuzweise verschnürte Geldbeutel, aber auch andere triviale Behältnisse wie ein Rucksack oder Ranzen, den die Ranzenmänner an den vorbestimmten Aufenthaltsort bringen. Dass sich der eingeschlossene Geist gegen diesen Bannort wehrt und sich (wie der Aufhocker) ganz schwer macht, erscheint einsichtig. Ganz ähnlich dem aus der Orpheussage bekannten Motiv darf sich der Geisterbanner nicht umsehen, bis er den Bestimmungsort erreicht hat. Geisterbehälter werden eher selten in der Nähe von Häusern verortet, sondern in einsamen und unzugänglichen Plätzen wie Wüsten, Bergen oder Gewässern. An dem für den Geist bestimmten Ort muss dieser Arbeiten tun, die möglichst so beschaffen sind, dass er nie damit fertig wird, dazu zählt das bekannte Motiv der unlösbaren Aufgabe, wie ein Fass ohne Boden ausschöpfen, Sandkörner zählen usw. Um den Geisterort zieht der Banner einen Kreis, um ihn darin festzuhalten. Einen Menschen, der in einen solchen Bannkreis gerät, muss man herausbeten, Tiere werden darin krank.

Des Öfteren gelingt es aber gebannten Geistern zu bestimmten Zeiten, an welchen die Geister allgemein als wirkmächtiger erachtet werden, zu entkommen. Ein Geisterbanner hat dann den Auftrag, diese einzufangen und zu bannen. Im tibetischen Buddhismus, der die ursprünglichen Beschwörungspraktiken der Bon-Religion in sich aufgenommen hat, werden immer die Geister in sogenannte Geisterfallen getrieben und dort gefangen gehalten.

Dass die Geistererscheinungen seltener geworden sind, wurde damit erklärt, dass im Jahre 1574 Papst Urban VIII. und angeblich auch Pius IX. einen starken Geisterbann ausgesprochen haben. Auch berühmte Persönlichkeiten sollen die Fähigkeit besessen haben, Geister zu vertreiben, so sagt man Napoleon nach, er habe die Gespenster für 100 Jahre aus Deutschland verbannt.

Literatur:

Lecouteux, Geschichte der Gespenster und Wiedergänger (1987) S. 97; Mengis, Carl: Geisterbann. In: Handwörterbuch des deutschen Aberglaubens. Hg. v. Hanns Bächthold-Stäubli. Bd. 3 Berlin (1987) Sp. 512–523; Ogden, Daniel: Nekromantie: Das antike Wissen über die Totenbeschwörung durch Magie. Rudolstadt (2009).

DIE GEISTERSEHER

Menschen, die behaupten, Totengeister sehen zu können, hat es höchstwahrscheinlich schon seit Beginn der Menschheitsgeschichte gegeben. Darüber, dass Tiere Geister »sehen« können, herrscht weitgehend Einigkeit. Vor allem Pferden und Hunden, aber auch Schafen und gewissen Vogelarten hat man diese Fähigkeit zugesprochen. Die verbreitete Annahme, dass offenbar besonders Bewohner des (schottischen) Hochlandes, von Küsten und weiten Ebenen – also alle, deren Sicht über weite, wenig gegliederte Flächen schweifen kann – eine signifikante Neigung zur Geistersichtigkeit behauptet haben, zeigen regionale volkskundliche Untersuchungen.

Die Gabe des Geistersehens, denn offenbar kann es nicht jeder, ist regional unterschiedlich benannt worden. Nach volkstümlicher Vorstellung, aber schon nach antiker Gelehrtentradition hat man bestimmte Alters- bzw. Menschengruppen für besser geeignet gehalten, insbesondere Kinder und Schwangere. Bei Kindern sind es jene, die in der Steißlage zur Welt kommen, auch Sonntagskinder, nicht an einem Donnerstag Getaufte, auch jene die in der Nacht vom Donnerstag zum Freitag zwischen zwölf und ein Uhr nachts im Januar zu Fronfasten, am Weißen Sonntag, Quatember, Matthiasnacht, Allerseelen oder Weihnachten geboren sind. Bestimmte Landschaften sollen verstärkt zur Geistersichtigkeit prädestinieren.

Geisterseherei und Scharlatanerie, also Betrügereien aufgrund von Glaubensvorstellungen, sind schon seit der Antike dokumentiert, und wurden in der Aufklärung zum bedeutenden Argument gegen die sogenannte Schwärmerei und hier besonders in Bezug auf die Geistergläubigkeit. Der Jenaer Philosophieprofessor Justus Christian Hennings bekämpfte den Geisterglauben mit seiner 1780 erschienenen Schrift *Von Geistern und Geistersehern*. Die Erklärung der Geistererscheinungen als Sinnestäuschung brachte er in Verbindung mit den Konstruktionen der *Magia naturalis,* die mit Hohlspiegeln oder der *Laterna magica* Geistererscheinungen simulieren könne. Allerdings bestehe die Möglichkeit, dass Geister existieren und die Seele nach der Trennung vom Körper Bewusstsein habe. Außerdem griff er das antike und durch Pseudo-Dionysius vervollkommnete Bild der Stufenleiter wieder auf, das in der Philosophie des 18. Jahrhunderts eine herausragende Rolle einnahm. Ausschließen kann Hennings die Geistererscheinungen nicht, er argumentiert aber mit ihrer Unwahrscheinlichkeit, da sie seiner Ansicht nach nichts zur Seligkeit Verstorbener beitragen können, denn Gott habe es gewollt, dass die Seligkeit der Menschen nach ihrem Tode sich stufenweise entwickle.

Erwachsene können die Gabe erwerben, wenn sie einem Hund oder einem Pferd, das einen Geist sieht, von hinten zwischen den Ohren durchblicken oder dem Hund zu Mitternacht über das linke Ohr blicken und ihm auf den Schwanz treten oder zwischen seinen Vorderbeinen durchblicken. Auch einem Geistlichen oder Zauberer auf den Fuß zu treten, über seine Schulter zu blicken und in den eigenen Fußspuren zurückzugehen, kann dabei helfen, die Gabe zu erwerben. Auch das Auftragen bestimmter Salben kann förderlich sein, z. B. indem man die Augen mit Schlangenfett oder mit dem Auszug einer in der Johannisnacht blühenden Blume bestreicht. Hat man die Gabe, kann man sie steigern, indem man in ein natürliches oder künstliches Loch schaut, wie das Loch im Zaumzeug des Pferdes, Astloch, Loch im Zaun oder Stein. Ein besonderer Hinweis ist die Vorstellung, dass der Spuksichtige durch die leeren Augenhöhlen eines Totenkopfes blicken muss, damit er das »Sehvermögen« des Toten sich aneignet.

Das sogenannte »Zweite Gesicht«, das im Unterschied zum ersten, dem normalen Sehvermögen, auf das Spukhafte, Übersinnliche gerichtet ist, hat schon ab dem 17. Jahrhundert früh interessiert und zahlreiche Abhandlungen dazu nach sich gezogen. Mit Wiederaufnahme der Erstellung des sogenannten Volkskundeatlas nach dem Krieg kam u. a. auch die Verbreitung des Zweiten Gesichts in Deutschland in den Fokus.

Abgesehen von der Diskussion um die Gabe bzw. Scharlatanerie der Wahrsagerei hatten staatliche Autoritäten in Antike und Neuzeit und kirchliche im Mittelalter immer wieder versucht, den Blick in die Zukunft und ins Jenseits als Bedrohung der Ordnung zu interpretieren, auch verfolgt und vor allem streng reguliert. Am Ende des Reformationszeitalters erschien im Münsterland die erste Schrift über Volkprophezeiungen, Gesichte, Vorahnungen und Erscheinungen mit dem Titel *Ein christlicher Unterricht von den Gespensten, welche bei Tag oder Nacht den Menschen erscheinen – zu Ehren und freundlichem Gefallen etlichen vornehmen und gottfürchtigen Leuten aufs Papier gebracht durch Johann von Münster.* Johann von Münster (1560–1632) berichtet von rätselhaften Erscheinungen, Sehern, die Gespenster wahrnehmen können, Brände vorhersehen usw. Die

Erklärung für diese Erscheinungen ist freilich eine Mischung zwischen dem neuen aufklärerischen Gedankengut und mittelalterlich-christlichen Ermahnungen: Die Gespenstererscheinungen sind nicht Werk des Teufels, denn dieser ist nicht imstande, solche zu erzeugen, sondern diese sind Werkzeuge der göttlichen Gnade und den Menschen als Mahner zur Seite gestellt. Einen Streit unter den Gelehrten seiner Zeit löste die kurz nach Münsters Tod entstandene Schrift *Erklärung über die Frage: Was von Gesichten und Erscheinungen zu halten sey* (1693) Jakob Stolterfohts aus, der gegen die sogenannte Spökenkiekerei ankämpfte.

Geisterbeschwörungen, Bannungen und Exorzismus waren eine Domäne der katholischen Geistlichkeit. Jede Geisterbeschwörung ohne Geistliche wurde als Verstoß gegen die Hexengesetze bestraft. Der spektakuläre Fall der Rosina Huber aus Schrobenhausen in Bayern belegt, dass Geisteraustreiber aus Laienkreisen eine immense Popularität besaßen und von allen Kreisen in Anspruch genommen wurden. Rosina hatte sich darauf spezialisiert, Geister aus Häusern zu vertreiben. Ihre unbegleiteten Beschwörungen werteten die Behörden als Verstoß gegen das Hexenmandat, man inhaftierte und verhörte sie unter Folter, sie gestand aber nicht. Sie wurde freigelassen und bekam die Erlaubnis zur Geisterbannung, musste aber mit Geistlichen zusammenarbeiten. So vertrieb sie Geister aus Apotheken, Residenzen Schlössern usw.

Das vermehrte Auftreten von Volkspropheten, Wahrsagern und Geistersehern erlebte im 18. und 19. Jahrhundert mehrere Konjunkturphasen. Der auf die ländlichen Wahrsager, Hellseher und Geisterseher Westfalens bezogene Begriff »Spökenkieker« wurde mit zunehmendem Misstrauen gegen hellseherische Fähigkeiten auf Geisterseher eingeengt und nahm zudem die negative Nebenbedeutung »Angsthase«, »Pessimist« und »Spinner« an. Zum prototypischen westfälischen Spökenkieker wurde der sehende Schäfer, ein Berufsstand, der durch seinen Aufenthalt in einsamen Gegenden inmitten des grasenden Viehs als prädestiniert für Hell- und Gespenstersehen erachtet wurde. Der Historiker Friedrich Zurbonsen (1856–1941) hat dem ländlichen Schäferseher mit seiner Studie *Das Zweite Gesicht*

(1907) eine Studie gewidmet, in der er den Schäfer als Gegenbild zu Stadtkultur und technischer Moderne zeichnete. Im Unterschied zu den Skeptikern, wie Harry Houdini beispielsweise, die es unternahmen, spiritistische Medien als Betrüger zu entlarven, war Zurbonsen von der Existenz nicht nur der Geister, sondern des Zweiten Gesichts restlos überzeugt. Der weltberühmte Harry Houdini (1874–1926) geriet wegen seiner Skepsis mit seinem ebenso berühmten Freund Sir Arthur Conan Doyle (1859–1930), einem erklärten Anhänger des Spiritismus, in Streit, da er seine eigenen Vorführungen nicht als echten Zauber erklärt wissen wollte und auch bei Medien illusionistische Tricks vermutete und entlarvte.

Die erst 1930 veröffentlichte Studie Karl Schmeings *Die mehrfache Pubertät, Biologie Psychologie und Pädagogik der menschlichen Entwicklungsstufen* befasst sich erstmals mit der eidetischen Fähigkeit als einer Art gesunder Halluzination, die besonders bei Kindern auftritt, und oft, aber nicht immer, mit der Pubertät verloren gehe. Für Schmeing war das der Schlüssel zur Erklärung des Zweiten Gesichts, das er nicht als Wahrnehmung des Übernatürlichen, sondern als subjektive Form der Wahrnehmung versteht.

Spukphänomene sind in neuerer Zeit vor allem im Fokus der Parapsychologie; hier ist vor allem auf das deutsche Institut für Grenzgebiete der Parapsychologie und Psychohygiene (IGPP) in Freiburg mit dem Vorstand Eberhard Bauer hinzuweisen. Es existieren aber auch weltweit größere und kleinere parapsychologische Gesellschaften wie etwa die *Österreichische Gesellschaft für Parapsychologie und Grenzbereiche der Wissenschaften,* gegründet 1927.

In Anlehnung an den Film *Ghostbusters* (Regie: Ivan Reitman 1984) untersuchen enthusiastische Geisterjäger Menschen und Orte, von welchen Spukerscheinungen berichtet werden. Wie die österreichische Gruppe, die *Vienna Ghosthunters*, berichtete, sind die festgestellten Störungen oft auf Elektrosmog etc. zurückzuführen. Ein geringer Teil, bei dem die eingesetzten elektronischen Geräte entweder komplett versagen oder tatsächlich etwas aufzeichnen, bleibt bestehen und harrt weiterhin einer wissenschaftlichen Erklärung. Was aber für die Beschäftigung mit dem Phänomen auch in dieser Form der Annäherung spricht, sind die Sehnsüchte der Angehörigen nach einem Kontakt mit ihren geliebten Verstorbenen, die in unserer modernen Zeit anders befriedigt werden.

Literatur:

Doering-Manteuffel, Sabine: Das Okkulte. Eine Erfolgsgeschichte im Schatten der Aufklärung. Von Gutenberg bis zum World Wide Web. München (2008); Mengis, Carl: Geistersichtig. In: Handwörterbuch des deutschen Aberglaubens. Hg. v. Hanns Bächthold Stäubli u. Eduard Hoffmann-Krayer. Berlin (1987) Bd. 3, Sp. 549–552; Peuckert, Will-Erich: Spökenkieker. In: Handwörterbuch des deutschen Aberglaubens. Hg. v. Hanns Bächthold Stäubli u. Eduard Hoffmann-Krayer. Berlin (1987) Bd. 8, Sp. 307–311; Strotdrees, Gisbert: Das ›Zweite Gesicht‹ in Westfalen. Geschichte, Erzählkultur, Erinnerungsort. In: Verflixt. Geister, Hexen und Dämonen. Hg. v. Jan Carstensen/Gefion Apel. Münster (2013) S. 45–48.

VII. Geister und Geistererscheinungen in der Moderne

Tischrücken und Geistermaterialisationen

Mit dem Zeitalter der Aufklärung geriet neben der Kampagne gegen den allgemeinen Aberglauben auch die nicht unbedeutende Linie des Gespenster- und Dämonenglaubens in den Fokus der aufgeklärten Wissenschaften. Besonders die Erzählungen von Gespenstern tat man als Altweibererzählungen ab, ein Vorwurf, der sich schon gegen die Nachtfahrt der Frauen im 10. Jahrhundert gerichtet hatte und in den spätmittelalterlichen und frühneuzeitlichen Hexereianklagen durchaus Realitätscharakter annehmen konnte. Geistergeschichten und Berichte von Spukerscheinungen wurden wider die Vernunft eingestuft. Der Allgemeinheitsanspruch der Vernunft ließ solche Wundererzählungen nicht zu, selbst wenn die Geistererscheinungen von integren Persönlichkeiten bezeugt wurden, konnte man die Realität eines Gespenstes – wollte man sich nicht öffentlicher Kritik aussetzen – nicht behaupten.

Das Konzept eines neuen Jenseits ist vor allem mit Swedenborg und seinen Schriften verbunden, auf die man durch Immanuel Kants Reaktion und Christoph Oetingers Übersetzung von *Swedenborgs himmlischer und irdischer Philosophie* aufmerksam wurde. Die Bedeutung Swedenborgs liegt nicht darin, dass er einen neuen Entwurf des Himmels geschaffen hat, da er ohnehin, wie wir oben bei der Engelsdarstellung bemerkt haben, an die älteren Konzepte der christlichen Jenseitstopographie anknüpft.

Immanuel Kant pathologisiert in seiner Schrift *Träume eines Geistersehers* von 1766 nicht etwa die Gespenstergläubigen, sondern die Geisterseher. Swedenborgs Behauptungen waren für ihn »Ammenmärchen«. Eine Vernunft, die immer schon darüber Bescheid weiß, was vernünftig ist bzw. sein kann, bleibt aber im Rechthaberischen stecken, wenn sie einfach Andersdenkende für krank erklärt. Kant verstand Geister als vernunftbegabte Wesen, die keinen Körper besitzen, und zählte zu dieser Kategorie Gott und die menschliche Seele. Er ging von einer Republik aller Geister aus und spekulierte darüber, ob denn nicht das sittliche Bewusstsein der Menschen durch Einflussnahme aus der Geisterwelt gestärkt und geweckt werden könne. Kant postulierte auch eine Seelenwanderungslehre, die sich aber vom christlichen Seelenschicksal im Jenseits unterscheidet. Er dachte darüber nach, ob nicht die menschliche Seele in einer Reihe von immer neuen Wiederverkörperungen ein Leben auf anderen Planeten durchlaufen müsse, um die ganze Schöpfung sehen zu können. Hier schließt er an die Seelenwanderungslehre der Pythagoreer an, die die Reinkarnation als Zukunftsentwicklungsperspektive begriffen haben. Das steht im Unterschied zur buddhistischen Auffassung, die gerade durch den siebenteiligen Pfad dem Kreislauf der Wiedergeburten zu entkommen trachtet.

Am sachkundigsten sprach sich Wieland in seinem Aufsatz *Über den Hang der Menschen an Magie und Geistererscheinungen zu glauben* im *Deutschen Merkur* von 1781 aus. Er kolportierte den Fall einer Geistererscheinung, dass nämlich jemand seinem Freund nach dem Tod erschienen sei. Er zog daraus den Schluss, dass Glaubensvorstellungen und psychische Zustände sich nicht verbieten lassen, nicht einmal im eigenen Bewusstsein. Das Argument, dass es sich bei Geistererscheinungen um Halluzinationen bzw. (teuflische) Illusionen handle, ist nicht neu und wurde schon von Augustinus verwendet und im Spätmittelalter in Bezug auf die Hexereidelikte kontrovers diskutiert. Der hohe Stellenwert der Empirie in der aufgeklärten Wissenschaft bringt aber beide, Gespensterseher und Gespensterverleugner, in die Bredouille, denn im Unterschied zu den mittelalterlichen Geisterdialogen, bei der eine ganze Expertengruppe anwesend war und solcherart die Geistererscheinungen evaluieren konnte, erscheinen die Geister in späteren Jahrhunderten meist einzeln. Da hilft es auch nicht, wenn der Geisterseher ein geachteter Zeuge ist. Obwohl Wieland selbst nicht an Gespenster glaubte, blieb er in der neutral-sachlichen Position. Er fragte nicht danach, ob es klug oder dumm sei, an gute oder böse Geister zu glauben, sondern hinterfragte, warum dieser Glaube nicht auszurotten sei, sich im Gegenteil immer wieder Anhänger fänden, und erklärte das mit der Neigung der Menschen zum Wunderbaren, zum Phantastischen. Wenn etwas schier Unmögliches immer seltener wird, gewinnt auch etwas scheinbar Abstruses, wie eine Gespenstererscheinung an Plausibilität. Das Schlagwort »Entzauberung« der Welt, und neuerdings »Wiederkehr der Verzauberung« lassen die Analysen Wielands sehr modern anmuten.

Das Swedenborg'sche Bild vom Jenseits war im Unterschied zur mittelalterlichen und auch christlichen Auffassung anthropozentrisch ausgerichtet. Sein Postulat der menschlichen Eigenverantwortlichkeit und die Empfehlung eines sittlichen Verhaltens zu Lebzeiten, da dieses das Schicksal im Jenseits bestimmt, scheint wiederum an das mittelalterliche Postulat vom sittlich-guten christlichen Leben, das auf einen guten Tod und Erlösung im Jenseits abzielt, anzuknüpfen. Die Entwicklung, die die Geister im Himmel durchlaufen, war allerdings etwas anders gestaltet. Während im mittelalterlichen Konzept nach dem Partikulargericht die entsprechende Position der Seele bestimmt wird und diese am entsprechenden Ort bis zum Jüngsten Gericht ausharrt, durchlaufen die Seelen im Swedenborg'schen Himmel einen Prozess der Höherentwicklung und Vervollkommnung. Swedenborg rezipiert Bernard le Bovier de Fontenelles *Gespräche über die Vielzahl der Welten* von 1686, der erstmals vermutet hat, dass die Erde nicht der einzig bewohnte Planet im Universum sein kann, und verbindet damit sein Geisterkonzept. Die Verstorbenen aller bewohnten Planeten stehen demnach in unmittelbarem Kontakt miteinander, deshalb kennen sie auch Christi Lehre im ganzen Kosmos. Die Geisterwelt ist nicht entrückt, sondern im Diesseits erfahr- und fassbar. Die Seelen aller lebenden Menschen stehen in Kontakt mit der Geisterwelt, und die empfänglichen Gemüter spüren diese durch Ahnungen. Wie in der mittelalterlichen Visionsliteratur wertet Swedenborg seine Bestimmung zur visionären Jenseitsfahrt als besonderes Charisma.

Die intensive Beschäftigung des 19. Jahrhunderts mit dem Seelenleben, das schließlich in Sigmund Freuds revolutionäre Theorie der Seelenkunde der Psychoanalyse einmündete, war sicherlich den (Vor-)Arbeiten des österreichischen Arztes Franz Anton Mesmer mit seiner Lehre vom tierischen Magnetismus geschuldet. Während Mesmer den Trancezuständen, die sich bei der Behandlung einstellten, keine große Bedeutung beimaß, geriet der sogenannte künstliche Somnambulismus in den Fokus des Spiritismus. Der Spiritismus entwarf ein Seelenmodell, mit dem die Unsterblichkeit der Seele und eine Möglichkeit der Kontaktaufnahme mit dem Jenseits gegeben waren, und berief sich auf den Mesmerismus.

Mesmer entwickelte in der zweiten Hälfte des 18. Jahrhunderts eine Methode zur Krankheitsbehandlung seelischer (= psychosomatischer) Leiden, bei der er Magnete und später nur die magnetischen Striche einsetzte. Für den Heilerfolg seelischer Leiden war das magnetische Fluidum, das der Magnetiseur auf den Patienten überträgt und zur Heilung führt, wichtig. Sein Schüler und Mitarbeiter Graf Puységur richtete seine Aufmerksamkeit auf den Somnambulismus, denn er beobachtete bei den Magnetisierten enorm gesteigerte paranormale Leistungen wie Hellsehen, Telepathie und die Fähigkeit zur Selbstdiagnose. Edgar Allan Poe erzählt in seiner Kurzgeschichte *Tatsachen im Fall Waldemar* von zwei Freunden. Der eine, Waldemar, liegt im Sterben und wird von seinem Freund hypnotisiert, um die Wirkungen des animalischen Magnetismus zu beobachten. Als er das Experiment abbricht, stirbt Waldemar und verwandelt sich sofort in eine stinkende, faulende Masse.

Über die Hinwendung zum Übersinnlichen schlug der künstliche Somnambulismus den Weg zum modernen Spiritismus ein. In Justinus Kerners Dokumentation *Die Seherin von Prevorst* werden die Schnittpunkte, an welchen beide Richtungen sich kreuzen, deutlich. Der Arzt Kerner berichtet von den übersinnlichen Fähigkeiten seiner Patientin Friederike Hauffe, die sich in Form von Hellsehen, Telepathie, Selbstdiagnose von Krankheiten und Geistervisionen äußerte. Kerner evaluiert die Offenbarungen seiner Patientin in seiner Schrift dahingehend, dass die Geisterwelt existiert und sich in der irdischen Welt manifestieren kann. Diese Berührungspunkte zwischen Somnambulismus und Spiritismus zieht der Theoretiker des Spiritismus

Carl du Prel zur Begründung seiner Geistertheorie heran. In seiner Schrift *Der Spiritismus* (1893) legt er die Bedeutung des Somnambulismus für den Spiritismus offen.

Der Spiritismus beruht darauf, dass eine personal geistig-seelische Entität den körperlichen Tod des Menschen überleben kann. Damit bekommen der Glaube ans Jenseits und das Leben nach dem Tod eine fundamentale Bedeutung. Die Interaktion und Kommunikation mit verstorbenen Seelen übernimmt eine Person mit medialen Kompetenzen. Die Entwicklung des Spiritismus geht Hand in Hand mit der Einführung eines neuen Mediumismus. Man differenziert zwischen intellektuellen, mentalen und physikalischen Medien. Intellektuelle Medien sind durch ihr automatisches Schreiben und Sprechen charakterisiert, bei physikalischen Medien erklingen Klopfgeräusche oder es finden Apporte, Levitationen und Materialisationen statt. Das automatische Schreiben und Reden faszinierte jene Kreise, die mit den Verstorbenen kommunizieren wollten. Die Resultate waren oft unvollständige, unlogische Texte, wie der Briefwechsel Rainer Maria Rilkes mit Marie von Thurn und Taxis bezeugt. Beide hielten Séancen ab. Der Vertreter des amerikanischen Spiritismus, Andrew Jackson Davis, hatte sein Hauptwerk *The Principles of Nature* (1847) als eingegebene automatische Schrift erklärt. Die Frage nach dem Urheber der Texte beantwortete Carl du Prel, der sich intensiv mit der Frage beschäftigt hatte, ambivalent. Einerseits sei es möglich, dass das Medium damit zu tun habe, aber trotz der Schwierigkeit eine Trennlinie zwischen transzendentaler und transzendenter Inspiration zu ziehen, sei es naheliegend, die Mitteilungen einer fremden Macht zuzuschreiben.

Sawickis umfassende Untersuchung hat ergeben, dass sich ab dem 18. Jahrhundert vier Phasen der Entwicklung der Geistererscheinungen und ihrer Rezeption abzeichnen. Als erste Phase ist die traditionelle Geisterseherei anzusetzen, die dann in Phase zwei im Kontext der Aufklärungsdiskurse bis zur Jahrhundertmitte in den Mesmerismus einmündet. Als dritte Phase folgen das Tischerücken und dann der eigentliche Spiritismus, der in Deutschland und Österreich eine Sonderentwicklung im Unterschied zum angloamerikanischen genommen hat.

Im Verlauf des 19. Jahrhunderts kam es zu einer »Vernatur-wissenschaftlichung« des spiritistischen Deutungshorizontes. Bei der immer noch andauernden Diskussion um die Interpretation von Wundern streiten beispielsweise Theologen und Spiritisten um die Deutungshoheit, ebenso bei der Frage nach spiritistischen Sinnstiftungen durch Geisterkontakte. Die Diskussion um das Leib-Seele-Dilemma setzte zwar bei den alten theologischen Fragen an, beantwortete diese aber psychologisch, daher rückte der Spiritismus in die Nähe der nun auch entstehenden Psychologie.

Die Idee, dass die Geister der Verstorbenen nach ihrem Tod auf fremden Planeten weiterleben, wurde um die Wende zum 19. Jahrhundert verbreitet und fand weiten Zuspruch. Dieser Idee sprach auch Goethes Schwager Georg Schlosser zu, der in seinem Dialog *Ueber die Seelenwanderung* eine ideale Gemeinschaft der Lebenden und Toten durch Wiedergeburt antizipierte. Ausschlaggebend für die Entstehung einer anthropozentrischen Himmelsvorstellung war der Pietismus, dem der Geisterverkehr ein besonderes Anliegen war. Die Gelehrten Lavater, Jung-Stilling und der Pfarrer Oberlin, der u. a. durch seine Aufnahme des kranken Dichters Lenz in Büchners gleichnamigem Stück bekannt ist, glaubten an eine Fortentwicklung der Einzelseelen nach ihrem Tod und ordneten das Jenseits in ein siebenteiliges hierarchisches Schema. Oberlin erhielt Kunde darüber durch seine verstorbene Frau, die ihm laut seiner Aussage regelmäßig erschien.

Auch Lavater tendierte in seinen Schriften zur engen Verbindung zwischen Lebenden und Toten und ließ diese Ansichten aus dem Munde eines fiktiven Freundes aus dem Jenseits kommen. Der Pfarrer Dedekinds vertrat die Ansicht, dass die Geister der erlösten Verstorbenen als Schutzengel unter den Menschen weiter existierten und auch mit diesen in Kontakt träten. Die bösen Geister seien gefesselt und könnten keine Macht ausüben. Jung-Stillings *Theorie der Geisterkunde* von 1808 belegt den Stellenwert, den das Thema einnahm. In dieser Sammlung aus verstreuten Quellen legte er eine Schrift vor, die Geistererscheinungen verifizieren sollten. Sein Jenseitskonzept kombiniert die mittelalterliche mit der neuen kosmisch-planetarisch kantianischen Vorstellung, die er auch ganz konkret im diesseitigen Raum verortet. So kennt er einen Himmel, eine Hölle und den Hades, den er aber als Zwischenzustand versteht, in dem sich die Seele auf ihre Errettung oder Verdammung vorbereitet. In diesem Zwischenzustand sei es möglich, mit den Verstorbenen in Kontakt zu treten, da der Hades sich in unserer Atmosphäre befinde.

Die katholische Auffassung vom Jenseits als Interaktionsfeld zwischen sinnlich wahrnehmbaren Engeln, Dämonen und Totengeistern, die Spukphänomene verursachen können, blieb nahezu bis ins 21. Jahrhundert bestehen. Die katholische Aufklärung unter Joseph II. – u. a. die damit verbundene Aufhebung des Jesuitenordens – führte dazu, dass die Gegner der Aufklärung sowohl die Tradition der Unterscheidung der Geister wieder aufleben ließen, als auch die Überzeugung festschrieben, dass gute und böse Geister imstande seien, den Menschen zu erscheinen. Diese könnten sich den Menschen auch mitteilen, außerdem sei es möglich, dass Seelen aus dem Jenseits erschienen, um Hilfe anzubieten, aber auch zu erflehen. Nur die in der Hölle befindlichen Seelen könnten sich den Menschen nicht zeigen. Die gefallenen Engel würden die Hölle zeitweilig verlassen, um die Menschen zu umlagern, hier spreche man von Umsessenheit, aber auch in ihre Körper einzudringen, dann handele es sich um Besessenheit. Die Menschen seien imstande, die Geister wahrzunehmen, da diese sich mit einem feinstofflichen Körper umkleideten. Dieser Leib sei bei den Engeln menschengestaltig, während die Dämonen sich als Tiere zeigten. Poltergeister und Fremdkörper in den Körpern der Besessenen seien freilich Dämonenwerk. Totenbeschwörungen würden als wirkungslos erachtet. Das Beispiel der Frau von Endor beweise, dass hier eine teuflische Illusion am Werk sei, nicht aber Erscheinungen Verstorbener.

Der Spiritismus gründete darauf, dass die Brüder Chastenet de Puységur (1751–1825) Personen mit durch Mesmer bekannt gemachten Methoden in einen Trancezustand versetzten, diese dann mit der Geisterwelt verkehrten und auch in die Zukunft schauten. Die ersten spiritistischen Zirkel um sogenannte somnambule Seherinnen entstanden in den sympathetischen Gruppen des südwestdeutschen Raumes. Ab den 1850er-Jahren wurde das sogenannte Tischrücken in Deutschland Mode: Mehrere Personen setzten sich an einen Tisch und formten mit ihren auf die Tischplatte gelegten Händen eine sogenannte »Kette«. Nach kurzer Zeit begann sich der Tisch zu drehen, bzw. zu heben. Als Erklärung diente der tierische Magnetismus oder auch die Kraft. Die Argumentation Faradays, es handle sich um unwillkürliche Muskelbewegungen und Gewichtsverlagerungen der Hände, konnte die Verbreitung des Spiritismus nicht aufhalten. Phänomene wie das Wünschelrutengehen, Pendeln Tischrücken, das Ouija-Brett lassen sich teilweise durch den Carpenter-Effekt erklären, der besagt, dass die Vorstellung einer (kreisförmigen Bewegung beim Pendel beispielsweise) Bewegung unbewusst zu einer kleinen kaum wahrnehmbaren (Kreis)Bewegung führt.

Die angeblich vom Geist eines ermordeten Hausierers stammenden Klopfgeräusche, die die Fox-Schwestern in New York gehört hatten, waren nicht beim Tischrücken entstanden. An unterschiedlichen Stellen des Raumes waren Klopfgeräusche zu vernehmen, die sie mit einem einfachen alphabetischen Decodierungssystem auswerteten. Die Ursprünge des Tischrückens sind also nicht bei den Fox-Medien, sondern bei amerikanischen somnambulen Heilerinnen zu finden, die den Spiritismus als zusätzlichen Tätigkeitsbereich bzw. Einnahmequelle entdeckten. Diese Frauen produzierten Klopfgeräusche, um ihr Publikum damit gefangen zu nehmen. Bald aber erkannte man, dass sich diese Klopfgeräusche auch durch die Kettenbildung beim Tischrücken erzeugen ließen und man nicht unbedingt ein Medium dafür benötigte.

Der Übergang zwischen beiden Formen gestaltete sich fließend, in Deutschland unterschied man allerdings anfangs streng zwischen Tischrücken und Tischklopfen. Der Bericht Dr. Karl Andrées aus Bremen mit dem Titel *Geisterklopfen und Tischrücken in den Hansestädten* schilderte ein Tischrückexperiment, bei dem Andrée anwesend war. Der Bericht des anfangs skeptischen Andrée, der sah, wie sich der schwere Tisch bewegte, auf dem 14 Hände eine Kette gebildet hatten, löste Interesse am Tischrücken und eine Experimentierwelle aus. Aber mit dem

Geisterverkehr hatte das Tischrücken vorerst nichts zu tun und wurde als physikalisches Phänomen betrachtet, dessen Hintergründe man erfahren wollte. Als Ursache für die Hebung oder Verrückung des Tisches folgten drei Grundhypothesen: willkürliches, mechanisches Schieben, lebensmagnetische Kraft aus den Ketten bildenden Händen und als Drittes, magnetisch-elektrisches Aufladen des Tisches. Die mechanische Erklärung, die von Faraday detailliert ausgearbeitet worden war, wurde in Deutschland kaum beachtet, da man die zweite und dritte Erklärung aufgriff. Ohnehin hielten sich die Naturwissenschaftler aus dem entbrennenden Diskurs um das Tischrücken fern, um nicht in die Nähe einer Spiritismusdiskussion zu gelangen.

Deutsche Gelehrte und Dichter wie Hoffmann von Fallersleben oder der Germanist Karl Simrock setzten sich nun mit dem Phänomen auseinander, und von Fallersleben scheint ein besonderes Interesse für unterhaltsame Experimente mit dem Tisch entfaltet zu haben. Als der Reiz des Neuen nachließ, kam ein neuer Anreiz hinzu: die Entwicklung der Technik der Geisterkommunikation, die das Tischrücken und Klopfen ergänzten. Damit kam die spiritistische Verbindung, die ja von bestimmten Kreisen vermieden worden war, wieder hinzu. Die Berliner Spiritisten Wagner und Hornung erfanden den Psychographen und den Emanulektor, mit deren Hilfe sie Medien testeten. Beide Geräte hatten einen beweglichen Zeiger auf einer im Untergrund montierten Pappscheibe mit Zahlen oder Buchstaben, die durch eine Handbewegung in Bewegung versetzt werden konnte. Der Emanulektor wurde allerdings von einem Medium bewegt, der Psychograph durch mehrere Personen. Mitteilungen und Zeichnungen konnten so gewonnen werden, wenn am Psychographen ein Stift befestigt wurde.

Diese Geräte wurden durch Wanderhändler unters Volk gebracht, um mithilfe des Apparates mit geliebten Toten in Verbindung treten zu können. Der Apparat wurde in Frankreich durch die sogenannte Planchette – einen kleinen Tisch, an dessen Bein ein Stift befestigt war, und der durch Auflegen der Hände auf die Tischplatte bedient wurde – verbessert. Die Deutschen erfanden stabilere Geräte und wandelten die Planchette ab. Zeitdokumente belegen, dass Botschaften mit außerordentlicher Geschwindigkeit übermittelt wurden. Auch der Umstand, dass die Botschaft zustande kam, wenn die Buchstaben ungeordnet oder für das Medium unsichtbar notiert wurden, ist beachtlich. Für sogenannte medial begabte Menschen waren solche Apparate ohnehin nicht erdacht, diese brauchten den Stift nur kurz festzuhalten, und er kam »von selbst« in Bewegung. Diese Apparate wurden Mode und waren sogar in Gastwirtschaften in Gebrauch. Der Mesmerismus fand nun vor allem in der Alltagskultur immer mehr Anhänger. Die Unterhaltungsindustrie beteiligte sich an der neuen Mode, und die Zauberdarbietungen bezogen nun Somnambule in ihre Shows ein.

Die durch die Geister empfangenen Offenbarungen zeichneten eine eher traditionelle, swedenborgianisch beeinflusste Jenseitstopographie, es gab dennoch Bezüge zur katholischen Glaubenspraxis und Marienfrömmigkeit. Auch an anderen Beispielen zeigte sich die eigentümliche Mischung von Volksfrömmigkeit und Geisteroffenbarungen mit Warncharakter, die mit den neuen Methoden des Tischrückens, Klopfens und der Planchettes interagierten. Ebenso wie in den mittelalterlichen Geisterdialogen interessierten sich die Menschen des 19. Jahrhunderts für die Jenseitstopographie und wünschten sich, mehr über ihre Zukunft zu erfahren. Durch das Einfließen von Eigeninteressen und oft zu Recht vermuteten Manipulationen kam es allerdings beispielsweise in Todtnauberg zu sozialem Unfrieden, sodass das erzbischöfliche Ordinariat die Unterdrückung der spiritistischen Experimente anordnete und dafür sogar einschlägige Bibelstellen, die sich gegen Wahrsagerei richten, argumentativ heranzog. Die weltliche Obrigkeit schließlich belegte die Teilnahme am Tischrücken mit Strafe und zerstörte so den Zirkel in Todtnauberg und der Nachbarschaft. Mitglieder der genannten Zirkel wurden in Irrenanstalten eingewiesen, da man bei ihnen *Monomania religiosa*, den sogenannten religiösen Wahn, diagnostizierte.

Berühmte Persönlichkeiten der Romantik wie Bettina von Arnim begeisterten sich auch für spiritistische Praktiken, den Verkehr mit Geistern verstand sie aber als Innenschau in Rekurs auf das *Daimonion* des Sokrates, das man nun als Schutzgeist oder auch Stimme des Gewissens deutete. Ende des 19. Jahrhunderts war der Spiritismus in ganz Deutschland in unterschiedlichen Vereinen organisiert und etabliert, was zudem durch das reiche Schrifttum gefördert wurde. Professionelle Medien bereisten Deutschland, spiritistische Zeitschriften und Bücher beförderten das gemeinsame Interesse all dieser Organisationen und Gruppierungen, um die Nachweise eines Fortlebens der Seele im Jenseits zu erbringen.

Großen Einfluss zeitigten die Veröffentlichungen des französischen Spiritisten Allan Kardec (1804–1869), der auf die vorgebliche Bitte der Geistwesen sein *Buch der Geister* veröffentlichte. In diesem als richtungsweisend angesehenen Buch schrieb er 1019 Fragen und Antworten nieder, die die Verflechtungen zwischen Geistern und lebenden Menschen, Diesseits und Jenseits durchleuchten sollten. Später folgte ein *Buch der Medien* und weitere Studien ähnlichen Inhalts. Ergänzt wurden die in diesen Büchern enthaltenen Informationen durch die Zeitschrift *Revue Spirite*, die Kardec bis zu seinem Tod monatlich veröffentlichte.

In Österreich zeigte sich der Hochadel an Medien und Geistererscheinungen interessiert. Der prominente österreichische Spiritist Freiherr Lazar von Hellenbach (1827–1887) war ein Anhänger des Allan Kardec und legte seine Einlassungen in zahlreichen Schriften zu Okkultismus und Spiritismus nieder. Er bediente sich zweier Frauen als Medien und behauptete, mit Schopenhauer (1788–1860) nach dessen Ableben zu kommunizieren. Er bediente sich bekannter Medien wie der Baroness Adelma von Vay und der Lottie Fowler und lud auch andere berühmte Medien nach Wien ein, kämpfte vehement gegen immer wieder vorgebrachte Betrugsvorwürfe an und wurde deshalb auch in den brisanten Fall um das Medium Harry Bastian hineingezogen. Bastian hielt Séancen auf Einladung von Kronprinz Rudolf und Erzherzog Johann Nepomuk Salvator ab, nicht ahnend, dass ihn die beiden als Betrüger bloßstellen wollten. Obwohl das Medium mithilfe einer Geisterfalle beim Versuch Geister darzustellen ertappt wurde, verteidigte Hellenbach den Mediumismus weiterhin. Der Film *The Illusionist* (Regie: Neil Burger 2006) reflektiert diesen Fall; der involvierte Erzherzog ist aber nicht Johann, sondern Leopold von Österreich, dessen Interesse an Okkultem historisch nicht nachgewiesen ist.

Neue Impulse kamen vom spiritistischen Verein *Psyche*, der sich zu einem äußerst exklusiven Zirkel, einer Art Loge, umwandelte und Séancen mit einem geheimnisvollen Medium mit dem Decknamen *La femme masquée* veranstaltete, das durch die Manifestationen von Klopfgeräuschen und Glockenklängen beeindruckte. Ein bekannter Berliner Spiritist, Dr. Egbert Müller, leitete die Séancen und dirigierte eine Mozartsonate, die durch Klopftöne ausgeführt wurde. Auch war angeblich die Geisterstimme des hl. Hubertus zu hören, der das Medium besetzte.

Aufsehenerregende Teleportationen soll das ungarische Medium Lajos Pap durchgeführt haben. Er apportierte sowohl Flüssigkeiten als auch Zweige, Blätter, Blumen, Steine und Lebensmittel wie Staubzucker, Mehl, Weizen, Gerste, Bohnen, Mais, die allesamt aus der Luft kamen. Auch Tiere soll er apportiert haben, die man in Behältern konservierte und in einem eigenen Museum ausstellte. All diese Materialisationen haben in der Wohnung des Präsidenten der ungarischen Parapsychologischen Gesellschaft, Janos Toronyi, stattgefunden und dauerten von 1923 bis 1938, bis zum Tod des Mediums. Das Museum ist im zweiten Weltkrieg zerstört worden.

Um 1775 war die Möglichkeit, mit verschiebbaren Glasbildern Szenen zu projizieren, durch Guyuots physikalische Erkenntnisse schon bekannt. Die auf Rauchvorhänge projizierten Lichtbilder eigneten sich hervorragend zur optischen Erzeugung von Geistererscheinungen. Karl von Eckhartshausen hatte dazu einen geeigneten Projektionsapparat entwickelt, mit dem sich Gesichter aus einzelnen Elementen zusammensetzen ließen. In einem nekromantischen Ritual konnte man erfragen, wie der Verstorbene ausgesehen habe. Am Ende sollte das Bild des gewünschten Toten im Rauch erscheinen. Das Interesse an dem Medium und dem Geist vergrößerte sich, als man begann, Geisterphotographien vom Medium, auf dem auch der Geist des Hubertus zu sehen war, anzubieten. In den ersten Jahren nach der Erfindung der Fotografie bzw. Daguerreotypie galt es als Instrument der Wirklichkeitsabbildung. Bilder entstanden durch die Kamera »wie von Geisterhand«. Mitgedacht war auch die Möglichkeit, das Immaterielle, das Unsichtbare erfahrbar, wahrnehmbar zu machen. Das beruht auf der Auffassung, dass die Kamera mehr aufnimmt, als das menschliche Auge sehen kann. Das führte zu ersten mechanisch-chemischen Experimenten, die man als Vorformen der modernen Bildbearbeitungsverfahren bezeichnen könnte, die oft in manipulativer und gezielt betrügerischer Absicht vorgenommen

Seitliche Kabinettaufnahme von Stanislawa P. mit dem Schleierphänomen

wurden. Auch die Manifestation eines Ektoplasmas, einer als graue bzw. rosa aus Körperöffnungen von Medien austretenden schaumähnlichen Substanz, erwies sich als von den Medien inszenierte Fälschung. Die ersten Geisterphotographien wurden 1860 durch William H. Mumler, der damit auch die Geisterphotographie populär machte, aufgenommen. Dabei handelte es sich um unerklärliche Lichterscheinungen, Schatten menschlicher Gestalten auf Photographien, die während der Séancen aufgenommen wurden. Doppelbelichtungen waren der Grund, man photographierte Photos nochmals und verwendete dazu die dieselbe Platte. Die Geisterphotographie war bis in die 20er-Jahre des 20. Jahrhunderts beliebt, dann kehrte man zu den vorher erwähnten Schreibmedien zurück, die damit eine Renaissance erlebten. Kontakte mit Verstorbenen, ob durch Apparaturen wie die Planchette oder mittels Medien, erfreuen sich bis heute ungehemmten Zuspruchs und kommen sogar bei der Verbrechensaufklärung zum Einsatz.

Literatur:

Barkhoff, Jürgen: Magnetismus, Mesmerismus, Somnambulismus, Hypnose. In: Phantastik. Ein interdisziplinäres Handbuch. Hg. v. Hans Richard Brittnacher und Markus May. Stuttgart (2013) S. 413–420; Frenschkowski, Marco: Okkultismus, Spiritismus, Seelenwanderung. In: Phantastik. Ein interdisziplinäres Handbuch. Hg. v. Hans Richard Brittnacher und Markus May. Stuttgart (2013) S. 435–441; Gruber, Bettina: Die Seherin von Prevorst. Romantischer Okkultismus als Religion, Wissenschaft und Literatur. Paderborn (2000); Heimerdinger, Timo: Tischlein rück' dich. Das Tischerücken in Deutschland um 1850. Eine Mode zwischen Spiritismus, Wissenschaft und Geselligkeit. Münster (2001); Kiesewetter, Carl: Geschichte des neueren Okkultismus. Geheimwissenschaftliche Systeme von Agrippa von Nettesheim bis zu Carl du Prel. Wiesbaden (2007); Linse, Ulrich: Geisterseher und Wunderwirker. Heilsuche im Industriezeitalter. Frankfurt am Main (1996); Natale, Simone: The Spectacular supernatural: Spiritualism, Entertainment, and the Invention of Cinema. Diss. Turin (2011); Pytlik, Priska. »Bürger zweier Welten«. Metaphysischer Individualismus und die Neubewertung von Diesseits und Jenseits. Carl du Prels Spiritismus-Theorie. In: Gespenster. Erscheinungen, Medien, Theorien. Hg. v. Moritz Baßler, Bettina Gruber und Martina Wagner-Egelhaaf. Würzburg (2003) S. 141–152; Pytlik, Priska: Okkultismus und Moderne. Ein kulturhistorisches Phänomen und seine Bedeutung für die Literatur um 1900. Paderborn (2003); Pytlik, Priska: Spiritismus und ästhetische Moderne – Berlin und München um 1900. Tübingen (2006); Sawicki, Diethard: Leben mit den Toten. Geisterglauben und die Entstehung des Spiritismus in Deutschland 1770–1900. Paderborn (2002); Tenhaeff, W.H.C.: Kontakte mit dem Jenseits? Der Spiritismus-Report. Berlin (1973); Wünsch, Marianne: Die phantastische Literatur der Frühen Moderne. München (1998).

GEISTER UND DÄMONEN IM FILM

Die Verbindung zwischen der filmischen Darstellung des Übernatürlichen und ihren Vorläufern, den Illusionisten, stellten die Trickfilme des George Méliès her, dessen Filme als Teil seiner magischen Bühnenshows verstanden werden können. Méliès war besonders von den Illusionskünstlern John Nevil Maskelyne und George Cooke beeinflusst. Maskelyne war Skeptiker, der ebenso wie Harry Houdini von den Spiritisten zu den Skeptikern überwechselte und betrügerische Medien, wie die Davenport-Brüder, zu entlarven suchte. Méliès Film *L'Armoire des Frères Davenport* (US-Titel: The Cabinet Trick of the Davenport Brothers) ist ein Tribut an Maskelyne. Méliès begann selbst als Illusionist um 1888 neben seiner Filmarbeit und behielt diesen Schwerpunkt auch bei. *La Fée des Fleurs ou le Miroir de Cagliostro* (1889) basiert auf der Geschichte von Peppers Geist, verzichtet aber auf das übernatürliche Element. Das Publikum sieht sich selbst wie in einem Spiegel. Seine letzte Bühnenillusion von 1907 trug den bezeichnenden Titel *Spirit Phenomena:* in dieser Show besucht ein Geist ein Medium, letzteres will dem Geist die Kleider auszuziehen, wird aber dann selbst zwischen den Seiten eines Gebetbuches gefangen. Obwohl der Film bessere Möglichkeiten für Tricks bereithielt, blieb Méliès bei den angeschnittenen Themen. Viele seiner Filme handeln von Teufel und Dämonen, ein paar von Geistern.

Geistererscheinungen im realen Leben und im Film stehen zu unserer Erwartung einer Verlässlichkeit der Realität im Gegensatz. Unsere erkenntnistheoretischen Begriffe werden durch diese unterminiert, denn der Blick des Zuschauers wird verkompliziert durch die Tatsache, dass etwas widergespiegelt wird, obwohl kein physisch fassbares Objekt vorhanden ist. Filmgespenster illustrieren die andauernde Forschungsdiskussion, aber freilich mit sehr verkürztem, plakativem Aufzeigen der Thesen. Um es noch komplizierter zu machen, blendet der Zuschauer die Möglichkeit des Unglaubens aus, denn das Objekt, also der Schauspieler, der den Geist spielt, ist zu sehen. Aber er wird als unsichtbar im Film eingeführt bzw. manche sehen ihn, manche nicht. Dieser Kniff ist so alt wie das Erscheinen von Banquos Geist in Shakespeares *Macbeth,* den nur der Protagonist selbst wahrnehmen kann. Das übernatürliche Aussehen der Geister kann durch Makeup erzeugt oder aber, wie in *All that money can buy* (Der Teufel und Daniel Webster, Regie: Wilhelm Dieterle) von 1941, mit einem Nebel, der die Gesichter der Gespenster leicht verhüllt, dargestellt werden. Außerdem kann der Geist physikalische Gesetze ignorieren, er kann fliegen, sich unsichtbar machen, autofahren, wie in *Topper* 1937, sich nach Belieben materialisieren und dematerialisieren, wie in der Dickens Filmadaption *The Canterville Ghost* (Regie: Jules Dassin 1944), wie Rauch erscheinen in *The Ghost goes West* (Ein Gespenst geht nach Amerika, Regie: René Clair 1935) oder durch Wände gehen und sich unsichtbar machen.

Die Erforschung der Wahrnehmung und der Grenzgebiete der Psychologie mag eine Rolle bei der Wahrnehmung von Gespenstern gespielt haben, ist aber nicht so sehr in die filmische Darstellung eingeflossen. In *Beyond Bedlam* (Jenseits des Wahnsinns, Regie: Vadim Jean 1993) wird eine Droge an einem psychopathischen Serienkiller ausprobiert. Der unvorhersehbare Nebeneffekt ist, dass er die Psyche der Menschen manipulieren kann. In *Photographing Fairies* (Der Elfengarten, Regie: Nick Willing 1997) isst der Protagonist eine Blume und hat dadurch die Möglichkeit, das Totenreich zu besuchen.

Die Geister, die wegen einer unerledigten Aufgabe keine Ruhe finden, haben schon früh filmische Adaption erfahren. In *The Ghost of Berkeley Square* (Regie: Vernon Sewell 1947) müssen die Geister als Strafe und Sühne für den Unfalltod des Herzogs Marlborough im Haus bleiben. Erst Königin Maria befreit sie. In *Beetlejuice* (Regie: Tim Burton 1988) und *High Spirits* (Regie: Neil Jordan 1988) bekommen sie sogar ein Buch, in dem alle himmlischen Regeln verzeichnet sind, die allerdings jährlich ergänzt werden. In A *Nightmare on Elm Street 3: Dream Warriors* (Nightmare III: Freddy Krueger lebt, Regie: Chuck Russell 1987) erzählt Freddy Kruegers Mutter, dass man ihn nur aufhalten kann, wenn seine Gebeine in geweihter Erde bestattet werden. Allerdings zeigt auch das keinerlei Wirkung, wohl auch aus dem Grund, um die Serie noch fortsetzen zu können.

Zu einem bedeutenden Subgenre der Gespensterfilme haben sich die Filme um ein Haus, in dem Geister ihr Unwesen treiben, entwickelt. Roger Corman mit *The Fall of the House of Usher* (Der Fall des Hauses Usher, 1960) nach der Kurzgeschichte von Edgar Allan Poe formuliert treffend, dass das wahre Monster das Haus selbst sei. Zwei Varianten sind hier zu unterscheiden, obwohl sich die Grenzen fließend gestalten: In der ersten Gruppe ist das Haus selbst der Protagonist, in der zweiten nur der Schauplatz. Mit der Verfilmung von Shirley Jacksons Roman

Spuk in Hill House hat die Hill-House-Film-Serie begonnen: *The Haunting* (Bis das Blut gefriert, Regie: Robert Wise 1963) und der spätere *The Haunting* (Das Geisterschloss, Regie: Jan de Bont 1999) gehören zur ersten Gruppe. In *The Legend of Hell House* (Tanz der Totenköpfe, Regie: John Hough) spielt der Erbauer des Hauses auch nach seinem Tod immer noch eine bedeutende Rolle, indem er das Haus mit seiner »Lebensenergie« versorgt. Das Haus, das normalerweise ein Platz der Sicherheit für seine Bewohner sein soll und ist, wird durch die Anwesenheit von Geistern unsicher. Außerdem speichert es Erinnerungen mit einer Langlebigkeit, die den Menschen verwehrt ist. Daher kann es als ein Schlachtfeld dienen, auf dem alte Konflikte ausgetragen werden. In *The Haunting* (1963) gibt es ein Zimmer, das das Böse beherbergt und wesentlich kälter als die anderen Räume ist. Der kalte Platz spielt auch eine signifikante Rolle in *The Uninvited* (Der unheimliche Gast, Regie: Lewis Allen 1944), Gespenster gelten somit als platzbezogen. Der Ursprung des Geisterhaus-Genres lässt sich von der Tricktechnik Méliès und seiner Zeitgenossen herleiten, denn sogar in diesem frühen Stadium beinhaltet der Spuk paranormale Erscheinungen, ohne deren Ursprung zu erklären. In *The Ghost Catchers* (Regie: Edward F. Cline 1944) helfen zwei Unterhaltungskünstler einem Südstaaten-Colonel und seiner Tochter, die Geister aus dem Haus zu treiben. Schließlich assistieren die Geister dem Protagonisten dabei, lebende Unholde aus dem Haus zu jagen. In *Twice Dead* (Weder tot noch lebendig, Regie: Bert L. Dragin, 1988) erbt eine Familie ein Haus, in dem der ehemalige Besitzer spukt und das auch als Gangsterquartier verwendet wird. Als die neuen Bewohner von den Gaunern bedroht werden, hilft ihnen das Gespenst beim Kampf gegen die Verbrecher.

Die Amityville Filme involvieren neben dem Element des Geisterhauses noch die Ohnmacht der Religion und zeigen zwar spektakulär inszenierte, aber vielleicht gerade deshalb nicht real bzw. plausibel erscheinende Poltergeist-Phänomene, auch wenn der Film auf einer wahren Geschichte beruhen soll. *The Shining* ist eine der bedeutendsten und beeindruckendsten Geisterhausgeschichten (Regie: Stanley Kubrick 1980). Das Haus macht den Familienvater wahnsinnig, und es stellt sich heraus, dass dieser der immer wieder inkarnierte Hausmeister ist. In *Poltergeist* steht das Haus auf einem Friedhof, bei dem die Grabsteine umgestellt wurden und löst damit eine starke Irritation aus. Der letzte der hier genannten Filme, der Geisterhäuser thematisiert, ist *The Woman in Black*; hier ist die Geistererscheinung allerdings nicht auf das Haus beschränkt, sondern verfolgt den Protagonisten und sucht sich immer neue Opfer. (Die Frau in Schwarz, Regie: James Watkins 2012)

Waren in einigen Geisterhausfilmen – neben dem Haus selbst – Parapsychologen die Protagonisten, gibt es eine Reihe von Filmen, in welchen diese, unabhängig von Häusern, eine Rolle spielen. Im frühen *The Ghost Goes West* (1935) wird ein Mitglied der Gesellschaft für Psychische Forschung zu einem Abendessen eingeladen, bei dem eine Séance stattfinden soll, es bringt allerdings keinerlei Ausrüstung mit, um festzuhalten, was geschieht. In der Spuk-Komödie *Ghostbusters* (Regie: Ivan Reitman 1984) werden Instrumente gezeigt, wie sie in der Realität der parapsychologischen Forschung nicht vorkommen. *The Frighteners* (Regie: Peter Jackson, 1996) zeigt einen Geisterjäger, der mit einem Trio von Geistern zusammenarbeitet, das Immobilien besetzt, die er dann, gegen Entgelt räumt. Unähnlich anderer Scharlatane ist der Protagonist tatsächlich hellsichtig. In *High Spirits* (Regie: Neil Jordan, 1988) erforscht ein skeptischer Parapsychologe ein Spukschloss mit seinen Messinstrumenten z. B. einem Ektoplasmeter. Ungleich zur sonstigen Darstellung von Forschern ist dieser Parapsychologe sehr skeptisch eingestellt und durchschaut jede falsche Erscheinung.

Das Geisterschiffmotiv basiert zum Großteil auf Berichten der antiken und mittelalterlichen Geschichtsschreiber von umherdriftenden Totenschiffen, deren Mannschaft von tödlichen Krankheiten dahingerafft worden waren. Die Literatur hat sich des Themas angenommen und die Geschichte der auf dem Schiff Verstorbenen je nach Zeitstimmung kontextualisiert, etwa Wilhelm Hauff in der Geschichte vom *Gespensterschiff*, Edgar Allan Poe in *Der Bericht des Arthur Gordon Pym*, aber auch Bram Stoker in seinem Dracularoman und B. Traven sozialkritisch in *Das Totenschiff*. Der Film *Ghost Ship* (1952) erzählt die Geschichte eines Ehepaares, das ein Dampfschiff kauft, das auf dem Meer treibend ohne Passagiere gefunden worden ist. Das Ehepaar möchte das Schiff als Touristenboot verwerten und startet ein Unternehmen. Bald erzählen die Gäste, dass sie Zigarrenrauch riechen, und die Ingenieure kündigen. Der Mann ist skeptisch, die Frau aber glaubt die Geschichte und beginnt sich zu fürchten. Dennoch bleiben sie, da sie ihre gesamten Ersparnisse ins Schiff investiert haben. Die mysteriösen Erscheinungen häufen sich, und sie engagieren einen Parapsychologen, der ein Medium kommen lässt, das die Geschichte enträtselt: Der ehemalige Besitzer hat seine Frau und deren Liebhaber umgebracht und sie in einem Wassertank versteckt. Als man ihm auf die Schliche kommt, begeht er Selbstmord. In den meisten Geisterschiff-Filmen geht es um das Wiederauftauchen von verschwundenen Schiffen, die häufig eine schreckliche Vergangenheit haben und nun die Lebenden ins tödliche Geschehen hineinziehen. So in *The Fog* (The Fog – Nebel des Grauens, Regie: John Carpenter 1980), *Death Ship* (Regie: Alvin Rakoff 1980), *Triangle* (Die Angst kommt in Wellen, Regie: Christopher Smith 2009). In den Piratenfilmen darf das Sujet nicht fehlen, so behandeln die *Fluch der Karibik*–Filme das Thema ausführlich. Um das Geisterschiff der Black Pearl geht es in *Pirates of the Caribbean: The Curse of the Black Pearl* (Fluch der Karibik, Regie: Gore Verbinski 2003) und um die Flying Dutchman in *Dead Man's Chest* (Fluch der Karibik II, Regie: Gore Verbinski 2006) und *At World's End* (Fluch der Karibik III – Am Ende der Welt, Regie: Gore Verbinski 2007).

Eine ambivalente Haltung zu Medien hat nicht nur die Öffentlichkeit, sondern auch der Film eingenommen. Vielfach hat sie die einschlägige Literatur und daher auch die Öffentlichkeit als Scharlatane wahrgenommen, aber oft geschieht es im Film, dass sie tatsächlich mit den Toten kommunizieren können. Abgesehen von der mediumistischen Trance wird die Kommunikation mit den Geistern oft mit dem Ouija-Board bewerkstelligt. So in *Blithe Spirit* (1945), *The Oracle* (1985), *Witchboard* (1986) und *The Changeling* (1980). Um 1920 sind Film-Séancen etabliert gewesen und haben dasselbe mysteriöse Image gehabt wie in der Realität. Oft geht es in solchen Filmen darum, falsche Medien zu entlarven, am schonungslosesten in *London Belongs to Me* (1948). *Miracles for Sale* (1939) nimmt Reminiszenzen aus Houdinis Leben. Ein professioneller Magier und Illusionist entlarvt falsche Medien. Das Medium mit dem sprechenden Namen Madam Rapport ist von ihren eigenen Fähigkeiten überzeugt, was sich im Laufe des Films auch bestätigt. Die Aussage des Films ist, dass es zwar viele falsche Medien gibt, aber auch einige echte. Ein Medium, das in Trance mit ihren eigenen Stimmbändern die Worte von Verstorbenen spricht, sieht man in *Spellbound* (1941). Das Medium in *Changeling* (1980) wird von der Universität empfohlen. Sie beherrscht das automatische Schreiben und hält eine Séance ab während der sich Gegenstände bewegen und ein Glas zerbricht. Als der Musikologe, der die eigenartigen Phänomene im Haus untersucht, sein Tonband zurückspult, hört er die Stimme des ermordeten Knaben Fragen beantworten. Das Medium hört ihn, aber die Menschen, die sich im Raum befinden, nicht, nur die elektronischen Instrumente machen die Geisterstimme hörbar. *The Sixth Sense* erzählt die Geschichte eines kleinen Jungen, der mit Toten spricht, die nicht wissen, dass sie tot sind. Ein Psychologe soll helfen, und am Schluss erkennt er, dass er selbst tot ist. Um den psychohygienisch-therapeutischen Effekt des Gespräches mit Toten geht es in *Hereafter* (Regie: Clint Eastwood 2010).

Andere Geister finden wegen einer ihnen angetanen Ungerechtigkeit keine Ruhe, Familienbande spielen ebenfalls häufig eine Rolle, da sich die Geister oft an Familienmitgliedern rächen, wenn diese mit ihrem Tod zu tun haben. In *Candyman* (Candymans Fluch, Regie: Bernard Rose 1992) ist es der Geliebte, der von den Angehörigen der Frau ermordet wird und sich rächt. Washington Irvings *Legend of Sleepy Hollow*, die er in Anlehnung an Musäus 5. Rübezahl-Geschichte schrieb, war das Vorbild für die Tim Burtons Verfilmung *Sleepy Hollow* (Regie: Tim Burton 1999). Es geht dabei um Geschichte eines hessischen Söldners, der sich im Tod an der Bevölkerung des titelgebenden Örtchens rächt. Der überzogen aufgeklärt dargestellte Ermittler versucht zunächst, alle Anzeichen für Übernatürliches zu ignorieren und mit wissenschaftlichen Methoden die Morde aufzuklären, wird aber vom Gespenst eines Besseren belehrt. Hintergrund der Geschichte sind Erbschaftsstreitigkeiten und ein Rachefeldzug. Der Ermittler erkennt, dass er den Schädel des Gespenstes finden muss, um dem Spuk ein Ende zu setzen. Er kann den Schädel der Initiatorin des Spukes entreißen, und das nun erlöste Gespenst reitet mit der Schuldigen in die Hölle.

Die Kernbotschaft des Geisterfilms und teilweise sicherlich der in vielen fiktionalen und non-fiktionalen Schriften ist, dass sie als »Beweis« für eine Existenz des Jenseits antreten und damit ihr Interesse an den Lebenden bekunden. Das trifft vor allem auch auf Zeiten des Krieges zu. *The Human Comedy* (Und das Leben geht weiter, Regie: Clarence Brown 1943) und *Happy Land* (Regie: Irving Pichel 1943) thematisieren die Auseinandersetzung der Familien mit gefallenen Söhnen. In *Happy Land* kann sich der Vater erst mit dem Tod des gefallenen Sohnes Rusty abfinden, als ihm ein Kriegskamerad vom Heldentod des Sohnes erzählt. In beiden Filmen nimmt die Familie den Kriegskameraden an Sohnes statt an. Kontrovers ist der Film *The Lovely Bones* (In meinem Himmel, Regie: Peter Jackson 2009) diskutiert worden, der die Seele des ermordeten Mädchens in einer Art Zwischenwelt zeigt. Während die Romanvorlage die zwischenmenschlichen Beziehungen der Familie ausleuchtet, verlagert der Regisseur den Fokus auf die Verbrechensaufklärung: sobald die Familie die Identität des Mörders kennt, kommt auch schon sein Ende: er wird von einem Eiszapfen getroffen, stolpert und stürzt über die Klippe. In *The Others* wissen selbst die Toten nicht, dass sie gestorben sind und erfahren es erst am Ende des Films (Regie: Alejandro Armenábar 2001).

Beratend können Geister den Lebenden auch zur Seite stehen, wie das berühmteste Beispiel Dickens *A Christmas Carol* (Scrooge 1901 – A Christmas Carol 2010) in ihren zahlreichen filmischen Bearbeitungen vorführt. Gespenster im Kindes- oder Jugendalter, für Kinder gemachte Gespensterfilme wie *Casper* (Regie: Brad Silberling 1995), *Little Ghost* (Das kleine Gespenst, Regie: Linda Shayne 1997) und andere zeigen Tod und Jenseits in einer harmlos tröstlichen Weise. Die Gespenster sind ebenso wie Engel meist nur für Kinder sichtbar, denn die Voraussetzung, um sie sehen zu können, ist ein reines Herz. *The Curse of the Cat People* (Regie: Robert Wise 1944) zeigt das Geschehen aus der Perspektive des Kindes und ist als poetische Studie der kindlichen Einsamkeit beschrieben worden.

Ebenso wie die dämonischen Liebhaber gibt es auch den gespenstischen Liebhaber, der aber auch dämonisch bzw. vampirähnlich charakterisiert werden kann. Sexuelle Beziehungen mit den Toten unterliegen einem Tabu. In *The Entity* (Es gibt kein Entrinnen vor dem Unsichtbaren, das uns verfolgt, Regie: Sidney J. Furie 1982), ebenso wie in *The Legend of Hell House* (Regie: John Hough 1973) gibt das Medium sich der armen Seele hin, weil sie glaubt, sie damit zu retten.

Die Filme, die Besessenheit zum Inhalt haben, fallen in zwei Kategorien, Besessenheit durch 1. einen Dämon und 2. einen Totengeist. William Friedkins Adaption von William Peter Blattys Roman *The Exorcist* (Der Exorzist 1973) hat nicht nur nachhaltig schockiert, sondern eine ganze Reihe von ähnlich gelagerten Produktionen ausgelöst. Der Dämon Pazuzu, (siehe oben S. 37) der das kleine Mädchen besetzt, ist zur oft zitierten und rezipierten Kultfigur geworden. Bei den erfolgreichen Filmen um eine Prophezeiung durch ein Omen, dass ein Sohn Satans die Herrschaft auf Erden übernimmt, handelt der gleichnamige Film *The Omen* und seine Fortsetzungen (Das Omen, Regie: Richard Donner 1976, John Moore 2006) und *Carrie* mit dem irreführenden deutschen Titel (Des Satans jüngste Tochter 1976 Regie: Brian de Palma), *The Exorcist II – The Heretic* (Der Exorzist II – Der Ketzer, Regie: John Boorman 1977), *The Exorcist III* (Der Exorzist III, Regie: Peter Blatty 1990), *Exorcist – The Beginning* (Exorzist: Der Anfang, Regie: Renny Harlin 2004). *The Exorcism of Emily Rose* (Der Exorzismus von Emily Rose, Regie: Scott Derrickson 2005) leuchtet die Problematik einer merkwürdigen Krankheit der Protagonistin aus, die auf Schizophrenie bzw. Epilepsie diagnostiziert und mit Exorzismen behandelt wird. Der Film stellt die unterschiedlichen Positionen der Kirche und der Wissenschaft in einer Gerichtsverhandlung dar und reflektiert die Geschichte der Anneliese Michel, die bei der Behandlung durch Exorzismus ums Leben kam (1976). *Insidious* (Regie: James Wan 2010) kombiniert das Spukhaus-Sujet mit Besessenheit. Eine der neuesten Verfilmungen des Besessenheitsmotivs stellt der Film *Deliver us from Evil* (Erlöse uns von dem Bösen, Regie: Scott Derrickson 2014) dar und beruht auf der Geschichte des Polizisten Ralph Sarchie, der mysteriöse Morde in Zusammenhang mit besessenen Irak-Kämpfern untersucht. Ihm zur Seite steht ein kastilischer Pater, der die Männer exorziert. Interessant ist dabei, dass hier das Kriegstrauma ähnlich wie schon in *Jacob's Ladder* (Regie: Adrian Lyne 1990), bei dem der Vietnamkrieg eine Spiritualisierung des Protagonisten, bei den Irak-Kämpfern Besessenheit bewirkt.

Eine neue Serie von Besessenheitsfilmen hat Sam Raimis *The Evil Dead* (Tanz der Teufel, Regie: Sam Raimi 1981) ausgelöst, bei dem es darum geht, dass eine Gruppe von Jugendlichen das Grimoire *Necronomicon* (eine viel zitierte Erfindung des Horrorschriftstellers H.P. Lovecraft) und ein Tonbandgerät findet, das nach dem Abspielen von Beschwörungsformeln die Dämonen herbeiruft, die der Reihe nach die Jugendlichen besetzen. Nur einer kann sich widersetzen und das Buch zerstören. Ähnlich gelagert sind die fünf Gods-Army-Filme: *Prophecy* (God's Army – Die letzte Schlacht, Regie Gregory Widen 1995) *The Prophecy* II (God's Army – Die letzte Schlacht, Regie: Greg Spence 1998), *The Prophecy III: The Ascent* (die Entscheidung, Regie: Patrick Lussier 2000) *The Prophecy: Uprising* (Die Offenbarung, Regie: Joel Soisson 2005), *The Prophecy: Forsaken* (God's Army V: Die Apokalypse, Regie: Joel Soisson 2005). In *Fallen* kämpft der Protagonist gegen einen mörderischen Dämon und opfert sich schließlich, um das Töten zu beenden (Dämon – Trau keiner Seele, Regie: Gregory Hoblit 1998); *Constantine* (Regie: Francis Lawrence 2005), *Legion* (Regie: Scott Charles Stewart 2010) u. a. Erzengel wie *Gabriel* (Gabriel, die Rache ist mein, Regie: Shane Abbess 2009) behandeln apokalyptische Themen als Fantasy mit einem Erzengel als Helden, in *Michael* wird der Stoff als Komödie behandelt (Regie: Nora Ephron 1996).

Die *Ghost-Rider*-Filme nach einem Comic (Regie: Mark Steven Johnson 2007) behandeln das Thema des Teufels als Seelenfänger, der die aus der Hölle Entkommenen vom ihm verpflichteten Ghost-Rider jagen lässt. Schon Selma Lagerlöf hatte eine ähnliche Thematik in ihrem *Fuhrmann des Todes* behandelt.

TV-Serien, *Twilight Zone, Supernatural,* und die *X-Files,* widmen mehrere Folgen dem Geister- und Besessenheitsthema. In *Ghost-Whisperer* (2005–2010) hilft die sensitive Protagonistin verirrten Seelen, ins Licht zu gelangen, und muss sich immer wieder gegen opponierende Dämonen durchsetzen. In *Medium* träumt die Protagonistin, die bei einem Staatsanwalt arbeitet, von den Ermordeten, die ihr ihre Erinnerungen übermitteln, manchmal erfährt sie auch von Ereignissen, die erst in der Zukunft geschehen. Dämonische Hausgeister haben das Horror-Genre ebenfalls bereichert. So ist *Leprechaun* (Leprechaun, Regie: Mark Jones 1993) ein Killer-Kobold, der vom Protagonisten eingefangen wird, der sich den Goldtopf von ihm erhofft. Nach einer mörderischen Jagd, bei der nach und nach enthüllt wird, dass der Leprechaun mit einem vierblättrigen Kleeblatt besiegt werden kann, wird dieser schließlich zur Strecke gebracht. Die Fortsetzungen ignorieren den Schluss und spinnen die abstruse Handlung weiter. Wesentlich stimmiger gestaltet Rowling in ihren Harry Potter Romanen die Haus-Elfen, die den Zauberer-Familien zugeteilt werden und unbezahlte Dienste leisten. Da sie traditionell nackt bzw. nur in Lumpen gehüllt sind, müssen sie, wenn sie Kleidung geschenkt bekommen, aus dem Dienst scheiden, genauso wie die »ausgelohnten« Kobolde der Volksüberlieferung.

Neue Impulse, die auf Motivik und Darstellung inspirativ und innovativ wirken, hat das europäisch-amerikanische Horrorgenre von den unterschiedlichen Vertretern des asiatischen Gespensterfilms erhalten. Während die Trilogie der *Chinese Ghost Story* (Regie: Ching Siu Tung 1987, 1990, 1991) eine Liebesgeschichte im historischen Setting erzählt und buddhistische Glaubenslehren und Horrorelemente gekonnt kombiniert, spielt der japanische Geisterfilm meist im urbanen Milieu. Geister und das Übernatürliche treten plötzlich als Bestandteil des Alltags in Erscheinung; das Genre thematisiert also den »Schrecken der Dinge«. So führt in *Ringu* (Der Ring, Regie: Hideo Nakata 1998) ein Videoband ein Eigenleben, und *Ju-On* (Der Fluch, Regie: Takashi Shimizu 2004) thematisiert das Eigenleben eines Hauses, in dem ein Ehemann seine untreue Frau, seinen Sohn und die Hauskatze und schließlich sich selbst tötet. Fortan ist das Haus mit einem Fluch belegt und agiert nun als Rachegeist, der alle Eindringlinge tötet. Japanische Geistwesen wie der Tengu, eine koboldartige Gestalt, wurden schon früh in Filmen und Mangas porträtiert. Das amerikanische Remake trägt den Titel

Ring (Regie: Gore Verbinski 2002). *Dark Water* thematisiert das Geisterhausthema, verpflanzt es aber in die Großstadt Tokyo. Ebenso der chinesische Film *Yes, I Can See Dead People* (Regie: Kwong-yiu Lee 2008). Die *Nightmare Detective*-Serie des Shinya Tsukamoto erzählt von der Fähigkeit eines jungen Mannes, in die Träume anderer Menschen einzudringen.

Seit *Nosferatu* (Regie: Friedrich Wilhelm Murnau 1922) bedient und bestimmt Bram Stokers Roman *Dracula* ein Subgenre des Horrorfilms, den in unzähligen Publikationen analysierten Vampir-Film, der aber hier nur gestreift werden kann. Diverse Fortschreibungen und Neuinterpretationen des Stoker'schen Fantasieraumes sowie Umdeutungen des bösen Wiedergängers in den romantischen Liebhaber haben die letzten Jahrzehnte des Genres bestimmt. Der neueste Interpretationsversuch des Vampirmythos, *Dracula Untold* (Regie: Gary Shore 2014), unternimmt es, die historische Figur des Vlad Țepeș mit Bram Stokers Vampirkonstrukt zu kombinieren und es so als Vorgeschichte aller Vampirfilme zu inszenieren. Als weitere Neuerung zum bereits vielfach behandelten Thema fügt er die Assassinenlegende ein: Vlad hat als Sklave für den Sultan gekämpft, der junge Sultan Mehmet fordert im Rahmen der Knabenlese nun den Sohn des Vlad, um diesen als blinde Kampfmaschine für sich ausbilden und kämpfen zu lassen.

Literatur:

Fowkes, Katherine A.: Spirits, Ghosts, and Angels in Mainstream Comedy Films. Detroit (1998); Göbel, Jelka: Neues Jahrtausend, Neuer Vampirfilm? Kontinuität und Wandel eines Genres. Marburg (2012); Hurst, Matthias: Im Spannungsfeld der Aufklärung. Von Schillers »Geisterseher« zur TV-Serie »The x-files«. Rationalismus und Irrationalismus in Literatur, Film und Fernsehen 1789–1999. Heidelberg (2001); Mayer, Gerhard: Risse im Alltäglichen. Die Rezeption okkulter Darstellungen in Filmen. Frankfurt (2000); Ruffles, Tom: Ghost Images. Cinema of the Afterlife. Jeffersen (2004); Schober, Adrian: Possessed Child Narratives in Literature and Film: Contrary States. Houndsmill (2004).

VIII. Schlussbetrachtung: Funktion und Bedeutung der Geister und Dämonen

Max Webers These zur Entstehung von Religion besagt unter anderem, dass alle Menschen die Erfahrung von Kräften machen, die aus der normalen Alltagserfahrung fallen. Sie reagieren darauf mit entsprechenden Handlungen und Sinnformen, wie sie die Geschichte der Weltreligionen belegt. Dass Menschen des wissenschaftlichen Zeitalters zumindest behaupten, nicht mehr an Magie, Geister, Dämonen und Götter zu glauben bzw. diese sogar widerlegt hätten, wird zwar stillschweigend vorausgesetzt, entspricht aber nicht der Welterfahrung des einzelnen religiösen und auch nicht der eines a-religiösen Menschen. Die Forschung ist sich einig, dass der Geisterglaube eine notwendige Funktion für die Entwicklung der menschlichen Individualität und Gesellschaft einnimmt, in deren Verlauf sich immer abstraktere Formen des religiösen Handelns und der angeschlossenen Symbolik ausbilden. So hat sich auch der christliche personale Gottesbegriff aus seiner Vorgeschichte im Geisterglauben entwickelt.

Welche Funktion Geister und Dämonen innerhalb des menschlichen Bewusstseins einnehmen, führt zwangsläufig zu einer Diskussion über die ontologische Verortung der Religiosität überhaupt. Der Psychologe und Religionswissenschaftler William James (1842–1910) zählt die religiösen Phänomene zu den bedeutendsten biologisch-psychologischen Funktionen der Menschheit. Dass die religiöse Erfahrung existiert, liege daran, dass die persönliche religiöse Erfahrung über das Unterbewusste am Lebensprozess teilnimmt. Die Frage, wie und warum Religion funktioniert, lässt sich aber nicht allein an psychologischen Modellen, sondern auch empirisch und in kulturellen und gesellschaftlichen Kontexten festmachen. Die Einsichten in die sozialen Bedingungen menschlicher Mentalitäten und Weltentwürfe kann Religion in ihrer Entstehung und Funktion beschreiben und auch zumindest teilweise erklären.

Die wissenschaftliche Forschung des 19. Jahrhundert fragte nach den Gemeinsamkeiten in der Mythologie der Völker und setzte dazu auf den Vergleich der grundlegenden Überlieferungen. James Frazer (1854–1941) und Theodor Gaster (1906–1992) waren überzeugt, nicht nur das Gemeinsame in der Natur gefunden zu haben, sondern verorten auch die Entstehung der Götter und Naturgeister in dieser.

Richtungsweisend für die Frage der Funktion und Einordnung der Götter, Geister und Dämonen waren vor allem die innovativen Ansätze Georges Dumézils (1898–1986). Seine These, dass die mythologische Bilder- und Ideenwelt nicht der Natur analog, sondern der Kultur entlehnt ist, lenkte den Fokus auf Gesellschaft, Herrschaftsstruktur und Ökonomie. Die Erfahrung von drei gesellschaftlichen Kräften wie Herrschaft, Ausübung von Gewalt und Fruchtbarkeit spiegeln sich in den drei Arten der indogermanischen Götter. So stehe Jupiter für die erste Funktion, Mars für die zweite und die Göttinnen Venus und Diana für die dritte. Kritiker Dumézils monierten, dass sein triadisches Funktionenschema nur auf die indogermanischen Götter zuträfe, was so nicht mehr zuträfe, denn semitische Kulturen lassen ebenfalls eine dreifunktionale Deutung zu. Der Religionswissenschaftler Mircea Eliade (1907–1986) hängt ebenso der triadischen Funktionstheorie an und betrachtet den Ackerbau als profane Technik und Form des Kultus, in dem sich die Welten der Toten und der Lebenden begegnen. Gleich dem Samenkorn versinkt der Tote in der Erde, dringt also in die Unterwelt ein, die nur den Toten zugänglich ist. Der Ackerbau zielt auf Fruchtbarkeit und reproduziert sie.

Nahezu alle Kulturkreise und Völker imaginierten übernatürliche Wesen, deren Funktion in der Erklärung merkwürdiger bzw. nach dem jeweiligen Wissensstand unerklärlicher Ereignisse bestand. Die griechischen Philosophen haben versucht, diese Wesen systematisch zu gliedern, indem sie die Daimones zwischen Göttern und Menschen verorteten. Die Etymologie des Wortes »Dämon« verweist bereits auf den Begriff des Teilens und Zuteilens und zwar vor allem in Bezug auf das Schicksal, das bei der Geburt jedes Menschen diesem bestimmt ist. Dämonen sind ein Instrument der Welterklärung, alles, was der

Mensch in seiner Umwelt Rätselhaftes und Unerklärliches vor-
findet und wahrnimmt, kann durch die Wirkmächtigkeit von
Dämonen verständlich gemacht werden. Ätiologische Mythen
und die spätere Sagen erzählen wie Gewitter, Fluten, Nebel, Re-
genbogen usw. entstehen, schreiben Naturkatastrophen dem
gewaltsamen Eingreifen von Sturmdämonen zu, und bringen
bizarre Naturerscheinungen mit Machenschaften von strafenden Geistern in Zusammenhang. Als Traumprojektionen oder
aber Konfigurationen von Ängsten, Gewissensnöten, Verkörperung von Wunschdenken, als Personifikationen sexueller Ob-
sessionen, kurz: Projektionen des Unbewussten, sind Dämonen
Individualerfahrungen aber auch kollektive Realität, Teil der
menschlichen Persönlichkeit. Als personifizierte Ursachen von
Vorgängen, die erst die Naturwissenschaft erklären würde,
fungieren Dämonen, die durch Rituale beschworen und ma-
gisch gebannt werden können, in der Frühzeit der menschlichen Kulturen. Das Christentum eignete sich diese Dämonenvorstellungen an, integrierte und konkretisierte sie, erfand neue
Gestalten hinzu und veränderte die symbolische Bedeutung.

Abgesehen von dieser Funktion sind Dämonen, Geister und
besonders Schutzgeister Begleiter des Menschen und nehmen eine Mittelstellung zwischen Gott bzw. Göttern und den Menschen ein. Diese Mittlerfunktion verbleibt als wesentliche Funktion der Dämonen nicht nur in der griechischen Religion, sondern auch bis in die Moderne lässt der Glaube an die Wirkmächtigkeit der Dämonen die Menschen die Welt verstehen und
erklären. Daher kann diese Welterfassung, wie Freud konstatiert
hat, als erste Abstraktionsleistung des Menschen verstanden
werden. Die mehr oder weniger enge Verbindung übernatürlicher Wesen mit den Menschen hat sich allerdings erst sukzessi-
ve entwickelt; ursprünglich waren diese Wesenheiten wohl un-
persönliche Kräfte. In diesem Verständnis zählen Engel zunächst zu den Dämonen, da sie als Mediatoren zwischen Gott
und den Menschen fungieren. In dieser Funktionkennt sie bereits das frühe Judentum. Ursprünglich vorislamisch im Iran
entstanden, hat sich im Islam die Vorstellung der Dämonen wei-
terentwickelt und die Systematik der Engel als eigenständige dämonische Wesen, als Todes- Straf- und Würgeengel, ausgebaut.

Der Glaube an Dämonen und Engel erlangte vor allem im Mittelalter einen hohen Stellenwert, besonders in der Klosterliteratur, und ist in neuen Ausformungen im 16., 17. und 18. Jahrhundert durch zeitgenössische Gelehrtenkultur und Literatur belegt, wie auch durch Erlebnisberichte von Betroffenen. Dämonen sind deshalb nicht nur Artefakte des Glaubens und der Religion, sondern werden in volkstümlichen Erzählungen weiter tradiert, facettenreich umgestaltet und oft neu kontextualisiert. Volkserzählungen des 18. und 19. Jahrhunderts geben ein sehr widersprüchliches und auch unvollständiges Bild, sind als Quelle für die Dämonenvorstellung nur sehr bedingt zu verwenden und es ist notwendig die mittelalterliche Literatur und historischen Quellen ebenfalls zu konsultieren.

Der Abwehrkampf der Heiligen gegen die Einflussnahme der bösen Geistwesen gehörte zu ihren Kernhandlungen. Dieser Kampf war insofern von Bedeutung, als zahlreiche Krankheiten ebenfalls als von bösen Geistern verursacht gedacht wurden. Heilige, die mithilfe der christlichen Symbole, wie dem Kreuz und dem Gebet, Besessene aus der Gewalt des Teufels befreiten, errangen also einen sichtbaren irdischen Sieg gegen den Teufel und seine Dämonen. Die Erklärung für die Funktion und die steigende Präsenz des Dämonischen im hohen Mittelalter beruht u. a. auf dem geänderten Stellenwert der Askese. Die Versuchungen und Belästigungen durch Dämonen gestalteten Literatur und Ikonografie als dramatischen Abwehrkampf, als moralische Verpflichtung der Christen. Im Bedürfnis nach Gestaltung bzw. Beschreibung der bösartigen Wesen bemühten die Künstler des Hochmittelalters auch die ihrer Macht beraubten Gestalten der antiken Mythologie, um sie erneut zu dämonisieren und sogar zu bestialisieren.

Die von der Kirche kommunizierte Dämonenangst sollte die Bereitschaft der Gläubigen festigen, sich dem Erlöser, seinen Engeln und Aposteln zuzuwenden. Die im Grunde dualistische Lehre des Christentums ließ den Teufel und seine Heerscharen zu einer immer öfter herangezogenen Projektionsgestalt für die eigenen Ängste und auch Aggressionen werden. Aber erst die Macht und Kontrolle über die Gedanken der Menschen in der Pflichtbeichte ließ das Christentum richtig Fuß fassen. Die Nor-

Von einem der auszog, das Fürchten zu lernen.

malität der Geisterangst illustriert das »Märchen von einem der auszog, das Fürchten zu lernen«, in dem sich der Protagonist von den Geistererscheinungen und anderen furchterregenden Gestalten unbeeindruckt zeigt, sich aber vor einem Eimer mit Fischen, den seine junge Frau über ihm ausleert, gruselt.

241

Religiös didaktische Schriften festigten die Charakteristiken des Teufels und der Dämonen, vor allem deren Hinterlist und betrügerische Absichten den Menschen gegenüber. Die Welt schien erfüllt von unhörbaren bösen Geistern, die jeden umfingen und einhüllten. Die »Schuld« an unangenehmen Krankheiten oder Schwierigkeiten des Alltagslebens schrieb man Dämonen zu. Die Dämonen als depotenzierte Götter, oder in jüdischchristlicher Lesart als gefallene Engel, versuchten die hierarchischen Ordnung der Kirche nicht nur zu imitieren, sondern auch sich zu eigen zu machen, strebten also die Errichtung eines eigenen Teufelsreiches an, indem sie die Menschen dem Gottesreich abspenstig machten. Sowohl literarische als auch bildliche Darstellungen bezeugen nun den wichtigen Stellenwert, den Teufel und Dämonen einnahmen; der Pakt mit dem Teufel wird zu einem vielfach gestalteten Thema. Diese »Angst-Projektionen« auf übernatürliche Wesen hatten sich ab dem Hochmittelalter vervielfacht. Gerade in der Frömmigkeitsgeschichte gibt es viele Beispiele von Dämonenbegegnungen wie bei der Begine Christine von Stommeln, aber auch bei der Wiener Begine Agnes Blannbekin. Unterschiedliche Quellen wie Predigten, Beichtspiegel, Segnungen, die Unterscheidung der Geister, autobiographische und biographische Schriften verbürgten sich für die Realität von Teufel und Dämonen. Einen besonderen Stellenwert in der Interaktion zwischen Dämonen und Menschen nehmen die Versuchungen sexueller Art ein, wobei die dämonische Natur des Liebhabers oder der Liebhaberin sich oft erst in ihrem plötzlichen Verschwinden offenbart, wenn sie beschworen werden.

Die bestialisierte Form der Dämonen, ihr Auftreten in Bocks-Hunde- oder Affengestalt, basieren wohl auf den Darstellungen der Versuchungen und Kämpfe gegen die bösen tiergestaltigen Geister des hl. Antonius, die ursprünglich wohl dämonisierte ägyptische Götter waren. Neben den literarischen Traditionen, die das Dämonenbild aus der christlichen Antike bezogen, ist auch mit den dämonischen Tieren aus der keltischen und germanischen Tradition zu rechnen, die sicherlich das Teufels- und Dämonenbild des Mittelalters und der späteren Jahrhunderte nachhaltig geprägt haben.

Die Erklärungsmodelle für den mittelalterlichen Pandämonismus, die besondere Ausformung und Gestaltung des Dämonischen im Mittelalter fokussieren vor allem die Angst der Christen vor der ewigen Sündenstrafe, der Hölle. Dinzelbacher bietet drei Erklärungsmodelle für den mittelalterlichen Dämonenglauben an. Als erstes spielt sicherlich der christliche Dualismus ein große Rolle, bei dem der Gläubige von der realen Existenz dämonischer Wesen als vor den Menschen geschaffener Entitäten ausgeht, die schon aufgrund der von ihnen als ungerecht empfundenen Vorherrschaft der Menschen in der Schöpfung nicht nur gegen die Welt Gottes, sondern auch und vor allem gegen die Menschen opponieren. Die zweite Erklärung ist die spiritistische Konzeption von mehreren Zwischenwelten, in welchen Geister existieren, die von dort aus in unseren Alltag eingreifen. Wiewohl es unzählige Phänomene wie Poltergeister, Spukerscheinungen und Geistererscheinungen bei Séancen »dokumentiert« wurden und werden, haben weder die Parapsychologie noch die Pseudowissenschaften die Existenz dieser Sphären glaubhaft beweisen, aber auch nicht zwingend widerlegen können. Das dritte innerweltliche Erklärungsmodell argumentiert mit kumulativen Einzelfaktoren, wie Illusion, Projektionen, Psychosen.

Dass schon sehr früh Menschen Opfer ihrer eigenen Phantasie wurden und prinzipiell eine Neigung dazu haben, das zu sehen, was sie sehen wollen, machten sich schon in der Antike kluge Betrüger zu Nutze. Lukian von Samosata (120–180) liefert in seinem *Lügenfreund* eine treffende Analyse der Leichtgläubigkeit. Mittelalterliche Theologen und Kirchenlehrer warnten vor der Illusionskunst und den schädlichen Betrügereien der Dämonen. Thomas von Aquins (1225–1274) Idee eines impliziten Dämonenpaktes hatte weitreichende Folgen: Ketzer und die sog. Hexen avancierten zu Dienern Satans, die mit Dämonen verkehrten und das Gottesreich stürzen wollten. Zum Angelpunkt der Diskussion wurde der von früheren Jahrhunderten für Illusion bzw. Halluzination erklärte Hexenflug, dem nun durchaus Realität zugesprochen und der zusammen mit der Teufelsbuhlschaft in die Anklageschriften aufgenommen wurde.

Ab der Neuzeit, mit dem Aufkommen des Protestantismus, konzentrierten sich die Betrüger auf Schatzsucher und Geistergläubige, ab dem 18. und vor allem im 19. Jahrhundert nutzten betrügerische Medien die Sehnsucht trauernder Menschen nach ihren lieben Verstorbenen zu finanziellen Bereicherungen. Illusionisten und Zauberkünstler haben die Täuschungsanfälligkeit der menschlichen Sinne benutzt, geschickte Betrüger sich den Glauben an Dämonen, Totengeister und auch der Hausgeister zu Nutze gemacht.

Der vor allem in den schamanistischen Kulturen inhärente Gedanke des Schicksalsparallelismus zwischen einem Schutztier und dem Menschen ist an die Vorstellung einer mobilen Körperseele geknüpft, die je nach Bewusstseinszustand den menschlichen Körper verlassen kann. Die germanische Vorstellung von einem Familienschutzgeist ist damit durchaus vergleichbar und, nimmt man nur die beschützende Funktion in den Blick, sicherlich auch der christliche Schutzengelglaube. Eindeutig der dritten Funktion nach Dumézil gehören die Haus- und Feldgeister an, die nicht nur Glück, Schicksal und Wohlergehen des Hauses und seiner Bewohner gewährleisten, sondern auch im Zuge der Christianisierung eine moralisch-regulative Funktion ausüben. Bei den Wald- Feld- und Wassergeistern als depotenzierte Göttergestalten spielt noch die mögliche sexuelle Verbindung mit den Menschen eine wichtige Rolle.

Ahnen- und Totengeister fungierten als Mittler zwischen Lebenden und Göttern und wurden in dieser Stellung sogar vergöttlicht. Für die Christen waren die wiederkehrenden Toten, mit Ausnahme der Heiligen, keine Mittler mehr, diese Funktion besetzten die Engel und auch die Dämonen. Gab es bei den Heiden die funktionale Struktur *Mensch – Toter – Gott*, verlor der christliche Tote seine Funktion, die nun der Mensch übernahm. Denn die Handlungen betreffen nicht nur die Lebenden, sondern ebenfalls die Toten, da diese in irgendeiner Form weiterleben. Der Mensch kann die Toten bannen, aber auch erlösen und trägt mit dieser Fähigkeit zum Schicksal des Kosmos bei. Er ist kein Spielzeug des Schicksals mehr, sondern beginnt frei zu handeln. Dass der Schicksalsgedanke im Christentum nicht völlig getilgt ist, bezeugt die Existenz der Totengeister, die mit Hilfe der Lebenden ihr Schicksal im Jenseits wenden können. Die Gespenster wurden zwar von der Kirche dämonisiert,

konnten aber dennoch nicht verdrängt werden. Ab dem Hochmittelalter häufen sich die Berichte von Totenerscheinungen.
Waren es tote Verwandte, Mitbrüder- oder schwestern, oder
auch vorzeitig Verstorbene, die die Lebenden um Hilfe anfleh-
ten, so gab es auch unerwünschte Begegnungen mit schadbrin-
genden Toten.

Claude Lecouteux hat die Totengeister und Wiedergänger der
dritten Funktion zugeordnet. Bei den germanischen Völkern
sind die Toten mit der Fruchtbarkeit d. h. der Produktivität der
Erde, des Bodens verbunden. Die guten Toten, also solche, die
nicht vorzeitig verstarben bzw. einem gewaltsamen Tod zum
Opfer fielen, nehmen einen wichtigen Platz unter den Familien-
und Sippenmitgliedern ein. Vom Ahnherren bzw. der Ahnfrau
entwickeln sie sich zum Schutzgeist der Familie, wenn diese ihnen die notwendige Verehrung in der Form von Opfern und
Fürbitten entgegenbringt. Vielfach war die Fruchtbarkeit eines
Landes an eine Herrscherperson geknüpft und die an diese dar-
gebrachten Opfer beeinflussten die Lebensbedingungen der
Zeitgenossen und Nachfahren positiv. Bei den Germanen genossen gute Herrscher, bei den Griechen die Heroen göttliche
Verehrung, aber auch einfachen verdienstvollen Männern,
wurden nach ihrem Tod Opfer zuteil. Die Verstorbenen fungierten dann als Mittler zwischen den Lebenden und den Göttern.

Die Gemeinsamkeiten zwischen den Ahnengeistern und Wesen der niederen Mythologie bestehen im Besetzen derselben
Örtlichkeiten: Kobolde, Elfen und Waldgeister leben in Hügeln,
Gewässern und Bäumen etc. und zeigen sich nach Opfergaben
behilflich. Verwirrung diesbezüglich stifteten die Kirchenschriftsteller, die Schutzgeister und Hausgeister einerseits als
Totengeister auffassten, und andererseits Götterfiguren heidnischer Religionen als Dämonen oder Teufel aburteilten. Tatsächlich besteht aber eine enge Verwandtschaft zwischen den christlichen und heidnischen Konzepten. Hatte der Heide einem Toten geopfert, um diesen günstig zu stimmen, tritt der Sterbliche
als Bittsteller an den Toten heran. Hier bleibt der Sterbliche der
Unterlegene, denn er will die Hilfe der Verschiedenen. Der
Christ opfert Gott, leistet Fürbitten, um die Verstorbenen aus
dem Fegefeuer zu berufen. Der Tote ist hier auf die Hilfe des Le-

benden angewiesen, und das Machtverhältnis umgekehrt. In beiden Fällen existiert eine Wechselwirkung zwischen Menschenwelt und Überwelt, die oft in einem impliziten oder auch expliziten Pakt besteht, einem Verhältnis des Gebens und Nehmens. Bedingungen für die Hilfe der Hausgeister sind oft klar definiert, sie äußern ihre Vorlieben, aber auch ihr Missfallen. Wenn man ihnen allerdings neue Kleidung schenkt, betrachten sie sich als »ausgelohnt« und räumen das Feld. Eine Reihe von Geistern haben nicht nur für die Erwachsenen regulative Wirkungen, sondern sollen auch Kinder auf den rechten Weg bringen. Zahlreiche der Feldgeister sind als Kinderschreckgestalten bekannt, wie der Butzemann, der Korngeist, Frau Percht.

Die Furcht der Menschen vor den schädlichen Wiedergängern war oft sogar größer als vor deren Bösartigkeit bei Lebzeiten. Daher konzentrierten sich die Strategien der Lebenden auf die Überwindung der bösen Toten mit der Hilfe Gottes, Jesu, seiner Mutter und auf die der Apostel und Heiligen. Die helfenden Eingriffe der toten Heiligen in die Existenz der lebenden Gläubigen erfolgen durch die Reliquien, in welchen die Heiligen als präsent gedacht sind und dann auch durch unmittelbares Herabkommen vom Himmel, in dem sie gleichermaßen präsent sind. Dass an den heiligen Gräbern Besessene geheilt werden, gehörte seit den Tagen der Alten Kirche zum Alltagsleben.

Zu den ältesten, sich durch alle Schichten präsent haltenden Glaubensinhalten gehört die Überzeugung von einer Existenz der Totengeister, deren Erscheinen für die Lebendigen nicht ohne Folgen bleibt und unterschiedliche Funktionen erfüllt. Obwohl nur wenige Gesellschaftssysteme bekannt sind, die ohne eine Idee vom Weiterleben nach dem Tode auskommen, darf dennoch nicht geschlossen werden, dass der Jenseitsglaube eine angeborene anthropologische Konstante darstellt. Viele Kulturen verstehen den Tod nicht als ein natürliches oder automatisches Ereignis, sondern als gewaltsames Eingreifen einer fremden Macht, eines fremden handelnden Subjekts. Diese Vorstellung ist auch der christlichen Tradition nicht fremd, in der es darum geht, den Sündenfall mit dem Tod Christi und dem Glauben an die Auferstehung, also Leben und Tod mit Gott zu verknüpfen. Diese Vorstellung eines postmortalen Lebens ist

nicht mit der christlichen Tradition des Glaubens an die Unsterblichkeit der Seele oder mit der Auferstehung des Leibes zu
verwechseln. Mit der Einführung des Fegefeuers und der Möglichkeit, in die Dauer des Aufenthaltes einzugreifen, erhielt der
Kampf der zwei Reiche, des Gottes- und des Teufelsreichs, eine
neue Ausrichtung.

Während der traditionelle Geisterglaube ein gesellschaftli-
ches Regelsystem abbildete, und noch bis ins 19. Jahrhundert
und in Ansätzen bis ins 20. Jahrhundert ähnliche Geistervorstel-
lungen transportierte, begann mit der Aufgabe der christlichen
Lehre von Himmel und Hölle eine neue Ära des Geisterglaubens. Der traditionelle Jenseits- und Geisterglaube war Ausdruck und Bestätigung der Normen der vorindustriellen Gesellschaft und in manchen Ausformungen, wie etwa in der Anderswelt der Feen, bzw. im Sabbat der Ketzer und Hexen, ein
verkehrtes Spiegelbild der Gesellschaft. Nun kam mit dem Spiritismus der Fortschrittsgedanke in die Geisterwelt. Mit der Ver-
änderung der Gesellschaft veränderten sich auch ihre Geister.
Die Ideale der Gesellschaft spiegelte das spiritistische Jenseits
mit seiner dynamischen Hierarchie von Individuen, die fähig
sein sollten, ihre Stellung durch Aufstieg zu verbessern, wieder.
Hier wie dort gab es Rangunterschiede, jedoch auch die Möglichkeit des Aufstiegs. Nicht nur konnte jede Seele die oberste
Sphäre erreichen, sondern würde sie unter allen Umständen er-
reichen. Die spiritistische Vorstellung von individualisierten
Toten mit freiem Willen korrespondierte mit dem aufgeklärten
Menschen- und Gesellschaftsbild. Der moderne »aufgeklärte«
Spiritismus bringt »aufgeklärte« Geister hervor.

Die Affinität des neuen Mediums, des Films, zum Thema Gespenster kündigte bereits die Geisterfotografien an. Die beweglichen Bilder des Films nutzten die bei den Geisterfotografien
erstmals zur Anwendung gelangte Technik der Überblendung.
Nicht zufällig hat einer der ersten Regisseure Méliès nicht nur
als Illusionist begonnen, sondern oft auch das Phantastische,
Geistererscheinungen und Trance-Medien thematisiert. Filme
mit Geistersujet bedienen oft gekonnt das Bedürfnis des Publikums nach den modernen Surrogaten des Religiösen, nach
Trost, Welterklärung, Gedenken an die Verstorbenen, Sieg des

Guten über das Böse, aber auch nach der Wiederherstellung einer gewissen Ordnung, und sei es nur für eine kurze Zeit.

Literatur:

Deuser, Hermann: Religionsphilosophie. Berlin (2009); Dinzelbacher, Peter: Angst im Mittelalter. Teufels- Todes- und Gotterfahrung. Mentalitätsgeschichte und Ikonografie. Paderborn (1996). Frazer, James George: Der goldene Zweig: eine Studie über Magie und Religion. Köln (1968); Gaster, Theodor: Myth, Legend, and Custom in the Old Testament: A comparative study with chapters from Sir James G. Frazer's Folklore in the Old Testament. London (1969); James, William: Die Vielfalt religiöser Erfahrung: eine Studie menschlicher Natur. Berlin (2014); Hölscher, Lucian (Hrsg.): Das Jenseits. Facetten eines religiösen Begriffs in der Neuzeit. Göttingen (2007). Lecouteux, Claude: Geschichte der Gespenster und Wiedergänger im Mittelalter. Köln/Wien (1987); Dumézil, George: Mythos und Epos. Die Ideologie der drei Funktionen in den Epen der indoeuropäischen Völker. Frankfurt (1989); Elias, Norbert: Über den Prozess der Zivilisation: Wandlungen des Verhaltens in den weltlichen Oberschichten des Abendlandes. Frankfurt(1995); Schluchter, Wolfgang: Die Entzauberung der Welt: sechs Studien zu Max Weber. Tübingen (2009); Weber, Max: Religion und Gesellschaft: Gesammelte Aufsätze zur Religionssoziologie. Darmstadt (2012);

Verzeichnis der häufig zitierten Primärliteratur

Agrippa von Nettesheim. Die magischen Werke und weitere Renaissancetraktate. Hg. v. Marco Frenschkowski. Wiesbaden (2008).

Agrippa von Nettesheim. Über die Fragwürdigkeit ja Nichtigkeit der Wissenschaften, Künste und Gewerbe. Mit einem Nachwort hg. v. Siegfried Wollgast. Übers. v. Gerhard Güpner. Berlin (1993).

Caesarius Heisterbacensis. Dialogus miraculorum. Hg. v. Nikolaus Nösges. 5 Bde. Turnhout (2009).

Dr. Faust's Magia naturalis et innaturalis. Bibliothek der Zauber-, Geheimniß- und Offenbarungs-Bücher: insbesondere: Aeromantie, Alchemie, Astrologie … und andere Materien des Mysteriösen und Uebernatürlichen; mit Einschluss der medizinischen und naturhistorischen Sonderbarkeiten; zur Geschichte der Kultur, hauptsächlich des Mittelalters. Hg. v. Johann Scheible. Berlin (1895/2002).

Gervasius von Tilbury. Kaiserliche Mußestunden. Otia Imperialia. Übersetzt von Heinz Erich Stiene. 2 Bde. Stuttgart (2009).

Girardus Cambrensis. Beschreibung von Wales. Hg. v. und übers. v. Philipp M. Schneider. Berlin (2008).

Gregor von Tours. Zehn Bücher Geschichten. Rudolf Buchner. 2 Bde. Berlin (1964).

Gregor von Tours. Fränkische Geschichte. Nach der Übers. von Wilhelm von Giesebrecht. Neu bearb. von Manfred Gebauer. Essen (1988).

Grimmelshausen, Hans Jacob Christoffel. Der abenteuerliche Simplicissimus Deutsch. Aus dem Deutschen des 17. Jahrhunderts und mit einem Nachwort von Reinhard Kaiser. Frankfurt am Main (2009).

Grimmelshausen, Hans Jacob Christoffel. Der abentheurliche Simplicissimus Teutsch und Continuatio des abentheurlichen Simplicissimi. Hg. v. Rolf Tarot. Tübingen (1967).

Isidor von Sevilla. Über Glauben und Aberglauben. Etymologien, VIII. Buch. Übers. v. Dagmar Linhart. Dettelbach (1997).

Jamblichus. Über die Geheimlehren. Übers. und kommentiert von Theodor Hopfner. Leipzig (1922).

Jakob von Jüterbogk: Ain subtil vnd schön büchlin von den abgeschydnen selen oder gaysten vs den liben. In: Von der Wiederkehr der Seelen Verstorbener: Untersuchungen zu Überlieferung und Rezeption eines Erfolgstextes Jakobs von Paradies. Hg. v. Christoph Fasbender. Jena (1998).

Kramer, H.I. Der Hexenhammer. Malleus Maleficarum. Kommentierte Neuübersetzung von Wolfgang Behringer und Günter Jerouschek. München (2000).

Luther, Martin. Werke. Kritische Gesamtausgabe. 120 Bde. Weimar (1883–2009).

Meyrink, Gustav. Der Engel vom westlichen Fenster. Leipzig (1927).

Platon. Werke. Bisher 12 Bände mit Übersetzung und Kommentar v. Ernst Heitsch. Göttingen (ab 1993).

Plinius, C.S. Historia Naturalis. Übers. v. Max Ernst u. Dietrich Strack. 3 Bde. Darmstadt (1968).

Regino von Prüm. Das Sendhandbuch. Unter Benutzung der Ed. von Friedrich Wilhelm H. Wasserschleben (1840). Hg. und übers. von Wilfried Hartmann. Darmstadt (2004).

Thomas von Aquin. Summa theologica. Vollst. dt.-lat. Ausgabe hg. von der Albertus-Magnus Akademie Walberg bei Köln. Bd. 110. Die menschlichen Leidenschaften. Komm. von Bernhard Ziermann. Heidelberg (1955).

Walter Map: De nugis curialium. Courtiers' trifles. Übers. v. M.R. James. Oxford (1983).

Weyer, Johann. Von Teuffelsgespenst, Zauberern und Gifftbereytern, Schwartzkünstlern, Hexen und Unholden. Erstlich durch Johannem Weier in Latein beschrieben, nachmals von Johannes Fuglino verteutscht, jetzund aber auffs neuw ubersehen. Darmstadt (1586/1969).

Zimmerische Chronik. Hrsg. von Karl August Barack. 4 Bde. Freiburg (1881–1882).

Abbildungsverzeichnis

Kapitel I

Engel tötet Drachen. Österreichische Nationalbibliothek. Rechte: Institut für Realienkunde – Universität Salzburg.
Engelsturz. Österreichische Nationalbibliothek. Rechte: Institut für Realienkunde – Universität Salzburg.
Dämon übergibt eine falsche Botschaft. Österreichische Galerie Belvedere. Rechte: Institut für Realienkunde – Universität Salzburg.
Schamanischer Ahnengeist aus dem Besitz eines großen Schamanen der Udehe, der »Meister des Kosmos. In: Rosenbohm, Alexandra (hrsg.): Schamane zwischen Mythos und Moderne. Leipzig 1999, S. 27.

Kapitel II

Heinzelmännchen bekommen neue Kleider und sind »ausgelohnt«. In: Grimm's Fairy Tales. London. Ohne Jahrangabe, S. 94. (aus der Sammlung der Autorin)

Kapitel III

Frau Holle. In: Märchenschatz der Brüder Grimm. Flensburg ohne Jahrgang. (aus der Sammlung der Autorin) S. 61.

Kapitel IV

Exorzismus durch den hl. Leonard. Diözesanmuseum Joanneum Graz. Rechte: Institut für Realienkunde – Universität Salzburg.

Kapitel V

Die weiße Frau von Schloss Bernstein (Aquarellskizze einer Augenzeugin, 1912) Aus dem Archiv Leander Petzoldts mit freundlicher Genehmigung. In: Sagen aus dem Burgenland. Hg. v. Leander Petzoldt. München 1994, S. 110.
Der Geist im Glas. In: Brüder Grimm: Kindermärchen. Stuttgart Ohne Jahrangabe, S. 179. (aus der Sammlung der Autorin)

KAPITEL VII
Albert von Schrenck-Notzing: Seitliche Kabinettaufnahme von Stanislawa P. mit dem Schleierphänomen. München, 1. Juli 1913. Mit freundlicher Genehmigung des Instituts für Grenzgebiete der Psychologie und Psychohygiene e. V., Freiburg i. Br.

SCHLUSSBETRACHTUNG
Von einem, der auszog, das Fürchten zu lernen. In: Grimms Märchenschatz. Ausgewählte Kinder- und Hausmärchen von Jakob und Wilhelm Grimm. Berlin Ohne Jahrangabe, S. 169. (aus der Sammlung der Autorin)

John Andreas Fuchs, Michael Neumann (Hrsg.)

Menschen, die Geschichte schrieben

Die Moderne

Gebunden mit Schutzumschlag
256 Seiten | Format 12,5 x 20 cm
ISBN 978-3-7374-0974-2

»**Wir müssen die Zeit als Werkzeug benutzen, nicht als Couch.**« *John F. Kennedy*

Die Moderne ist in allen gesellschaftlichen Bereichen eine Umbruchphase: Neue Wege werden entdeckt, alte Traditionen und Denkweisen brechen auf, sei es in der Politik, der Gesellschaft, der Wissenschaft oder der Kunst. Dieser Umbruch wird gestaltet und angeführt von Personen, die offen sind für Neues und die – in der Realität oder in der Literatur – mutig oder waghalsig, bisweilen gewaltbereit und ohne Rücksicht auf Verluste für ihre Ideale eintreten. Der Band Menschen, die Geschichte schrieben – Die Moderne widmet sich in spannenden Aufsätzen den Persönlichkeiten, die die Welt in der Moderne maßgeblich beeinflussten und sie nachhaltig veränderten.

Mit Aufsätzen u. a. zu: John F. Kennedy, Marilyn Monroe, Albert Einstein, Che Guevara, Johannes Paul II., Picasso, Madonna und Asterix.

Martin Schneider

Die Geschichte der Sklaverei

Von den Anfängen bis zur Gegenwart

Gebunden mit Schutzumschlag
224 Seiten | Format 12,5 x 20 cm
ISBN 978-3-7374-0973-5

»Kein Mensch kann seinem Mitmenschen eine Kette um
den Fuß schlagen, ohne das andere Ende der Fessel
schließlich um den eigenen Hals gewunden zu finden.«
Frederick Douglass

Sklaverei gab es als gesellschaftliche und rechtliche Instituti-
on seit der Antike, zu Beginn des 21. Jahrhunderts gilt sie als
eine der schwersten Menschenrechtsverletzungen. Doch wie
Recherchen mutiger Journalisten und von Menschenrechts-
organisationen zeigen, gibt es Sklaverei noch heute. Schät-
zungen von Menschenrechts- und Antisklavereiorganisatio-
nen gehen weltweit noch immer von bis zu 30 Millionen
modernen Sklaven aus!

Das vorliegende Buch bietet eine historische Einführung
und Darstellung der Problematik und begibt sich auf Spu-
rensuche. Es beschreibt die Entwicklung der Sklaverei für
verschiedene Kulturen – von der Antike bis in die Neuzeit.
In übergreifenden Artikeln skizziert es den Umgang mit der
Sklaverei in den Bereichen Religion, Philosophie und Wirt-
schaft. Ebenso macht es deutlich, welche Unterschiede es
zwischen alter und moderner Sklaverei gibt.

Weitere Infos auf www.verlagshaus-roemerweg.de